Herrschaftsfreie Institutionen

Rüdiger Haude, Thomas Wagner

Herrschaftsfreie Institutionen

Texte zur Stabilisierung staatsloser, egalitärer Gesellschaften

Collage Vorderseite zusammengestellt aus Illustrationen dieses Buches, Kapitel 3 und 4: Peter Weisbrich

Zweite, durchgesehene Auflage (1. Auflage Nomos Verlag, 1999)

Bibliographische Information der Deutschen Bibliothek:
Die Deutsche Bibliothek verzeichnet diese Publikation in der Deutsche Nationalbibliographie; detaillierte bibliographische Daten sind im Internet abrufbar unter: http://dnb.ddb.de.

Sitz: Heidelberg
Guido-Schmitt-Weg 4
69126 Heidelberg
Fax: 0421/620456-9
E-Mail: buchverlag@graswurzel.net
www.graswurzel.net
ISBN: 978-3-939045-37-3

Umschlaggestaltung, Textlayout und Satz: Peter Weisbrich, Leipzig
Druck und Weiterverarbeitung: Books on Demand GmbH, Norderstedt

Inhalt

Kapitel 3

Kapitel 4

Kapitel 5

Kapitel 6

Kapitel 7

Zur zweiten Auflage

Die Erstveröffentlichung des vorliegenden Buchs im Jahre 1999 stieß auf eine erfreuliche Resonanz, die sich nicht nur in den Rezensionen äußerte (Bernd Drücke 1999 in *Graswurzelrevolution*, Reinhart Kößler 2000 in *Peripherie*, Egon Günther 2000 in *Die Aktion*, Michael Dreyer 2000 in der *Zeitschrift für Politikwissenschaft*, 2006 wiederveröffentlicht im *Portal für Politikwissenschaft*, sowie Justus Cobet u. a. 2001 in *Sociologia internationalis*). Eine besonders ermutigende Rückmeldung stellte die Preisverleihung durch den wissenschaftlichen Beirat der Rosa-Luxemburg-Stiftung Sachsen e.V. dar. Im Jahr 2000 erhielten wir den von Guenter Reiman gestifteten Wissenschaftlichen Förderpreis 1. Stufe für das Jahr 1999. In der Begründung heißt es: „Durch die theoretischen, vor allem begrifflichen Vorschläge der Autoren wird es möglich, die Utopie herrschaftsloser Gesellschaften wieder als Sachthema des soziologischen und gesellschaftlichen Diskurses aufzugreifen." Genau das war unsere Intention gewesen.

Die *Herrschaftsfreien Institutionen* zogen auch ihre Spuren in den sozialwissenschaftlichen Diskursen, teilweise auf unerwartetem Terrain. So diente eine der frühen Erwähnungen des Buches in einer Monografie über *Wohnungsmarkt und soziale Ungleichheit* innovationstheoretischen Überlegungen (Keim 1999: 102). Einen Transfer der Einsichten dieses Buchs auf andere Untersuchungsbereiche nahm auch Philippe Kellermann (2007) vor, der das hier vorgetragene Konzept einer „unmittelbaren Theokratie" auf die politische Theologie Thomas Müntzers übertrug.

Die verästelte Wirkungsgeschichte unseres Buches in der Fachliteratur kann hier nicht umfassend aufgearbeitet werden; aber einige Rezeptionsschritte sollen doch erwähnt werden. In einer monographischen Auseinandersetzung mit Max Webers Herrschaftssoziologie weist Stefan Breuer (2011: 13) in einer Nebenbemerkung auf „den Differenzierungsvorschlag von Haude und Wagner" hinsichtlich der Begriffe Zwang, Macht und Herrschaft hin – allerdings ohne diesen im weiteren Verlauf seiner Argumentation zu diskutieren. Ähnlich knapp sind die Ausführungen, die Andrea Maurer (2004: 118) unserem Buch in ihrer Einführung in die Herrschaftssoziologie widmet. „Moderne herrschaftsfreie Institutionen wie das Spiel haben Haude und Wagner untersucht", heißt dort lapidar in einer Fußnote. Auch der Ethnologe Hermann Amborn (2016: 245), der jüngst selbst ein spannendes Buch zum Thema der Rechtsfindung in herrschaftsfreien Gesellschaften vorgelegt hat, das in vielen Punkten zu gleichen oder ganz ähnlichen Schlüssen kommt wie wir, verweist nur in einer Fußnote auf unsere Studie.

Gründlicher hat sich Peter von Oertzen mit unserem Buch auseinandergesetzt und dabei den auch bei der Preisverleihung der Rosa-Luxemburg-Stiftung betonten Gegenwartsbezug unserer Arbeiten im Blick gehabt. Der sozialdemokratische Politikwissenschaftler übernahm unsere Definitionen von Macht, Herrschaft und herrschaftsfreier Gesellschaft in einem Aufsatz, der sich mit der Utopie der herrschaftslosen Gesellschaft befasst (vgl. von Oertzen 2003, S. 14–16). Darin kommt er zu dem Schluss, „dass in anthropologischer Hinsicht Herrschaftsfreiheit und Klassenlosigkeit nicht prinzipiell unmöglich sind, und dass die Erkenntnisse der Sozialanthropologie oder Ethnosoziologie im Prinzip auch auf hoch differenzierte Zivilisationen angewendet werden können. Damit", so schränkt der ehemalige niedersächsische Kultusminister und Leiter der SPD-Parteischule allerdings ein, „ist freilich noch nichts darüber ausgesagt, ob die Möglichkeit von so etwas wie Herrschafts- und Klassenlosigkeit in einer modernisierten und industriellen (oder auch schon nachindustriellen) kapitalistischen Gesellschaft plausibel gemacht werden kann" (ebd.: S. 20).

Rezipiert wurde unser Buch auch in der Entwicklungssoziologie. Reinhard Kößler (1998)[1] kommt zu dem Schluss, bei den von uns beschriebenen „Vorkehrungen zur Vermeidung von Ungleichheit und zur Verhinderung politischer Herrschaft" (ebd: 57) handele es sich „um den bewussten, institutionell bewehrten Verzicht auf ‚nachholende Entwicklung', womöglich radikalisiert in Fällen der bewussten Rücknahme evolutionärer Schritte wie vor allem der Ausbildung von

1 Kößlers 1998 veröffentlichten Überlegungen liegt die Manuskriptfassung unseres erst 1999 veröffentlichten Buchs zugrunde.

Zentralinstanzen. Dies ebenso wie die bewusste, womöglich selektive Übernahme einer als überlegen oder vorteilhaft erfahrenen, anderswo bereits vollzogenen Entwicklung, positive ‚nachholende Entwicklung' also, führt ein entscheidendes Moment der Reflexivität in das Evolutionsgeschehen ein" (ebd.: 57f.).

Soziologische Evolutionskonzepte, wie sie von Talcott Parons, Niklas Luhmann, Klaus Eder und Jürgen Habermas entwickelt oder in eigene theoretische Überlegungen eingebaut wurden, gäben auf diese Form der Reflexivität nur wenig. Vielmehr bauten sie auf einlinige Konstruktionen, „die im wesentlichen eine Höherentwicklung der Gattung, die Ausweitung kommunikativer Kompetenzen und die Differenzierung gesellschaftlicher Institutionen thematisieren" (ebd.: 58). Kößler bemängelt, dass „diese Ansätze gerade Akephalie [egalitäre Konsensdemokratie] ausdrücklich nur als Primitivität notieren" (ebd.).

In der Geschichtswissenschaft sind die *Herrschaftsfreien Institutionen* u.a. durch die Aachener Habilitationsschrift von Werner Tschacher (2010: 24f) herrschaftssoziologisch ausgewertet worden. Die Einsicht, dass Herrschaft kein alternativloser gesellschaftlicher Zustand ist, hat damit auch in der Mediävistik Einzug gehalten.

Dass unsere Lehrer – Karl-Siegbert Rehberg und Christian Sigrist – Gedanken aus den *Herrschaftsfreien Institutionen* aufgriffen, freut uns besonders. Rehberg (1998: 398) hat unsere Einsicht, dass institutionelle Geltungsakkumulationen gerade auch der Herrschaftsblockierung dienen können, in seine institutionenanalytische Argumentation aufgenommen. Sigrist hat sich nicht zuletzt in Vorträgen (so 2002 bei einem Kolloquium in Leipzig über „Segmentäre und zentralisierte Gesellschaften") konstruktiv auf den Ansatz einer Analyse segmentärer Gesellschaften als „fraktale" bezogen.

Eine für wissenschaftliche Arbeiten ungewöhnliche Rezeption erfuhr der in den *Herrschaftsfreien Institutionen* enthaltene Aufsatz „Casino Egalité". Auf dem Theaterfestival „Foreign Affairs", das 2013 im Haus der Berliner Festspiele stattfand, fiel eine dort verteilte Kopie des Textes der Regisseurin, Performerin und Musikerin Tanja Krone in die Hände, die das Stück wissenschaftlicher Prosa in Kooperation mit dem Stuttgarter „Theater Rampe" in ein Stück Performance-Theater verwandelte: *The European House of Gambling*. Das Bretterbuden-Spektakel macht die Beobachtung, dass Glücksspiele und Wetten in herrschaftsfreien Gesellschaften als wichtiger Hebel des sozialen Ausgleichs fungieren, zum Ausgangspunkt einer Spielshow, die das Publikum auf vielfältige Weise in das Geschehen mit einbezieht. Erprobt wird, inwiefern das Glücksspiel ein geeignetes Mittel ist, um innerhalb einer temporären und zufälligen Gemeinschaft Solidarität und Risikobereitschaft zu erfahren. Eine temporäre Wettkampfarena gastierte im Sommer 2017 auf Marktplätzen in Stuttgart und Mannheim.[2] Thomas Wagner hatte das Vergnügen, als wissenschaftlicher Experte bei Proben und im Rahmen von Gastauftritten mitwirken zu dürfen.

Die erste Auflage der *Herrschaftsfreien Institutionen* ist nun schon seit mehreren Jahren vergriffen. Nicht selten mussten wir die Frage nach der Verfügbarkeit des Buches mit einem bedauernden Achselzucken quittieren. Wir haben uns deshalb entschieden, den Band in einer zweiten Auflage wieder zu veröffentlichen. Dem Verlag Graswurzelrevolution sind wir für die Bereitschaft, diesen Plan verlegerisch zu begleiten, dankbar.

Die Wiederveröffentlichung des Textes von 1999, in dem Setzfehler korrigiert und englische Zitate übersetzt wurden, ist gewissermaßen ein Kompromiss, denn die Debatte um herrschaftsfreie Gesellschaften ist in der Zwischenzeit nicht stehen geblieben. Wichtige neue Monografien wie die rechtsethnologische Studie von Hermann Amborn (2016) oder die Arbeiten von David Graeber (2008) zur madegassischen, und James C. Scott (2009) zur Ethnologie südostasiatischer Hochland-Regionen müssten heute eigentlich in die Analysen integriert werden. Andererseits lässt sich konstatieren, dass diese Arbeiten die von uns 1999 vorgetragenen Thesen im Wesentlichen bestätigen – was umso schwerer wiegt, als jene Autoren weitgehend unabhängig voneinander und von uns zu ähnlichen Schlussfolgerungen gelangen (so wie wir es 1999 schon hinsichtlich der Theorieansätze von Pierre Clastres und Christian Sigrist konstatieren konnten).

Auch wir selbst haben die im Rahmen der *Herrschaftsfreien Institutionen* entfalteten Überlegungen in der Zwischenzeit in unterschiedlichste Richtungen fortgeführt. Thomas Wagner schloss mit seiner 2004 unter dem Titel *Irokesen und Demokratie* als Buch veröffentlichten Dissertation (Wagner 2004) direkt an diese an. Gemeinsam erarbeite-

2 Bei Redaktionsschluss waren weitere Stationen in Berlin und Belgrad geplant.

ten wir das umfängliche Stichwort „Herrschaftsfreie Gesellschaft“ für Band 6/I des *Historisch-Kritischen Wörterbuchs des Marxismus* (Haude/Wagner 2004). Unsere darüber hinaus in individueller Autorschaft entstandenen Aufsätze zum Themenfeld sind so zahlreich, dass an dieser Stelle nicht eigens auf sie eingegangen werden kann – und dass die Integration ihrer Ergebnisse in eine Neuauflage der *Herrschaftsfreien Institutionen* sehr zeitaufwändig geworden wäre. Damit die teils entlegen publizierten Arbeiten von interessierten Leserinnen und Lesern aufgespürt werden können, haben wir sie in einem eigenen Literaturverzeichnis aufgeführt. Nun hoffen wir, dass das aktuelle Streben nach herrschaftsfreien Institutionen durch unseren wieder verfügbaren Beitrag neue Impulse erfahren möge.

Rüdiger Haude und Thomas Wagner,
Aachen und Berlin im Oktober 2017

Editorische Notiz:
Weil es sich hier um einen Nachdruck des Manuskripts aus dem Jahr 1999 handelt, wurde auf eine nachträgliche Feminisierung des Gesamttextes verzichtet.

Vorwort von Christian Sigrist

Die in diesem Band zusammengefassten Aufsätze von Haude und Wagner setzen ein zentrales Thema der Gesellschaftstheorie wieder auf die Tagesordnung, das von deren gegenwärtigen Protagonisten verdrängt, verdeckt oder zumindest entstellt wurde: Herrschaftslosigkeit als Resultat institutioneller Regelungen, die zumindest phasenweise den gesellschaftlichen Akteuren bewusst sind.

Bereits das erste Kapitel formuliert die kritische Grundintention der Autoren: Es geht um das Bloßlegen sozialwissenschaftlicher Anarchieverdrängung als „herrschaftsfroher Diskurse". Es geht um Überwindung der einseitigen Polemik, die bereits von Platon kanonisiert wurde. Aus der ursprünglich neutralen Kennzeichnung eines führerlosen Zustandes, einschließlich des Archon-freien Jahres, wurde bei Platon ein moralisierender Kampfbegriff, der Gesetzlosigkeit und ausschweifende Unsittlichkeit mit der Anarchie assoziierte.[3] Aristoteles hat diese Assoziation samt der damit begründeten Abwertung der Demokratie übernommen. Im Mittelalter wird mit der Rezeption der Staatslehre des Aristoteles auch die Bedeutungsvariante „Herrenlosigkeit von Sklaven" übernommen und um die zusätzliche Bedeutung „Freilassung von Sklaven" erweitert.

Eine verschärfte Sichtweise der Anarchie trat während der französischen Revolution ein, wo „anarchistes" als Republikfeinde verfolgt wurden. Erst Proudhon wagte es, sich selbst als Anarchisten zu bezeichnen.

Die Verschärfung der Anarchophobie während der französischen Revolution ging in die Grundmotive bürgerlicher Soziologie ein: Die tiefe Verstörung, welche der republikanische Terror ausgelöst hatte, die Saint-Simon zu einer umtriebigen Suche nach einem Ausweg aus der

3 Eine Übersicht über die Geschichte des Anarchie-Begriffs bietet Bernd Drücke: *Zwischen Schreibtisch und Straßenschlacht? Anarchismus und libertäre Presse 1985-1995*, Ulm 1998. Vgl. auch den vorzüglichen Artikel: „Anarchie, Anarchismus" von U. Dierse im *Historischen Wörterbuch für Philosophie*, Band 1, 267-294.

permanenten Krise geführt hatte, den er in einer mit dem aufkommenden Industrialismus affiliierten „positiven Philosophie“ fand, wirkte auch bei Auguste Comte nach, der der neuen science sociale den Namen Soziologie gab. Er war regelrecht besessen von der Angst vor der Anarchie, der er eine pedantische epistemologische Systematisierung und die Doppelmaxime ordre et progrès entgegensetzte, deren staatserhaltende Kraft bis heute in der brasilianischen Nationalflagge („ordém e progresso“) beschworen wird.

Der eigentliche Begründer der Soziologie als einer empirischen Wissenschaft, Emile Durkheim, verlässt die Argumentationsebene dieses ebenso naiven wie prätentiösen Positivismus, sucht eine wissenschaftliche Position, die weder auf Krisenpanik noch auf Fortschrittsglauben festgelegt ist und „Gesellschaft“ als Ensemble sozialer Tatsachen analysiert. Immerhin: Platons Begriffspaar findet sich auch bei ihm: Im Vorwort zur zweiten Auflage der *Arbeitsteilung* behauptet er, dass das Individuum die Anarchie als „schmerzhaft“ empfindet; aus dem Kontext geht aber eindeutig hervor, dass es hier um die Begründung der Notwendigkeit gesellschaftlichen Zwangs, nicht aber um dessen spezielle Form: die Herrschaft, geht. Der Anomiebegriff wird schließlich nicht als eine polemisch-moralisierende, sondern als eine analytische Notion entwickelt: die beschleunigten Veränderungen im System der Arbeitsteilung als Folge von Kapitaloperationen destabilisieren das Geflecht organischer Solidarität und überlassen die vereinzelten Individuen einer generellen Desorientierung, die im Extremfall zu einer besonderen Form des Suizids führt. Sein korporatistischer Lösungsvorschlag ist im Übrigen nicht einem präfaschistischen antiparlamentarischen Etatismus zuzuordnen, sondern einer Konzeption gesellschaftlicher Selbstorganisation, so sehr es auch an die Eigentumsordnung der bürgerlichen Gesellschaft gebunden sein mag. Obwohl sein Ansatz auf die Wiedergewinnung gesellschaftlicher Stabilität und moralischer Ordnung, auch mittels repressiver Sanktionen, fixiert war, so bleibt doch das weitgehende Fehlen der Fixierung auf staatliche oder kirchliche Hierarchien bemerkenswert.[4]

---

4 Die Distanzierung von revolutionären und subversiven Theorien im aufgeführten Vorwort und die Betonung des „vernünftig-konservativen“ Charakters der eigenen Theorie, mag als blamables Zurückweichen vor akademischer Polemik erscheinen; in ihr zeigt sich aber auch die defensive Position, in die Assimilationsjuden gedrängt wurden.

Durkheim betreibt eben Soziologie und nicht „science politique". Die apologetische Weiterentwicklung des Durkheimschen Ansatzes in der imperialistischen Systemtheorie von Talcott Parsons kann sich nicht als authentische Fortführung von Durkheims Gesellschaftstheorie ausgeben. Das gilt insbesondere für die funktionalistische Legitimierung des politischen Teilsystems. Wenn die Autoren dieser Aufsatzsammlung die weite Verbreitung herrschaftsfroher Diskurse in wissenschaftlichem Gewand konstatieren, dann ist das nicht unwesentlich auf den Erfolg dieser Systemtheorie zurückzuführen.

Entgegen der tendenziösen Kritik Adornos an Durkheims Theorie ist festzuhalten, dass das Werk dieses überzeugten Republikaners nicht in Anspruch genommen werden kann für eine willkürliche Rechtfertigung repressiver Herrschaft. Es zeugt von bemerkenswerter Hybris und antipositivistischer Verblendung, wenn die bürgerliche Rechtschaffenheit, Bescheidenheit und Genügsamkeit in der persönlichen Lebensführung, die sich in einem nüchternen und präzisen Stil widerspiegelt, als Pedanterie denunziert wird. Solche Kritik übersieht die Tragweite der innovativen Leistung, die Durkheim bereits in seinem Werk über die Teilung der gesellschaftlichen Arbeit mit der Konzeptualisierung der segmentären beziehungsweise polysegmentären Gesellschaft geglückt ist.

Damit ist die Grundlegung einer Theorie sozialer Typen gelungen, in der einfach strukturierte („primitive") soziale Einheiten wie Jäger- und Sammler-Gruppen als „soziales Protoplasma" konzipiert werden. Diese zunächst sehr abstrakte Konzeption wurde von Durkheims Neffen und Schüler Marcel Mauss von dessen schematischen anthropologischen Unterstellungen emanzipiert und in religions- und wirtschaftsethnologischen Untersuchungen so weit differenziert, dass die angelsächsische Social Anthropology segmentäre Gesellschaften in monographischen Serien systematisch erforschen und als Basis einer Typologie politischer Systeme einsetzen konnte. Zwar hatte auch die von Marx und Engels im Anschluss an Morgan entwickelte Formationstheorie die herrschaftsfreie Vorklassengesellschaft zum Ausgangspunkt, aber die ideologische Überfrachtung des unilinearen Evolutionismus minderte die Validität der Theorie; schließlich war diese Theorie auch nicht darauf angelegt, Argumentation für politische Gegner: die Anarchisten, zu liefern.

In Anbetracht der von der modernen Ethnologie (auch außerhalb der „britischen Schule") akkumulierten abundanten Evidenz für die Existenz herrschaftsfreier Gesellschaften bis in die unmittelbare Gegenwart und wichtiger noch für die prähistorische Verortung der grundlegenden Potentiale des homo sapiens in der akephalen Formation, bleibt es erstaunlich, mit welchem Erfolg sich die Anarchieverdrängung in den Sozialwissenschaften etablieren konnte. Die Kritik dieser Verdrängung ist das hauptsächliche Anliegen von Haude und Wagner.

Die Kritik richtet sich nicht nur gegen die eklatanten Varianten der Anarchieverdrängung, wie etwa Dahrendorfs Hypostasierung von Herrschaft als Universalie (die er selbst später revidieren musste), sondern auch auf deren subtilere Ausprägungen, welche „Anarchie" aufgrund fehlerhafter evolutionistischer Spekulationen als marginal und defizitär einstufen. Diese Position nehmen sowohl Vertreter der eurozentristischen kritischen Theorie ein, wie auch der Paradigmenwender der Systemtheorie Luhmann, dem Herrschaftslosigkeit schlechterdings als Aporie erschien.

Die etablierte Soziologie hat nicht nur die Verdrängung oder Abdrängung anarchischer Gebilde betrieben und allenfalls die Konzession an deren Tatsächlichkeit mit ihrer evolutionistischen „Einordnung" kompensiert. Sie hat weitgehend die realen Prozesse an der Basis übersehen: die Vielzahl anarchischer Gebilde, ohne die auch moderne Gesellschaften noch schlechter „funktionieren" würden, als sie es tun; aber auch solche, die man als herrschaftskritische Gegeninstitutionalisierungen betrachten muss. So hat Bernd Drücke in seinem Buch *Zwischen Schreibtisch und Straßenschlacht?* ca. 490 neue libertäre Periodika registriert, in denen vor allem auf lokaler und regionaler Ebene vielfältige Initiativen und Prozesse der Selbstorganisation sichtbar werden.

Die jahrzehntelange Geringschätzung des Anarchismus hat sich auch in der verspäteten Wahrnehmung der neuen sozialen Bewegungen niedergeschlagen. Dabei hätten doch die frühen industriesoziologischen Beobachtungen über Formen „informeller Organisation" eine grundsätzlich andere Sichtweise nahelegen müssen.

Die große Flexibilität und Fluktuation sozialer Basisorganisationen ist freilich meist mit einer konstitutiven Schwäche verbunden, der

Scheu vor Institutionalisierung. Das grobe Missverständnis, „Anarchie“ bedeute „Freiheit“ von Institutionen, hat sich nicht zuletzt während der kurzen Spontanitäts-Phase der Studentenbewegung fatal ausgewirkt, indem es in ein hypertrophes Bedürfnis nach Organisation, ja sogar Unterordnung umschlug.

Für diese komplizierten Problemzusammenhänge könnte die innovative Erweiterung der Theorie segmentärer Gesellschaften, welche Haude und Wagner durch die Einbeziehung der Institutionentheorie erreichen, grundlegende Klärungsprozesse bewirken.

Im Kontext dieses Aufsatzbandes hat die Innovation eine kritische Implikation: Zumindest auf die *Regulierte Anarchie* trifft zu, dass die weitgehende Übernahme der Geigerschen Norm-Sanktions-Theorie und seines Instanzenbegriffs zwar eine große Trennschärfe der Begriffe ermöglichte und damit die Widerlegung der falschen Theorie, Herrschaft sei eine soziale Universale, stärkte, zugleich aber führte die weitgehende Ausblendung des Institutionsbegriffs zur Vernachlässigung wichtiger übergreifender Zusammenhänge (so wurde das große Fruchtbarkeitsfest der Tallensi nicht einmal von Meyer Fortes in seiner vollen Bedeutung dargestellt, worauf hinzuweisen ich unterlassen hatte. Dies hat erst Volker Riehl mit seiner auf diese religiöse Institution fokussierten Monographie geleistet).

Der Institutionenansatz bietet nicht zuletzt eine überzeugende Antwort auf den von Amselle und anderen Kritikern der Theorie segmentärer Gesellschaften formulierten Vorwurf, die Darstellungen akephaler Gesellschaften würden überlokale räumliche Ordnungen ignorieren. Institutionenanalyse ist hervorragend geeignet, interethnische Gefüge, auch Kopplungen mit zentralisierten Gesellschaften zu erfassen.

Der über die Forschung und Lehre Karl-Siegbert Rehbergs hergestellte Zusammenhang der Autoren Haude und Wagner mit Arnold Gehlens Institutionentheorie eröffnet eine andere semantische Gestaltung des Themas und erschließt weitergehende Fragestellungen.[5]

---

5 In diesem Zusammenhang darf ich auf mein eigenes Erstaunen über die positive Beurteilung der *Regulierten Anarchie* durch Arnold Gehlen in den Jahren 1969 und 1970 verweisen, aus dessen Werken ich trotz der großen politischen Distanz viel gelernt hatte. Dass sein Name nicht in der Bibliographie auftauchte, lag primär am fehlenden direkten thematischen Bezug; es war aber auch eine indirekte Bekundung der politischen Distanz.

Haude und Wagner ist es gelungen, auch die neuere Literatur zum Thema Herrschaftsfreiheit kritisch zu präsentieren. Mir persönlich bereitet es große Genugtuung, dass die in der *Regulierten Anarchie* exponierten Theoreme auf dem neuesten Forschungsstand diskutierbar gemacht werden. Die breite Ausfächerung zeigt die Möglichkeiten der empirischen Forschung auf. Es geht den Autoren nämlich nicht um eine doktrinäre Gegenargumentation zu etablierten akademischen Positionen, sondern darum, die zusätzlichen Erkenntnismöglichkeiten, die durch eine vorurteilslose Wahrnehmung anarchischer Sozialverhältnisse eröffnet werden, zu nutzen.

Haudes Beitrag „Das richterzeitliche Israel. Eine anarchistische Hochkultur" leistet einen wichtigen Beitrag zur Ausweitung des Akephalieansatzes, indem er die schematische Zuordnung von Akephalie und Schriftlosigkeit einerseits, „Hochkultur" und Herrschaft andererseits durchbricht. Auch wenn dieses abschließende Kapitel seitens der Spezialisten Fragen, insbesondere hinsichtlich der Quellenlage, provozieren wird, ist es doch als eine interessante Fortsetzung der von der *Regulierten Anarchie* angeregten alttestamentlichen Interpretationen von Crüsemann, Lang und Neu zu begrüßen.

Bei den folgenden Kritikpunkten handelt es sich nicht um Verdikte, sondern um die Formulierung von Einwänden, die selbst wieder problematisiert werden können. Dieses Verfahren widerlegt mögliche Unterstellungen, diese Publikation als Kanonisierung einer Anti-Doktrin zu klassifizieren.

Der Vorschlag, segmentäre Gesellschaften in „fraktale" umzubenennen, gründet sich sicherlich auf triftige Überlegungen. Ich vermag ihm trotzdem nicht zu folgen: Es war schwierig genug, den Begriff der segmentären Gesellschaft in der deutschsprachigen Soziologie zu etablieren. Dies stellt auch einen Fortschritt in der Überwindung der Anarchieverdrängung dar, der nicht leichthin aufs Spiel gesetzt werden sollte. „Segmentäre Gesellschaft" ist zu einem abstrakten Begriff geronnen, der sich von seiner Ausgangsmetaphorik gelöst hat. Immerhin wurde auch erreicht, dass Afghanen ihre Stammesgesellschaften als segmentäre Gesellschaften darstellen – sehr fraglich, ob jemand seine eigene Gesellschaft als „fraktale" bezeichnen möchte. Aber dieses „konservative" Festhalten am begrifflichen Kanon schließt in keiner Weise aus, dass segmentäre Gesellschaften durch Anwendung von Fraktalanalyse dargestellt und besser erklärt werden können.

Zu den Differenzen mit den Autoren gehört sicherlich ihr Beharren auf dem Begriff „anarchistische Gesellschaften". Mir scheint es sinnvoll, am auch in der internationalen Fachterminologie etablierten Begriff „anarchische Gesellschaften" festzuhalten, weil auch bei aller Betonung des verifizierbaren Gleichheitsbewusstseins doch darauf hinzuweisen ist, dass es sich in den Symbolisierungen dieser Gesellschaften gerade nicht um ideologische Konstrukte, sondern um bewusstseinsmäßige Korrelate realer Sozialverhältnisse handelt.

Die Aufsätze von Haude und Wagner sind ein bedeutender Beitrag zur Weiterentwicklung der vorliegenden Anarchie-Theorien. Damit wird ein Niveau erreicht, von dem aus drängende Probleme neu analysiert werden können. Dies gilt insbesondere im Hinblick auf die Systemisierung einstmals personalisierter Sozialverhältnisse. Saint-Simons Maxime, an die Stelle der Herrschaft von Menschen über Menschen müsse die Verwaltung von Sachen treten, mit der Friedrich Engels die „Antiautoritarier" abspeiste, hat die notwendige Neuthematisierung der Anarchieproblematik antizipiert. Die industrielle Produktion und Akkumulation von „Sachen" ist aber nach wie vor an die jeweilige Staatsmacht gekoppelt: Das Kapital (transnationale Konzerne, Staatstrusts etc.) kooperiert mit Staatsapparaten, um akephale Ethnien aus ihren angestammten Lebensräumen zu vertreiben und die Rohstoffe ohne Rücksicht auf störende „Steinzeitmenschen" ausbeuten zu können. Sozialwissenschaftler als Anarchieverdränger leisten insofern unbewusst Beihilfe zum Genozid. Nicht zuletzt vor diesem Hintergrund erweist sich die Aktualität und Relevanz des vorliegenden Bandes.

Einleitung

In der Frühphase der spanischen Conquista in Mittelamerika referierte der „Bakkalaureus“ Fernandez de Encisa die Antwort zweier „Kaziken“ auf seine obligatorische Verlesung des *Requerimiento*, jenes Papiers, mit dem die Spanier den „Eingeborenen“ ihren Herrschaftsanspruch erklärten und deren Unterwerfung einforderten:

> „[Auf meine Ausführungen], daß es nicht mehr als einen Gott gebe und daß er über Himmel und Erde regiere und der Herr aller sei, sagten sie, das erscheine ihnen richtig und müsse wohl so sein; was aber den Papst betraf, daß er an Stelle Gottes Herr des ganzen Universums sei und den König von Kastilien mit diesen Ländern hier belehnt habe, dazu meinten sie, der Papst müsse besoffen gewesen sein, als er dies tat; denn er verteilte, was ihm nicht gehörte, und der König, der das Lehen erbeten und angenommen habe, müsse ein Narr sein, denn er fordere etwas, was anderen gehöre; er solle nur hierher kommen, um es in Besitz zu nehmen: dann würden sie seinen Kopf auf einen Pfahl stecken“ (zitiert nach Engl/Engl 1991: 64).

Der absurden Anmaßung des Abkömmlings europäischer Zivilisation antworten die Barbaren mit kausalen Deduktionen von logischer Stringenz. Ihr fröhliches Selbstbewusstsein verkennt freilich, dass die frühen Conquistadoren zwar nicht unbedingt Meister im Felde der Herrschaftslegitimation waren, dieses Defizit jedoch durch die Brachialität ihres Terrors mehr als aufzuwiegen verstanden.

So wie Fernandez de Enciso an die Evidenz des von ihm vorgetragenen *Requerimientos* geglaubt haben mag, so hat man es auch heute – nicht zuletzt in sozialwissenschaftlichen Diskursen – oft mit Scheinevidenzen zu tun, wenn es um die Frage der Möglichkeit herrschaftsfreien Zusammenlebens geht: Herrschafts-Ontologisierung sitzt tief – Jahrtausende tief (vgl. vor allem Kap. 1). Was wir in diesem Buch unternehmen, ist der Versuch, sozusagen die Rolle der beiden „Kaziken“ zu übernehmen und einige eingeschliffene „Selbstverständlichkeiten" infrage zu stellen. Von „barbarischen", „wilden" bzw. „primitiven" Völkern können wir dabei nicht nur einen vom Ballast jahrtausendelanger abendländischer politischer Philosophie unbeschwerten (und, wie wir im einleitenden Zitat gesehen haben: realitätstüchtigeren) Blick auf Fragen des Machtumgangs lernen, sondern auch eine faszinierende Kreativität institutioneller Lösungen des Problems ablesen, herrschaftsfreie Gesellschaften zu stabilisieren. Wenn wir uns in den Kapiteln 3–7 einigen dieser Lösungsmechanismen zuwenden, so soll dies nicht nur ein exotisches Unterfangen sein; es geht uns vielmehr um die Anregung von Phantasie im Hinblick auf die Frage, wie in unseren gegenwärtigen Gesellschaften der Abbau von Herrschaft ermöglicht werden kann. Dabei handelt es sich schon deshalb nicht um ein plattes „Zurück-zur-Natur"-Programm, weil wir eben durchgängig *kulturelle* Phänomene in den Blick nehmen. Und überdies ist kein „Zurück" in dem Sinne intendiert, dass nun irgendeine institutionelle Struktur eins zu eins auf nachindustrielle Gesellschaften applizierbar wäre. Aber das Mindeste, was zu leisten ist, ist der empirische Nachweis der anthropologischen *Möglichkeit* herrschaftsfreien Zusammenlebens. Inwiefern einzelne Mechanismen aus „primitiven" Gesellschaften Lösungen in modernen, hochkomplexen Gesellschaften anregen können, mag sich am Ende unseres Unternehmens klarer zeigen, von dessen Anfangsphase dieses Buch Rechenschaft ablegt. Wenn wir die Suche nach institutionellen Lösungen für das Ziel einer Minimierung von Herrschaft in unserer eigenen Gesellschaft unterstützen wollen, dann wäre es jedenfalls töricht, den reichhaltigen Fundus bereits durchgespielter Lösungen mit dem bloßen Hinweis auf deren „Primitivität" vom Tisch zu wischen. Mit Gewissheit können wir vielmehr einiges über die Bedingungen lernen, die erfüllt sein müssen, um die zur Herrschaft tendierende Macht institutionell zu bändigen. Es ist auch nicht ausgemacht, ob nicht einzelne Mechanismen etwa im Eigentumsrecht – der Pfeiltausch der wildbeutenden San (vgl. Luig 1995: 107); die systematische Deflation durch das israelitische Jubeljahr – unsere Phantasie auch konkret anregen dürften. Die fraktale politische Struktur typischer segmentärer Gesellschaften z. B. (Kap. 3) wäre, losgelöst vom verwandtschaftlichen Generierungsprinzip, durchaus erwägenswert für moderne politische Lösungen des Herrschaftsverhinderungs-Problems. Aber primär geht es uns darum zu zeigen, dass es überhaupt lohnt, sich diesem Problem zu stellen und damit dem allseits grassierenden Fatalismus zu entgehen.

Auch insoweit ist es motivierend festzustellen, dass der „Geist" jener zwei panamaischen Kaziken offenbar auch nach jahrhundertelanger herrschaftlicher Überformung noch gegebenenfalls aktualisierbar ist. Denn manche antikolonialistischen Befreiungsbewegungen der jüngeren Vergangenheit zeigten, dass traditionelle Formen radikaler Demokratie mit modernen Emanzipationsbewegungen fruchtbare Verbindungen eingehen können. So macht seit 1994 mit der zapatistischen EZLN im mexikanischen Chiapas eine indigene Demokratiebewegung auf sich aufmerksam, die gerade auch durch ihr explizites Anknüpfen an radikaldemokratische Formen indianischer Dorfgemeinden mehr zum Aufbrechen der bürokratisch gestützten Klassenstrukturen beiträgt als die seit einem Dreivierteljahrhundert regierende „Partei der institutionalisierten Revolution".

Angesichts dieser sozialen Realitäten ist es schwer erträglich, immer wieder zu erfahren, welche anthropologischen Schludrigkeiten sich sozialwissenschaftliche Autoren erlauben, die eigentlich eine emanzipatorische Zielsetzung verfolgen. Wenn man etwa, wie Horkheimer und Adorno (1981: 98), vom „Schlagen und Beißen beim Geschlechtsakt der australischen Wilden" schreibt, welches „noch" in der sublimiertesten Zärtlichkeit durchscheine, dann ist es freilich verständlich, dass man am Streben nach menschlicher Autonomie desperat wird. Nur ist eine solche Unterstellung bezüglich der Australier eben kaum empiriehaltig, ebensowenig wie Freuds hobbistische „Urhorde", an die sie wahrscheinlich anknüpft. Die „Primitiven" mögen (teilweise) „Barbaren" im Sinne des Evolutionismus Morganscher Spielart gewesen sein; „Barbaren" im Sinne der „Dialektik der Aufklärung" waren sie kaum. Uns scheint eher, dass Pierre Clastres' Projekt einer „kopernikanischen Wende" den Versuch lohnt, wonach in der Anthropologie nicht mehr alle Kulturen um das moderne europäische Gesellschaftsmodell kreisen sollen wie die Himmelskörper um die Erde im vorkopernikanischen Weltbild; sondern es vielmehr an der Zeit sei, „eine andere Sonne zu suchen und sich in Bewegung zu setzen" (Clastres 1976: 26).

Ein solcher Perspektivenwechsel ist mit der Gefahr verbunden, seinerseits projektiv einem pauschal verworfenen und abstrakt negierten Modell der eigenen Gesellschaftsform den „Edlen Wilden“ als „das fiktive Idealbild gewaltlos gelungenen Lebens“ (Fink-Eitel 1994: 9) entgegenzuhalten. Gerade die Fokussierung aber auf jene institutionellen Regulierungen, die egalitäre Verhältnisse stabilisieren helfen, zeigt deutlich, dass *auch* in solchen Anarchien mitunter einschneidende Zwangsmechanismen zur Geltung kommen. Die Einsicht in die von Sigrist beschriebenen Effekte des „Hexereikomplexes“ oder Clastres’ Schilderung von Tatauierungspraktiken, die der schmerzhaften Einschreibung von egalitären Normen dienen, kann so als Korrektiv wirken gegen die Gefahr falscher Idyllisierungen. Jedoch bedeutet gerade hinsichtlich derartiger Phänomene (Hexerei; Initiation) das Auftauchen des Staates alles andere als einen Fortschritt. Die Herrschaftszumutung ist nicht der *nolens volens* zu entrichtende Preis für Zivilisierung. Insofern nehmen wir den eventuellen Vorwurf eines umgekehrten Ethnozentrismus gelassen entgegen.

Gewiss ist es nicht so, dass wir mit diesem unserem Vorhaben regelrechte Pionierarbeit leisteten. Als Soziologen ohne ethnologische Felderfahrung sind wir in hohem Maße auf die Arbeiten von Ethnographen angewiesen, die wir einer sekundären Auswertung unterziehen. Und auch die theoretische Reflexion über herrschaftsfreie Vergesellschaftungsformen hat eine Tradition, an die wir anknüpfen. Für uns wichtig sind hier die Arbeiten von Pierre Clastres (vor allem die *Staatsfeinde*), insbesondere durch die strukturalistische Theorie des „ohnmächtigen“ Häuptlingstums der Indianer. Danach ist das Häuptlingstum bei den südamerikanischen Tiefland-Indianern so institutionalisiert, dass in jeder Kommunikationssphäre (nämlich hinsichtlich des Austauschs von *Gütern*, von *Worten* und von *Heiratspartnern*) dem Häuptling die Reziprozität verweigert wird – er muss großzügig sein; er hat unausgesetzt „unschuldige“ Reden zu halten; und er genießt das Privileg der Polygynie. Durch die Verweigerung des Tauschs in allen drei Sphären wird der „politische Bereich“, wie Clastres sagt, außerhalb der Gruppe institutionalisiert, von wo er keinen Einfluss auf die soziale Struktur nehmen kann (Clastres 1976: 43): daher die auffallende „Machtlosigkeit“ indianischer Häuptlinge. Zur Absicherung der herrschaftsfreien Gesellschaftsstruktur tragen u. a. – von Clastres eindringlich geschilderte – institutionalisierte Teilzwänge im ökonomischen Bereich und egalitäre Subjektformierung im Prozess der Sozialisation bei.

Als noch entscheidendere Anregung unserer Untersuchungen erwies sich die Theorie der *Regulierten Anarchie*, die Christian Sigrist erstmals 1967 als Auswertung der klassischen Studien von Evans-Pritchard, Fortes u.a. über afrikanische staatslose Ethnien vorlegte (Sigrist 1994). In diesen „segmentären Gesellschaften" tritt die gesellschaftliche Integration durch genealogische Abstammungs-Erzählungen an die Stelle der Integration durch herrschaftliche Zentralinstanzen. Sigrist zeigt, dass die Existenz politischer Spezialisten (analog zu den Häuptlingen bei Clastres), die er „Instanzen" nennt, durchaus mit dem Phänomen der Herrschaftsfreiheit kompatibel ist, sofern kein Erzwingungsstab die Durchsetzung von Befehlen bewirken kann. Als weitere „Determinanten" der Herrschaftsfreiheit stellt er vor allem das ausgeprägte *Gleichheitsbewusstsein* der Gesellschaftsmitglieder sowie Mechanismen der institutionellen Bändigung von Ungleichheitspotentialen (im ökonomischen Bereich etwa: die Eigentumsstreuung durch den Ausschluss der Bevorzugung eines Erben) heraus. Mit Sigrist verbindet uns seit einiger Zeit ein Gedankenaustausch, und wir sind ihm für mannigfaltige Anregungen, Kritik und Hilfestellung zu Dank verpflichtet.

Auf die Beschäftigung mit „Regulierten Anarchien" stießen wir jedoch aus einer anderen Richtung: der Institutionentheorie. Von 1992 bis 1995 arbeiteten wir zusammen in dem von Karl-Siegbert Rehberg geleiteten DFG-Projekt „Unverfügbarkeit und Reflexivität: Eine theoretische Analyse hochkultureller Formveränderungen von Institutionen", worin eine Anwendung und Präzisierung von Rehbergs Ansatz einer „Theorie und Analyse institutioneller Mechanismen" (TAIM) intendiert war. Die TAIM legt besonderes Gewicht auf die Analyse der symbolischen Darstellung institutioneller „Ordnungen", wie sie sich typischerweise in ihren „Leitideen" verdichtet. Diese Dimension der „Symbolizität" wie auch jene der institutionellen Machtstrukturen werden nicht als statisch aufgefasst, sondern vor allem in ihren Phasen der Genese, Transformation und Deinstitutionalisierung untersucht. Dabei zeigt sich, dass institutionelle Mechanismen (wie Geltungsakkumulation, Autonomisierung oder Transzendierungsprozesse) nicht nur dort sich vollziehen, wo im traditionellen Verständnis „Institutionen" vorliegen (also etwa im Staat oder in einer Kirche), sondern in jeder Form menschlicher Interaktion zu beobachten sind.[6]

Die Beschäftigung mit frühen Staaten zeigte nun, dass diese Gesellschaftstypen durch Abgrenzungen ebenso wie durch Relikte auf die vorangegangenen Formen[7] verweisen – eben auf „vorstaatliche" Gesellschaften, die ihrerseits eine Fülle institutioneller Lösungen zur Stabilisierung ihrer herrschaftsfreien Strukturen aufwiesen. Und hier erwies sich, dass die „Theorie und Analyse institutioneller Mechanismen" zur Untersuchung herrschaftsfreier Gesellschaften ein sehr brauchbares Instrumentarium bereithält, weil sie sich von vornherein darum bemühte, einen Kurzschluss von Herrschaftsinstitutionen aufs Institutionelle schlechthin zu vermeiden.

Aber sind herrschaftsfreie Institutionen denkbar? Knüpft man an die Erkenntnis der Philosophischen Anthropologie an, wonach die Menschen infolge ihrer Instinktentbundenheit notwendig auf die Orientierungsfunktionen von Institutionen angewiesen und daher „von Natur aus (...) Kulturwesen" (Gehlen) sind, so besteht die Gefahr, auch den institutionalistischen Schluss mitzuvollziehen, dass diese Institutionen notwendig Herrschaftsgebilde sein müssten. So hat Karl Markus Michel, als er 1969 die Institutionenkritik der APO resümierte, quasi schulterzuckend bemerkt, alle Entwürfe „repressionsfreier Institutionen" enthielten Prämissen, die ihrerseits „Zwang" implizierten (1969: 174). Aber diese Einsicht ist tautologisch. Zwang ist das Wesen von Institutionen – nicht jedoch Repression. Es mag nämlich auch institutionelle Zwänge geben, die gerade zum *Verzicht* auf Herrschaft zwingen. Eine kritische Institutionentheorie, die sich vom Institutionalismus à la Arnold Gehlen oder Carl Schmitt lösen will, muss empirische Institutionen also nicht nur nach ihren Entlastungsleistungen

---

6 Das trifft schon auf intime Nahbeziehungen wie Liebe und Freundschaft zu, wo sich regelmäßig Begrüßungsrituale, Privatsprachen, Begehungen von Jahrestagen, der Austausch von Emblemen (Ringen) usw. einstellen. – Vgl. zum Design der institutionellen Analyse Rehberg 1990; 1994.

7 Damit soll keine evolutionistische Stufenfolge evoziert werden, denn mit dem Auftauchen staatlicher Gebilde sind herrschaftsfreie Gesellschaften nicht zum Verschwinden gebracht. Dass von einer Entwicklungs-„Einbahnstraße" von herrschaftsfreien zu staatlichen Gesellschaften keine Rede sein kann, belegt exemplarisch die in Kap. 7 behandelte Fallstudie.

(Gehlen) befragen, sondern diese mit ihrer jeweiligen Belastung der Mitglieder und Insassen, der Adressaten- und Umfeldgruppen, kurz: mit ihrem *Repressions-* oder *Herrschaftsgrad* bilanzieren (Rehberg 1973: 116). Wenn die Repressionsdichte von Institutionen variabel ist, dann ist es eine zentrale Aufgabe kritischer Institutionentheorie, Hinweise auf Möglichkeiten einer Verringerung institutionalisierter Herrschaft zu geben. Den Grenzfall einer herrschaftsfreien Institution (in dem Sinne, dass dort die Institutionalisierung von Herrschaft institutionell verhindert wird) kann man dabei nur dann a priori ausschließen, wenn man die konservativen, „hobbistischen" anthropologischen Annahmen des Institutionalismus teilt, der Mensch sei von Natur aus auf Herrschaft, auf die Einbindung in Befehl-Gehorsams-Strukturen angewiesen. Gegen derartige Annahmen hat in den letzten Jahrzehnten vor allem die Ethnologie viel empirische Evidenz angehäuft.

Die hier vorgestellten Texte können somit im Hinblick auf aktuelle Debatten auch zeigen, dass der Abbau von Herrschaft nicht als Entinstitutionalisierung missverstanden werden darf. Als ganz entscheidend für die Stabilisierung herrschaftsfreier Gesellschaften erwies sich immer wieder die *symbolische Darstellung* der egalitären Ordnung. Symbolizität als zentrale Dimension von Institutionen ist nun aber nicht auf vormoderne Gesellschaften beschränkt. Wer den Abbau von Herrschaft in gegenwärtigen sozialen Kontexten anstrebt, tut gut daran, Sensibilität für symbolische Darstellungen und Übung in symbolischen Kämpfen zu entwickeln. Auch hier geht es nicht darum, einen revolutionären Blueprint symbolischer Lösungen für herrschaftsfreie Gesellschaften zu fordern, geschweige denn anzubieten. Aber vielleicht lässt sich doch die Einsicht darin befördern, dass die Errichtung von Anarchien in erster Linie ein *konstruktiver* Akt ist; Sensibilität für die Prozesse, die sich auf dieser Ebene sozialen Wandels abspielen, kann unseres Erachtens keinesfalls schaden.

Unsere hier versammelten Texte kreisen allesamt um die soeben angesprochenen Fragen; gleichwohl sind sie in dreifacher Hinsicht heterogen. Das betrifft erstens die thematische Ebene: Unseren Erörterungen um die Bestimmung der zentralen politischen Begriffe (Kap. 1 und 2) stehen exemplarische Analysen einzelner Symbolisierungsformen von Herrschaftsfreiheit gegenüber: spezifische Formen von Architektur (Kap. 4), Spiele (Kap. 5 und 6) sowie ein spezielles Glaubenssystem

(Kap. 7). Kap. 3 bildet insofern einen Übergang zwischen beiden Bereichen, als es eine eigene Symbolisierungs- und Strukturierungsform, nämlich die genealogische Struktur „segmentärer" Gesellschaften, einer begriffsstrategischen Revision zu unterziehen vorschlägt – mit dem Gedanken, sie als „fraktale" Gesellschaften zu konzipieren.

Zum Zweiten divergieren die Kapitel durch ihr unterschiedliches Alter. Kap. 7 ist im wesentlichen bereits Mitte 1995 fertiggestellt gewesen, während etwa Kap. 4 noch in der Phase der Aufbereitung für dieses Buch von uns diskutiert wurde. Die einzelnen Kapitel könnten daher hinsichtlich einzelner Aspekte einen verschiedenen Diskussionsstand widerspiegeln (dies betrifft aber wohl kaum unsere zentralen Thesen). Insofern mag die Sammlung eher einen Einblick in unsere Forschungs-„Werkstatt" liefern, als den Eindruck eines „runden", homogenen Werks.

Drittens schließlich sind die materialen Kap. 3 bis 7 heterogen im Hinblick auf die Gesellschafts*typen*, auf welche Bezug genommen wird. Es kann ja nicht von *einem* Typus „herrschaftsfreier Gesellschaft" gesprochen werden, sondern es sind wichtige Unterscheidungen zu beachten. Zentral wäre z.B. die Differenzierung nach dem ökonomischen Kriterium, ob eine Ethnie „vor" oder „nach" der neolithischen Revolution zu platzieren ist. Im ersten Fall sprechen wir von Wildbeutern; im zweiten von Gartenbauern sowie Hirten-Nomaden. *Ein* Unter-Typus der letztgenannten Kategorie wären die segmentären Gesellschaften; sie sind Gegenstand des Kap. 3. Die Ethnie unserer Fallstudie im Kap. 7 wird in der Literatur zurecht ebenfalls als segmentäre Gesellschaft geführt; dennoch argumentieren wir, dass hier ein eigener Typus vorliegt, indem das schriftkulturelle richterzeitliche Israel eben nicht als „primitiv" kategorisiert werden kann, sondern eigentlich eine *nach*staatliche Gesellschaft darstellt. In den Kap. 4 bis 6 schließlich ist der Ansatz typusübergreifend; hier werden Bau- respektive Spiel-Formen im Vergleich verschiedener herrschaftsfreier Gesellschaften analysiert.

Die jeweilige – einzelne oder gemeinsame – Autorschaft haben wir über den Kapiteln vermerkt. Damit soll nicht davon abgelenkt werden, dass wir als Forscher-Duo jeden der hier abgedruckten Texte ausführlich diskutiert haben und dieser Zusammenarbeit nicht wenig verdanken.

Kollegen, die hier vorgelegte Texte freundlicherweise vorab gelesen haben, äußerten sich irritiert darüber, dass wir, synonym mit dem

Adjektiv „herrschaftsfrei", gelegentlich den Begriff „anarchistisch" verwenden. In der Ethnologie und insbesondere bei den an Christian Sigrist anknüpfenden Autoren wird stattdessen von „anarchischen" Gesellschaften oder Strukturen gesprochen. Wir weichen davon ab, obwohl uns die Problematik bewusst ist, dass sich mit „ismus" die Vorstellung einer „manifesten" Ideologie verbindet. Eine solche unterstellen wir den „primitiven" herrschaftslosen Gesellschaften nicht. Aber es geht uns doch darum zu betonen, dass es sich um Sociétés *contre* l'État handelt, dass die Abwesenheit staatlicher Strukturen *intentional* ist und nicht irgendeinem Mangel geschuldet. Dies in Rechnung gestellt, wirft unseres Erachtens der Terminus „anarchisch" mehr Schwierigkeiten auf als sein Konkurrent „anarchistisch". Und außerdem hilft bei unserer Entscheidung die Erkenntnis, dass ja auch „der" moderne Anarchismus kaum durch ausgefeilte ideologische Systeme aufgefallen ist, sondern vielmehr hauptsächlich durch den Wunsch vereint erscheint, Herrschaft von Menschen über Menschen abzuschaffen. Diesen Wunsch teilen wir und glauben, dass man auf dem Weg zu seiner Verwirklichung jedenfalls ein gewisses Stück vorankommen kann – wobei sowohl von den politischen Leitideen der „Wilden" gelernt werden kann, als auch von der daraus resultierenden institutionellen Phantasie.

In diesem Buch umschiffen wir ein Problem, das für Theorien herrschaftsfreier Gesellschaften besonders heikel ist: die Frage der dort institutionalisierten Geschlechterverhältnisse. Die von Sigrist als „Regulierte Anarchien" beschriebenen afrikanischen Ethnien wiesen durchwegs eine patrilineare genealogische Struktur und eine privilegierte Stellung der Männer auf; und Clastres konzeptualisierte Frauen in seinen theoretischen Generalisierungen wesentlich als Tauschobjekte. Damit ist aber das letzte Wort zu dieser Frage nicht gesprochen, denn feministische Ethnologie hat inzwischen viel Evidenz für die Möglichkeit auch „geschlechtsegalitärer" bzw. „geschlechtssymmetrischer" Gesellschaften präsentiert. Wir selbst arbeiten zur Zeit an einer monographischen Veröffentlichung, in der wir unter anderem die auch innerfeministisch hier stark divergierenden Ansichten einer systematischen Sichtung und Bewertung unterziehen wollen. Insofern müssen wir die Leserinnen und Leser um etwas Geduld bitten.

Geduld ist übrigens heuer nicht nur von der Leserschaft, sondern auch von Autoren gefordert. Wir haben seit 1995 versucht, verschiedene der Aufsätze, die diesem Buch zugrundeliegen, in sozialwissenschaftlichen Fachzeitschriften zu platzieren; aber es herrscht auf diesem Markt ein derartiges Gedränge, dass – ohne etablierten Namen und mit „anarchistischem Touch“ – dort schwer Fuß zu fassen ist. Um so dankbarer sind wir dem Nomos-Verlag, der diesen Band (in erster Auflage) verlegt, sodann der DFG, die ihn mit einem Druckkostenzuschuss fördert, und schließlich Prof. Rehberg, der das Publikationsvorhaben bereitwillig unterstützt hat, dass sie uns die Veröffentlichung auf diesem Wege ermöglicht haben. Nun möge der kastilische König kommen, um unsere Ansichten zu widerlegen: Dann werden wir seinen Kopf auf einen Pfahl stecken!

Rüdiger Haude und Thomas Wagner
Aachen und Dresden, im Oktober 1998

Rüdiger Haude / Thomas Wagner

Herrschaftsfrohe Diskurse

Strategien und Tendenzen sozialwissenschaftlicher Anarchieverdrängung

1. Institutionalismus oder Anti-Institutionalismus?

Keine theoretische Argumentation kommt (am wenigsten im Gebiet der Kulturwissenschaften) ohne unhinterfragte Hintergrundannahmen aus – Prämissen, die man einfach unter Berufung auf einen gesunden Menschenverstand zugrundelegt, um die Schärfe des forschenden Denkens, die Mühe am Begriff, auf ein *bestimmtes* Problem (oder deren einige) konzentrieren zu können. Der nachfolgende Text macht hiervon keine Ausnahme. Ist dieser Sachverhalt aber bereits eine (unhintergehbare) Quelle von Verzerrungen der Forschungsergebnisse, so kommt es überdies vor, dass in einem ganzen Diskursrahmen bestimmte tradierte „Wahrheiten" nicht hinterfragt werden, die sich auf ganz elementare bzw. zentrale Aspekte der jeweiligen theoretischen Fragestellungen beziehen.

Die Frage nach der Möglichkeit herrschaftsfreien Zusammenlebens in menschlichen Gesellschaften ist so eine eigentlich unanständige Frage. Wie die Evidenz für reale anarchistische Gesellschaften aus den „exotischen" Gebieten der Sozialwissenschaften stammt, so sind auch die Verfechter dieser Evidenz meist „Exoten" in ihrem Fach. In den geläufigen Erzählungen der menschlichen Gattungsgeschichte gehen die „primitiven" anarchistischen Gesellschaften meist unter, was zu der falschen, aber weit verbreiteten Ansicht verleitet, menschliche Kultur sei notwendig verbunden mit Herrschaftsformen, wovon der moderne Staat die fortgeschrittenste Version darstelle. Das Verschwinden anarchistischer Gesellschaften in den evolutionistischen Klassifikationen des ethnologischen und vor allem soziologischen Mainstreams hat somit weitreichendere Folgen, als es der enge Diskurshorizont einer Fachwissenschaft zunächst vermuten lässt. Hier werden Begriffe geprägt, die oft auf Umwegen andere gesellschaftliche und politische Diskursfelder erreichen und dort zu Bestandteilen von Argumentationsstrategien – zu Kampfbegriffen – werden können. Wie oft haben wir in politischen Alltags-Diskussionen das ultimative Gegen-Argument hören müssen, Menschen könnten „nun einmal" nicht zusammenleben, ohne dass einer sage, „wo es langgeht"!

Nun haben aber verschiedene ethnologische Schulen uns die Existenz solcher herrschaftsfeindlicher Gesellschaften übermittelt.[8] Gesellschaften, von denen gesagt werden kann, dass in ihnen gesamtgesellschaftlich verbindliche Regelsysteme, die durch symbolische Darstellung auf Dauer gestellt werden, die Individuen zur aktiven Verhinderung von Herrschaft motivieren oder sogar verpflichten. Solche Theorieansätze und ethnographischen Berichte über aktiv egalitäre „primitive" Gesellschaften belegen, dass institutionelle Selbststeigerungen nicht notwendig hierarchieverstärkend sein müssen, dass es nicht nur die Einbahnstraße der Akkumulation von Ungleichheitsmerkmalen gibt, sondern auch die Verstärkung egalitärer, also hierarchisierungsblockierender Faktoren.

Indes ist die Debatte über die Möglichkeit herrschaftsfreier Gesellschaften nicht nur weitgehend tabuisiert. *Wenn* über diese Frage diskutiert wird, dann folgt die anarchiefreundliche Minderheitenposition überdies allzuoft der Mainstream-Position in mehreren problematischen Prämissen. Es stehen sich dann zwei konträre Positionen gegenüber, die auf der einen Seite anti-institutionell, vor allem aber gegen den Staat als Unterdrückungsinstrument gerichtet, Bilder der harmonisch-zwanglosen Idylle projizieren, während auf der anderen Seite staatliche Herrschaft als einziger und unverzichtbarer Garant von Ordnung überhöht wird. Beide Positionen haben zumindest zwei Dinge gemein: Sie sind staatsfixiert und verkennen zugleich die Wirkungsweise

8 Es ist hier nicht der Platz, diese Theorien und ethnographischen Studien im einzelnen zu schildern. Vgl. Clastres 1976; Sigrist 1994; Boehm 1993; Barclay 1990; Woodburn 1982; Middleton/Tait 1967. Einen vorläufigen Versuch der systematischen Auswertung dieser Theoriegruppe haben wir vorgelegt in Haude/Wagner 1996.

des Institutionellen. Während die „Institutionalisten“, besser: Etatisten, des Hobbesschen Zuschnitts die Möglichkeit staatsloser Ordnungsgenerierung, wenigstens für größere Gruppen, bestreiten, der Begriff Anarchie demnach nur als Schreckbild des Chaos erscheint, das in blutigen Terror zu münden droht, tun sich viele Verfechter der Anarchie damit schwer, die unabdingbaren Ordnungsaspekte auch herrschaftsfreier Gesellschaften zu erfassen. Auch diese müssen ja irgendwie stabilisiert, wenn auch nicht unbedingt vor dem Chaos, so doch vor der Transformation in Herrschaftsformen bewahrt werden. Gesellschaft ist demnach ohne Institutionen gar nicht denkbar. Das heißt jedoch nicht, wie viele meinen, die kurzschlüssig einen bestimmten Institutionen*typ* mit dem Institutionellen überhaupt verwechseln, dass damit zugleich das letzte Wort zum Thema der Anarchie gesprochen wäre; vielmehr wird nun erst eine Präzisierung der Fragestellung möglich. Zu fragen ist nicht mehr abstrakt nach der Möglichkeit oder Unmöglichkeit von Anarchie, sondern danach, welche institutionellen Mechanismen zur Stabilisierung solcher herrschaftsfreier Gesellschaften beitragen können.

Die institutionenanalytische Perspektive eröffnet in diesem theoretischen Zusammenhang Möglichkeiten, das Funktionieren anarchistischer Institutionengefüge anhand ihrer spezifischen Ausprägung institutioneller Mechanismen theoretisch zu begreifen. Dies wollen wir im Verlauf dieses Buches anhand von Fallstudien und bestimmten Institutionalisierungsformen demonstrieren. Zuvor gilt es jedoch – als Präliminarie – zu zeigen, welche systematischen theoretischen Defizite bei der Behandlung dieser Frage verbreitet sind und tradiert werden. Sie resultieren, wie wir meinen, nicht nur aus der ideologischen Abwehr einer herrschaftsfreien Utopie, sondern auch aus einer (wenn überhaupt) herrschaftsfixierten und daher defizitären Berücksichtigung des Institutionellen. Wir wollen dies in diesem Kapitel an einer Reihe von ethnologischen und soziologischen Autoren unterschiedlicher „Schulen“ demonstrieren.[9]

---

9 Wenn bei dieser Bestandsaufnahme theoretischer Gegenpositionen von uns teilweise der Vorwurf wird erhoben werden müssen, es liege eine mangelnde Klärung oder tautologische Verwendung der wichtigsten politischen Begriffe vor, dann liegt es nahe, dass wir uns unsererseits bemühen, die eigene Begriffsverwendung möglichst präzise, widerspruchsfrei und heuristisch wertvoll zu gestalten und hierüber Rechenschaft abzulegen. Dies geschieht im folgenden Kapitel.

2. Herrschaftsfixierung in der Politischen Philosophie

Seit jeher thematisiert der ethnographisch-anthropologische Diskurs Alternativen zur je eigenen Gesellschaftsordnung (Nippel 1990: 22); er ist daher ein Kampffeld politischer Interessen. Die Tatsache, dass die Menschen weit über 99% ihrer Anwesenheitszeit auf der Erde in sozialen Organisationsformen zusammengelebt haben, die ohne staatliche Herrschaft auskamen, stellt auf diesem Kampffeld den ethnozentristischen Mainstream in den Sozialwissenschaften beim bewussten oder unbewussten Versuch, den Status quo zu legitimieren, vor ernste Probleme. Probleme, die nicht geringer werden, wenn man den Stand der ethnographischen Forschung würdigt, die uns sagt, dass die (rezenten) staatlosen Gesellschaften „aktiv egalitär" sind, d.h. die Entstehung von Herrschaft durch spezifische Mechanismen aktiv verhindern.

Es haben sich zwei Argumentationsstrategien bewährt, um diese Probleme zu bewältigen. Auf der einen Seite kann man leugnen, dass die nichtstaatlichen Gesellschaften in irgend einem Sinne „herrschaftsfrei" seien, und bannt damit die Projektion des „Glücklichen Wilden" durch eine nicht weniger phantasiereiche Projektion „primitiven Despotismus", so wie paradigmatisch Sigmund Freud (unter Anknüpfung an Charles Darwin) die „Urhorde" unter der „Allmacht", der unbeschränkten Herrschaft und Brutalität eines „starken Männchens" phantasierte (hier zitiert nach Freud 1982: 529). Der bei Freud ins Groteske überzeichnete Gedanke fußt auf jahrtausendealter Tradition. So hatte schon Aristoteles (1970/1993: 1253a) den Menschen als *„physei politikon zoon"* dingfest gemacht, was mit „von Natur aus ein staatsbezogenes Lebewesen" deshalb richtig übersetzt ist, weil der Philosoph wenig später verkündet, in der Gesellschaft sei, ebenso wie zwischen den verschiedenen menschlichen Organen oder zwischen Mann und Frau, „Gleichheit [...] für alle Teile schädlich" und natürlicherweise müsse stets ein Teil „das Herrschende" (*archon*) und ein anderer „das Beherrschte" (*archomenon*) sein (1254b). So zieht es sich dominant durch die Geschichte der politischen Philosophie. Thomas von Aquin (1994: 5f) begründet, von einer Einsichten der Philosophischen Anthropologie vorwegnehmenden „Mängelwesen"-Anthropologie ausgehend, die Notwendigkeit der Menschen, mit ihresgleichen zu kooperieren, wozu sie unabweisbar der Herrschaft bedürften: „Im Menschen wird die Einheit durch die Natur bewirkt, die Einheit der Gesellschaft aber, die Friede heißt, muß erst durch die Bemühung des Führers bewirkt werden" (58). Thomas Hobbes erkannte zwar, dass es einen Zustand vor aller Staatlichkeit gegeben haben müsse, den er sich allerdings fürchterlich ausmalte. Ganz wie der Aquinat schloss er (o.J.: 113), dass Rechtsfrieden und Vertragserfüllung ohne Zwangsgewalt („coercive power") nicht möglich seien; „und eine solche Macht gibt es nicht vor Errichtung eines Staates". David Hume (1964: 455) schreibt, immerhin bereits im 18. Jahrhundert, ein „geringes Maß an Erfahrung und Beobachtung" genüge, „uns zu lehren, dass keine Gesellschaft ohne die Autorität von Obrigkeiten [magistrates] bestehen kann und daß diese Autorität in Verruf geraten muß, wo ihr nicht strikter Gehorsam [exact obedience] geleistet wird". (Noch heute krankt dieser Argumentationstyp häufig daran, dass er ein allzu geringes Maß an Erfahrung und Beobachtung genügen lässt.) Für Hegel (1976: 386f [§§ 257f]) schließlich ist der Staat bekanntlich „die Wirklichkeit der sittlichen Idee", „das an und für sich Vernünftige", weshalb die Frage nach seinen Ursprüngen für völlig unerheblich erklärt wird. Nun war das an und für sich Vernünftige des Staates in Deutschland ab 1945 etwas in Misskredit, und die „Notwendigkeit" von Herrschaft musste nun mehr anthropologisch und funktional als normativ hergeleitet werden. So schrieb Karl Jaspers 1947 (1947: 366), Gemeinschaftsarbeit sei „nicht möglich ohne einen führenden Willen", und die „Sache selbst" erzwinge „Herrschaft und Unterordnung [...], Gehorsam und Dienst"; und so echot Helmuth Plessner 1962: „Machtfragen hat es immer gegeben, solange Menschen in einer Ordnung zusammenleben. Sie stellt sich nur als Über- und Unterordnung her" (Plessner 1974: 190).

Nun ist aber mit zunehmendem Erkenntnisstand über nicht-europäische Kulturen die Einsicht immer unabweisbarer geworden, dass es vorstaatliche[10] Gesellschaften gegeben *hat*. Daraus resultiert jene zweite Argumentationsstrategie, wonach man die Herrschaftsfreiheit zwar

10 Indem wir „vorstaatlich" und „herrschaftsfrei" synonym verwenden, verwerfen wir das evolutionistische Konzept des „Häuptlingstums", das – obgleich vorstaatlich – doch auf dauerhaft etablierter Herrschaft und Stratifizierung beruhen soll (vgl. Carneiro 1981). Uns ist bislang kein plausibles Unterscheidungskriterium zwischen einem solchen „Häuptlingstum" und einem „frühen Staat" vorgetragen worden. Vgl. zum weiteren Kap. 2.

konzediert, aber als *Mangel* charakterisiert, als Mangel zum Beispiel, kraft politischer Organisation die Naturbeherrschung zu mehren. Da der Mensch seit Aristoteles als *zoon politikon* gilt, ist unser „Glücklicher Wilder" durch diese zweite theoretische Bezwingung zu einem vormenschlichen, weil vor-politischen Dasein degradiert. Auch hier lässt sich Hobbes (o. J.: 101) als wichtiger Belegautor anführen, weil er seine These vom Naturzustand als Krieg aller gegen alle mit den empirischen Wilden zu belegen trachtet, von denen soeben Kunde aus der Neuen Welt kam: „Aber es gibt viele Orte, wo man heute so lebt. Denn die wilden Völker in vielen Gebieten Amerikas besitzen überhaupt keine Regierung, ausgenommen die Regierung über kleine Familien, deren Eintracht von der natürlichen Lust abhängt; und leben bis zum heutigen Tag auf jene tierische [brutish] Weise, die ich zuvor beschrieben habe" (112).[11]

Beiden Strategien gemeinsam ist die (meist unausgesprochene) definitorische Vorentscheidung, wonach *Politik* und *Herrschaft* zwei weitgehend synonyme Termini sind – so, als gebe es keine politische Entscheidungsfindung ohne Befehl-Gehorsams-Strukturen. Die beiden Strategien können daher auch verschiedene Mischungen eingehen, was sie oft pittoresker, aber nicht unbedingt heuristisch wertvoller macht. Bemerkenswert ist bei Beobachtung der einschlägigen soziologischen, ethnologischen und anthropologischen Diskurse, dass die hier dringend erheischte Begriffsklärung offenbar keinerlei Fortschritte macht. Es lohnt, sich einen Überblick über den heutigen Stand der anarchienegierenden Argumentationsmuster zu verschaffen. So lässt sich zeigen – und das ist das Hauptanliegen dieses Kapitels – dass die Leugnung der theoretischen und empirischen Möglichkeit herrschaftsfreier Politik vor allen Dingen auf fragwürdigen begriffsstrategischen Entscheidungen fußt, die in der Regel zu Tautologien führen, auch wenn ihre Protagonisten sich so stolz auf ihre „neutralen" Begriffe zeigen.

11 Bei Jean-Jacques Rousseau (1984, 161) ist der Naturzustand bekanntlich nicht derart trostlos wie bei Hobbes; gleichwohl erscheint er extrem tierartig und kulturdefizient: „ohne Kunstfleiß, ohne Sprache, ohne Wohnsitz, ohne Krieg und ohne Verbindung, ohne jedes Bedürfnis nach seinen Mitmenschen wie auch ohne jedes Verlangen, ihnen zu schaden, vielleicht sogar ohne jemals einen von ihnen individuell wiederzuerkennen" usw.

3. Herrschaftsfreiheit: ein Thema der frühen Sozialwissenschaft

Dafür, dass Herrschaft eine gesellschaftliche Universalie sei, lassen sich die „Klassiker“ der Soziologie nicht als Kronzeugen nehmen, auch wenn sie, wie Emile Durkheim und Max Weber, ihrerseits stark auf Herrschaftlichkeit fixiert sind. So hat Durkheim (1992: 236) zwar postuliert, es sei „tatsächlich ein allgemeines Gesetz, dass das Hauptorgan jeder Gesellschaft an der Natur des Kollektivwesens teilhat, das es repräsentiert“, wodurch der „Führer [...] über den Rest der Menschen hervorgehoben“ werde. Doch wollte er damit lediglich sagen, dass es auch „segmentäre Gesellschaften“ mit vorherrschender „mechanischer Solidarität“ gebe, in denen zentrale Autoritäten herrschten (in denen also ein derartiges „Hauptorgan“ existiere). Im *Normalfall* jedoch sah er diesen Gesellschaftstyp gerade durch einen „Mangel an Zentralisation“ geprägt (235).

Ganz ähnlich hat auch Max Weber, der nun wirklich vom Gedanken der Herrschaft präokkupiert war, an verschiedenen Stellen seines Werks in knapper Form herrschaftsferne Verbandstypen, wie Formen der „unmittelbaren Demokratie“, erwähnt, die sich seinen zentralen Typisierungen entzogen. (Den Terminus der „Regulierten Anarchie“ hat Christian Sigrist aus einer solchen Passage gewonnen.) Hierauf gehen wir im nächsten Kapitel näher ein.

Karl Marx und Friedrich Engels schließlich, in deren Theorie das Ziel der Geschichte die Aufhebung der Herrschaft von Menschen über Menschen war, hatten allen Grund, die anthropologische Möglichkeit dieses Ziels anhand vorstaatlicher Gesellschaften zu demonstrieren. Engels (1990: 112) tat dies mit einer begeisterten Schilderung der „Gentilverfassung“ bei den von Morgan beschriebenen Irokesen: „Und es ist eine wunderbare Verfassung in all ihrer Kindlichkeit und Einfachheit, diese Gentilverfassung! Ohne Soldaten, Gendarmen und Polizisten, ohne Adel, Könige, Statthalter, Präfekten oder Richter, ohne Gefängnisse, ohne Prozesse geht alles seinen geregelten Gang. Allen Zank und Streit entscheidet die Gesamtheit derer, die es angeht [...]. Bedürftige kann es nicht geben - die kommunistische Haushaltung und die gens kennen ihre Verpflichtungen gegen Alte, Kranke und im Krieg Gelähmte. Alle sind gleich und frei - auch die Weiber.“

Und so weiter. Ganz Evolutionist, beeilt sich Engels freilich hinzuzufügen (113): „Vergessen wir aber nicht, dass diese Organisation dem Untergang geweiht war."

So herrscht also Uneinigkeit unter den „Klassikern" darüber, wie herrschaftsfreie Gesellschaften zu *bewerten* seien; bei aller Unterschätzung ihrer Stabilisierungsleistungen besteht jedoch Einhelligkeit darüber, dass es herrschaftsfreie Gesellschaften gegeben habe und dass sie legitimer Gegenstand sozialwissenschaftlichen Denkens seien. Damit befinden sie sich in guter Übereinstimmung mit dem heutigen Stand der ethnographischen Forschung. Wenn hingegen Karl August Wittfogel in *Die orientalische Despotie* 1957 beschließt, Zusammenarbeit von Menschen sei „nicht ohne Führung möglich" (52), betreten wir das Feld der zeitgenössischen Debatte.

4. Liberale Tautologien und Widersprüche

Der Liberale Ralf Dahrendorf ist es, der in den sechziger Jahren besonderen Nachdruck auf die Unumgänglichkeit von Herrschaft in sozialen Beziehungen legt und damit den entschiedenen Widerspruch des späteren Autors der *Regulierten Anarchie*, Christian Sigrist, hervorruft.[12] Dahrendorf (1964: 84) lässt dabei keinen Zweifel daran, dass die von ihm behauptete Unmöglichkeit herrschaftsloser Gesellschaften höchst aktuell dazu dienen soll, „die Sinnlosigkeit politischer Utopien" zu begründen und „marxistische Gesellschaftsträume" zu widerlegen. Er illustriert seine These anhand einer Auswertung des Aufsatzes von Edward Winter über die afrikanische Ethnie der Amba, der in dem von John Middleton und David Tait herausgegebenen Sammelband *Tribes*

12 Der weitere Fortgang dieser 1964 im *Archive Europeenne de Sociologie* ausgetragenen Kontroverse zeigt, dass Anarchieverdrängung auch personalisierbar ist: Nachdem Dahrendorf auf dem Soziologentag 1968 die (teilweise) Berechtigung von Sigrists Kritik eingeräumt hatte; nachdem er in den ersten Auflagen seiner *Pfade aus Utopia* (Dahrendorf 1967: 322f, 327) auf diese Kritik eingegangen war; nachdem er noch 1969 an der Universität Konstanz mit Sigrist im selben Institut zusammengearbeitet hatte - äußerte der inzwischen zum Parlamentarischen Staatssekretär im Auswärtigen Amt Avancierte 1970, im Berufungsverfahren einer Professur für Soziologie und Ethnologie an der Universität Heidelberg nach dem Bewerber Sigrist befragt, dieser sei ihm nicht bekannt.

Without Rulers veröffentlicht worden war (vgl. Middleton/Tait 1967). Dahrendorf referiert zutreffend, dass Streitbeilegungen bei den Amba (wie typischerweise bei „primitiven" Gesellschaften) üblicherweise durch schiedsrichterliche Vermittlung von Ältesten, in schwierigeren Fällen jedoch durch eine Vollversammlung der erwachsenen Männer durchgeführt wurden (87f). Um dies als „Herrschaft" deklarieren zu können, bemerkt er zunächst, überhaupt scheine Herrschaft „in segmentären Strukturen" vielfach ein Recht zu sein, vermittelnd einzugreifen. Damit ist der Terminus von seinem zentralen Bedeutungsgehalt abgekoppelt, wonach Herrschaft heißen sollte „die Chance, für einen *Befehl* bestimmten Inhalts bei angebbaren Personen *Gehorsam* zu finden" (Weber 1980: 28). Im weiteren Verlauf seines Aufsatzes entwickelt Dahrendorf eine Definition, derzufolge „Herrschaft im umfassenden Sinne als Setzung, Anwendung und Erzwingung von Normen verstanden werden kann" (96). Aber nicht dieser komplette Katalog der Norm-Manipulationen muss vorliegen, damit Dahrendorf von Herrschaft spricht, sondern ein einziger Aspekt reicht - bei den Amba etwa „die Sicherung oder Erhaltung von Normen als Minimalaufgabe der Herrschaft" (98). Damit ist in der Tat Herrschaft und Gesellschaft tautologisch kurzgeschlossen. Gegen die Sicherung von Normen hätte kein Utopianer und erst recht Marxist irgendetwas einzuwenden. Die fragwürdige Strategie Dahrendorfs besteht darin, eine ideologisch aufgeladene soziologische Kategorie inhaltlich vollständig zu entleeren und zu glauben, dass sie danach noch als scharfe Waffe im ideologischen Kampf tauge. Sie taugt dazu so wenig wie als heuristisch brauchbares Instrument in der Theoriebildung.[13]

Diese Begriffsentleerung betreibt Dahrendorf mit großer Konsequenz.[14] Den Ethnographen Winter ruft er als Kronzeugen seiner

---

13 Im *Homo sociologicus* (1972: 100) hat Dahrendorf noch „Norm" einerseits, „Herrschaft" andererseits, zu „den Grundbegriffen der Soziologie" neben dem der sozialen Rolle erklärt. Bei einem so spartanischen Arsenal von Grundbegriffen scheint es riskant, zwei von ihnen nun ohne Weiteres ineins zu setzen.

14 Christian Sigrist (1994: 117) weist darauf hin, Dahrendorf habe 1961 in *Gesellschaft und Freiheit* Zwang mit Hierarchie kurzgeschlossen (eine Denkfigur, die uns noch begegnen wird). Demgegenüber argumentiert Sigrist zurecht, dass Zwang auch für egalitäre, herrschaftsfreie Gesellschaften konstitutiv ist. Dort hat Zwang freilich u.a. die Funktion, die Entstehung von Herrschaft zu verhindern. Dies ist für manche

These von der Ubiquität (Allgegenwart) von Herrschaft an, weil dieser nicht davon spreche, dass es bei den Amba „keinen politischen Bereich der Sozialstruktur" gebe (88f). Hier wird also kurzerhand unterstellt, der „politische Bereich" sei synonym zur „Herrschaft". Wenige Zeilen später wird unbekümmert Winters Terminus „authority" mit „Herrschaft" übersetzt, als sei es nicht der Erwägung wert, ob nicht auch eine Bedeutungsnuance in dem Wort mitschwebe, die dem deutschen Begriff „Autorität" nahekommt. Genau eine solche „Autorität" nämlich – bei Abwesenheit von Befehl-Gehorsams-Strukturen – übte der von Dahrendorf zitierte Älteste bei den Amba aus.

Obwohl Dahrendorf wiederholt betont, sein Postulat von der Universalität der Herrschaft habe den Charakter einer falsifizierbaren Hypothese (z.B. 1964: 85 u. 98), argumentiert er doch völlig hermetisch. Wenn er etwa im Wiederabdruck seines Amba-Aufsatzes nebenbei unterstellt, „Gesellschaft ist nun einmal Herrschaft" (Dahrendorf 1967: 334), dann ontologisiert er den Herrschaftsbegriff so weit, dass ein Falsifikationsversuch von vorneherein als unsinnig erscheinen muss (denn welcher Soziologe würde schon leugnen, dass es Gesellschaft gibt). Damit wird die so sehr betonte wissenschaftsethische Haltung des „Kritischen Rationalisten" zum bloßen Lippenbekenntnis.[15]

Letztlich hat Dahrendorf in seinem Amba-Aufsatz also lediglich die Ubiquität politischer Regulierungen, von Normen, in letzter Instanz: die soziale Ubiquität von Gesellschaft, plausibel gemacht. Dieses große Tautologisierungsprogramm hält er merkwürdigerweise bis heute durch. In dem als die „Summe seiner Sozialwissenschaft" intendierten Essay *Der moderne soziale Konflikt* aus dem Jahre 1992 wird der normative Charakter seiner These noch expliziter: „Was immer uns Ethnologen an Geschichten über ‚Stämme ohne Herrscher' erzählen mögen, hat wenig Plausibilität unter wirklichen Menschen in wirklichen Bedingun-

---

Gesellschaftsmitglieder mit Kosten verbunden, bewirkt aber gesamtgesellschaftlich eine relativ günstige Kostenbilanz.

15 Ebensowenig entspricht es wissenschaftsethisch der „feinen englischen Art", eine komplette wissenschaftliche Disziplin - nämlich die Ethnologie - ex kathedra gewissermaßen der Spinnerei zu zeihen; wie in dem Diktum: „Gesellschaften ohne Herrschaft sind uns bisher nur in der Phantasie utopischer und ethnologischer Autoren bekannt" (1961: 216).

gen. Gesellschaft heißt Herrschaft, und Herrschaft heißt Ungleichheit“ (Dahrendorf 1992: 47). Als weitere Dahrendorfsche Gleichung lässt sich, nachdem im Amba-Aufsatz ja postuliert wurde, Normumgang bedeute Herrschaft, nun schließen: *Norm ist Ungleichheit*. Wenn also das Grundgesetz z.B. postuliert, alle Menschen seien vor dem Gesetz gleich, so ist dies für Dahrendorf keine „Normierung“!

Christian Sigrist (1964: 276) schrieb 1964 in seiner Antwort auf Dahrendorfs Amba-Aufsatz, jener bleibe „weit hinter dem Stand der komparativen Herrschaftssoziologie zurück“. Davon ist aus heutiger Sicht nichts zurückzunehmen.

5. Ethnologische Ungereimtheiten

Selbstverständlich wäre es absurd, die These von der gesellschaftlichen Universalität von Herrschaft einfach mit der Ignoranz gegenüber dem ethnographischen Diskurs erklären zu wollen. Sie ist vielmehr in diesem Diskurs selbst gewichtig vertreten. Der politische Anthropologe und Afrikaforscher Georges Balandier etwa postuliert (1976: 63), die „sogenannten“ segmentären Gesellschaften seien keineswegs egalitär, da es auch hier Beziehungen von Privileg und Unterordnung gebe. Nun würde diese Beobachtung in ihrer Allgemeinheit von niemandem ernstlich in Zweifel gezogen, da perfekte Egalität z.B. zwischen Erwachsenen und Kleinkindern schwerlich herzustellen wäre. Die theoretische und politische Gretchenfrage lautet in diesem Falle also: Ist es von Belang, wenn in bestimmten Gesellschaften keine über die Unterschiede des Geschlechts und des Alters hinausgehenden Privilegien und Hierarchien institutionalisierbar sind? Balandier würde, wie Dahrendorf, antworten: Nein. Dabei erkennt Balandier durchaus an, dass in akephalen segmentären Gesellschaften die *Verwandtschaft* Modelle und Begriffssysteme für den politischen Bereich liefert. Untersucht man derartige Modelle, so sollte aber auffallen, dass regelmäßig nicht hierarchisch-herrschaftliche, beispielsweise patriarchalische oder erstgeburtliche, sondern eben die egalitären Aspekte der Verwandtschaft das Symbolsystem politischer Organisation segmentärer Gesellschaften konstituieren.[16]

16 Vgl. z.B. Bohannan 1952; Sigrist 1994: 181-185.

Balandier hingegen lässt das produktive Moment diffuser segmentärer Macht nicht aus den Vorzügen egalitären kollektiven Zusammenhandelns, sondern aus den minimalen Ungleichheitsstrukturen erwachsen. Diese Gesellschaften könnten demnach nur existieren, „indem sie die Energie ausnutzen, die durch den unterschiedlichen Status der Individuen und die soziale Distanz zwischen den Gruppen (entsprechend ihrer Stellung innerhalb einer oft rudimentären Hierarchie) hervorgerufen wird" (ebd.).

Es ist nicht ganz klar, wie das funktionieren soll. Zumindest ist (im Rahmen mechanistischer Metaphorik) die konträre Bewertung Lévi-Strauss', der hierarchisierte Gesellschaften mit „Entropie" erzeugenden Maschinen analogisiert, nicht weniger plausibel. Wenn Dahrendorf (1992: 48) Ungleichheitsstrukturen für die Garanten zivilisatorischen Fortschritts hält (und ihr Konfliktpotential als Möglichkeitsbedingungen für die durchaus utopische Vorstellung einer künftigen Weltbürgerschaft projiziert [282]), so ist dieser „Fortschritt" für akephale Gesellschaften eben zunächst keine sehr erfreuliche Perspektive.

Balandiers und Dahrendorfs Bilder der segmentären Gesellschaft sind in ähnlicher Weise dem liberalen (und daher eurozentrischen) Gesellschaftsbild von einer per se produktiven Konkurrenzgesellschaft verhaftet - die allerdings ordnungspolitischer Rahmensetzung durch einen Staat bedürfe. Während Dahrendorfs Maschine jedoch eine Lokomotive ist, die in eine glorreiche Zukunft rollt, ist Balandiers Aggregat ständig damit beschäftigt, den Status quo zu stabilisieren. Kurioserweise stützt sich Balandier bei seiner Analogie zum Staat der bürgerlichen Marktgesellschaft gerade auf jene institutionellen Mechanismen, die von den Theoretikern der herrschaftsfreien Gesellschaften als Determinanten der Akephalie herausgestellt werden: „Die Theorien der Eingeborenen (beispielsweise der Tiv) bringen die beständige Furcht zum Ausdruck, dass sich hinter der Ordnung die Unordnung erheben und die Macht zu einem Instrument der Ungerechtigkeit werden könnte" (77). In diesen Gesellschaften ist, sagt Balandier, die Umwandlung von Gegensatz in Zusammenarbeit, von Ungleichgewicht in Gleichgewicht ständig in Gefahr zu verfallen, „und daher sorgen bestimmte Prozeduren und Rituale gewissermaßen für eine periodische Wiederaufladung der politischen Maschine" (ebd.). Die Ordnung, deren Bestand als gefährdet angesehen wird, ist aber nun die egalitäre Ordnung anarchistischer Gesellschaften und nicht die hierarchisierte Struktur staatlich verfasster Gebilde. Richtig ist allerdings Balandiers Einsicht, dass es sich bei herrschaftsfreien segmentären Gesellschaften nicht um solche handelt, in denen es keine oder kaum Konflikte gibt. Es lassen sich z.B. Antagonismen, Wettbewerb und Konflikte finden, die in Machtkämpfen zwischen und innerhalb der Segmente ausgefochten werden. Trotzdem besteht hier ein entscheidender Unterschied zu Staatsgesellschaften: Diese Konflikte werden wirksam ausbalanciert, *ohne* dass eine zentrale Staatsgewalt intervenieren müsste, und, was noch mehr besagt: ohne dass eine solche Instanz dabei entstünde. Die Vermeidung von individueller Machtakkumulation ist nämlich selbst institutionalisiert; und dort, wo solche Akkumulation etwa gewaltsam verhindert werden muss, haben wir einen spezifischen Konflikttypus vor uns. Morton Fried (1967: 79) hat allgemein diesen Sachverhalt herausgestellt, dass in egalitären Gesellschaften Konflikte nicht aus dem Wettbewerb um Macht resultierten, sondern vielmehr daraus, dass die Individuen einen erheblichen Drang entfalteten, Gleichheit zu erreichen.

Ein weiterer Ethnologe, der die Annahme herrschaftsfreier Gesellschaften für eine idyllisierende Projektion hält, ist Justin Stagl. Ähnlich wie der Anthropologe W. Schmied-Kowarzik (1971) macht er geltend, den primitiven demokratischen Institutionen mangele es im Vergleich mit modernen Demokratien am Minderheitenschutz. Während die Letzteren das unangefochtene Fortbestehen einer oppositionellen Minorität bis zu einem gewissen Grade sicherten und institutionell gewährleisteten, opferten die naturvolklichen Demokratien den institutionalisierten Konflikt dem reibungslos funktionierenden, also dem „totalen" System. Man könne in ihnen sehr wohl abweichender Meinung sein, aber nicht dauernd, spätestens bei der Beschlussfassung müsse man „überredet" oder „überzeugt" sein.

Die Demokratie des traditions- und außengeleiteten Menschen sei auf der Betonung der Grundforderung nach *Gleichheit* aufgebaut. Ihr würden die Vertreter des „egalitären Demokratismus" den Vorzug geben, während die des „freiheitlichen Liberalismus" den Wert der auf der Betonung der Grundforderung nach Freiheit aufgebauten Demokratie betonten. Sie sei die Demokratie des innen-geleiteten Menschen, unsere klassische Form der repräsentativen Demokratie. Die auf Freiheit aufgebaute Demokratie brauche den Konflikt, die Konkurrenz, den Gegensatz, das Aufeinanderprallen von Gruppeninteressen. Der Staat in ihr habe nur darauf zu achten, dass diese Auseinandersetzungen nicht gewalttätig würden, er habe die Einhaltung der Spielregeln zu garantieren. Darunter falle auch der Schutz oppositioneller Gruppen (1970: 77). Diese antagonistische Entgegensetzung von Freiheit einerseits, Gleichheit andererseits, ist schon bei zeitgenössischen politischen Kontroversen (wo sie z.B. von Helmut Schelsky gegen Forderungen nach Demokratisierung gesellschaftlicher Institutionen vorgetragen wurde) uneinleuchtend (vgl. Haude 1994: 505ff). Durch die ahistorische Übertragung auf archaische Gesellschaften wird sie keineswegs plausibler. Schon die alltägliche Beobachtung gibt viel mehr der Einsicht Rousseaus (1983: 56) recht, wonach Freiheit ohne Gleichheit nicht bestehen kann. Der Totalitarismusvorwurf geht schon deshalb ins Leere, weil in herrschaftsfreien Gesellschaften Individuen und Gruppen typischerweise nicht zur Befolgung von Beschlüssen gezwungen werden können, an denen sie keinen Anteil haben oder die sie nicht akzeptieren (vgl. in diesem Sinne: Leacock 1986: 111). Als letzte Konsequenz bleibt ihnen die Trennung von der bisherigen Bezugsgruppe, was keinesfalls ein existentielles Problem für diese Abweichler bedeutet. Sie können sich zumeist anderen Gruppen anschließen. Das zeigen die vielfältigen Fluktuations-, Segmentations- und Fusionsprozesse bei Wildbeutern und in segmentären Gesellschaften.

Stagl wendet sich gegen jene Ethnologen (wie z.B. Sigrist), „die mit viel gutem Willen die ‚nichtstaatlichen' Organisationen als herrschaftsfreie Organisationen interpretieren, in denen eine friedfertige Erziehung und eine gut ausbalancierte Sozialstruktur die Notwendigkeit politischer Führung weitgehend erübrigen" (Stagl 1988: 175).[17] Gegen

17 Weil Stagl die Allgegenwärtigkeit von Herrschaft postuliert, meint er auch behaupten zu können, die segmentären Gesellschaften unterschieden sich von den zentralisierten Gesellschaften nicht prinzipiell. Eben die antiherrschaftlichen Institutionalisierungen wären aber ein relevantes Unterscheidungskriterium. Ein gewisses Ausmaß an Segmentation lasse sich, so Stagl weiter, in allen zentralisierten Gesellschaften finden, und umgekehrt seien alle segmentären Gesellschaften bis zu einem gewissen Maß zentralisiert. „Segmentäre und zentralisierte Gesellschaften muß man als die idealtypischen Pole eines Kontinuums sehen, in dem es mannigfache Zwischenstufen und Übergänge gibt" (Stagl 1974: 19). Wenn auch der letzte Satz nicht so leicht von der Hand zu weisen ist, macht es doch Sinn, zwischen herrschaftsfreien und herrschaftlich zentralisierten Gesellschaften zu unterscheiden. Man leugnet ja auch nicht den Sinn der Unterscheidung zwischen heiß und kalt, nur weil es auch lauwarme Temperaturzustände gibt und der absolute Nullpunkt selten erreicht wird.

diese ethnologischen Modelle herrschaftsfreier Gesellschaften wird die auch in primitiven Gesellschaften angeblich vorhandene Bereitschaft zu Gewalt, Ausbeutung und Unterdrückung vorgebracht. Sigrist misslinge der Nachweis von egalitären, herrschaftslosen Gesellschaften, da er zum einen die Gleichheit in den segmentären Gesellschaften überbetone und zum anderen dem Staat in zentralisierten eine Absolutheit zuschreibe, von der er in Wirklichkeit weit entfernt sei. In segmentären Gesellschaften seien die Herrschafts-Beziehungen lediglich „breiter gestreut, und es gibt viele kleine Herrschafts-Zentren, welche nebeneinander bestehen und oft auch gegeneinander handeln" (1974: 25). In der Tat ist eine möglichst breite und symmetrische Streuung von Machtressourcen und -beziehungen zugleich ein Kennzeichen vieler herrschaftsfreier Gesellschaften (und übrigens wesentliches Postulat libertärer Theorie und Politik).

Stagls Argumentation vermag hier schon deshalb nicht zu überzeugen, weil sie das Problem der politischen Organisation verfehlt. Zum einen ist Gewaltsamkeit – und sei sie institutionalisiert – noch kein ausreichendes Indiz für politische Herrschaftsverhältnisse, vielmehr kann sie gerade ein institutionalisierter Abwehrmechanismus gegenüber Herrschaftsanmaßungen einzelner oder von Gruppen sein (vgl. Clastres; Woodburn). Zum anderen wird von den Theoretikern der geordneten Anarchie mitnichten behauptet, diese Gesellschaften seien konfliktfrei, wie Stagl unterstellt; vielmehr wenden sie sich nicht selten ausdrücklich gegen harmonistische Vorstellungen von der herrschaftsfreien Gesellschaft als paradiesischem Idyll.

Obwohl Stagl „Politik" zunächst durchaus zutreffend als die „Regelung gemeinsamer Angelegenheiten" definiert (1988: 174), wird dann jedoch bereits für sogenannte „Primärgruppen", die auf Face-to-face-Beziehungen beruhen, die Notwendigkeit von handlungskoordinierenden Führern behauptet (178). Denn wie die Regelung gemeinsamer Handlungen am besten erfolgt, ist für Stagl normativ vorentschieden: Politisches Handeln setzt „einen gewissen Automatismus der Anordnung und Ausführung voraus, welcher am besten durch ein Statusgefälle zwischen den beteiligten Personen gewährleistet wird" (182). Eben solche Statusgefälle behauptet Stagl für jede menschliche Gesellschaft. Herrschaft ist in dieser Perspektive also eine anthropologische Konstante menschlicher Vergesellschaftung. In einer frühen Arbeit benutzt

Stagl den Staatsbegriff als eine ethnologische Universalie, als eine der Bedingungen, durch die die Ethnologie das Mensch-Sein definiere. Er spricht dann von Staat, wenn die Bedingung des Vorhandenseins eines organisierten souveränen Gesamtwillens mit den beiden Eigenschaften der Autonomie nach außen und der Suprematie nach innen gegeben seien (vgl. Stagl 1970: 22). Die Völkerkunde könne den Menschen nur innerhalb der staatlichen Gemeinschaft sehen und untersuchen (53).[18]

Die Beschreibung des Verwandtschaftszusammenhangs der Kindred als einer Quasi-Gruppe[19] ist ein Beispiel, wie Herrschaft bei Stagl immer schon vorausgesetzt wird und somit auch seine Terminologie beherrscht. Als verwandtschaftliche Quasi-Gruppe hat die Kindred nur in Hinsicht auf Ego eine eigene Existenz und eine eigene Funktion (vgl. Stagl 1974: 152f). Ihre Mitglieder müssen ein Ego im Notfall schützen und unterstützen. Obwohl nach allgemeiner Meinung der Verwandtschafts-Ethnologen, worauf Stagl selbst explizit hinweist, die Kindred keinen Führer hat, wird dieses Sozialverhältnis von Stagl krampfhaft als ein Herrschaftsverhältnis interpretiert, wobei, wie so oft, Macht- und Einflusschancen mit Herrschaft gleichgesetzt werden. „Nicht alle Mitglieder der Kindred interagieren miteinander, aber alle interagieren, wie erwähnt, mit [dem] Ego. Eine solche zentrale Stellung im Netzwerk der Interaktionen ist aber gleichbedeutend mit Macht“ (156). Zwar, räumt Stagl ein, sei das Ego auch der Macht der Mitglieder seiner Kindred unterworfen. Völlig reziprok sei diese Beziehung jedoch nicht.

---

18 Schmied-Kowarzik (1971) macht auf eine Widersprüchlichkeit der Argumentation Stagls (1970) aufmerksam, die darin besteht, dass er den Staatsbegriff bereits zur Beschreibung der politischen Struktur von Wildbeutergruppen benutze (559), später aber bei den größeren politischen Organisationen der höheren Bodenbauer und Nomaden von den ersten eigentlichen Staatsgründungen spreche (561). Stagl hat die inhaltsleere Überdehnung seiner universalen Staatsbegrifflichkeit später selbst eingeräumt (1974: 314).

19 *Quasi-Gruppen* entstehen, Stagl (1974) folgend, rund um eine Person, die ihnen als Zentrum dient. Obgleich ihre anderen Mitglieder miteinander interagieren können, gehört dies nicht zur Definition der Quasi-Gruppe. „Eine Quasi-Gruppe ist kein dauerndes, sondern ein intermittierendes soziales Gebilde, dessen Mitglieder sich in bestimmten Situationen, zu bestimmten Anlässen und Zwecken, um die Zentralperson versammeln bzw. von dieser einberufen werden“ (38). Eine *Gruppe* ist dagegen eine Anzahl von Personen, die miteinander in Übereinstimmung mit feststehenden Verhaltensmuster interagieren (39).

Es leuchtet zwar ein, dass die Kindred von Führern ihrerseits deren Einflussbereich unterliegen, warum aber die Kindred allgemein als Führungs- oder Herrschaftsverhältnis charakterisiert werden soll, kann Stagl nicht plausibilisieren. Der theoretisch interessante Ansatz, Verwandtschafts- und Interaktionsstruktur aus der *subjektiven* Perspektive eines individuellen Ego zu konzeptualisieren, darf nicht dazu führen, dieses Ego zum *objektiven* Zentrum der Kommunikationsnetzwerke zu erklären, als gälte diese Wahrnehmung nicht für alle übrigen Individuen gleichermaßen. Wird der Herrschaftsbegriff so weit gefasst, wie es Stagls Bestimmung der Kindred de facto impliziert, dann hätte in jeder möglichen menschlichen Gesellschaft jedes Mitglied Herrschaftsbefugnisse und übte Führerschaft aus, wenn es nützliche Bekanntschaften und Freundschaften pflegte. Damit sind die Begriffe der Herrschaft und der Führung aber ins Absurde überzogen und entleert - ganz wie schon bei Dahrendorf.

Nehmen wir als letztes Beispiel theoretischer Herrschaftsuniversalisierung die vergleichende Rechtsanthropologie Leopold Pospísils. Diese lenkt von vornherein auf eine bestimmte Kategorie sozialer Phänomene, nämlich Entscheidungen, „die von Führern und Autoritäten der verschiedenen Gruppen gefällt wurden (und zwar sowohl in einem formellen als auch in einem *informellen* Sinn)" (9). Das von ihm angeführte Belegmaterial stammt hauptsächlich aus Gesellschaften, bei denen über das Vorhandensein von Führungspositionen wenig Zweifel besteht. Ähnlich wie bei Justin Stagl wird nämlich vor allem auf „Big Men"-Systeme Bezug genommen. Durch diese einseitige Auswahl des Referenzmaterials werden die hieraus gezogenen Schlüsse notwendig tendenziös. Bei seinem Versuch der Widerlegung von Behauptungen „angeblichen Fehlens von Führertum und Autorität" bezieht sich Pospísil neben den Eskimos ausgerechnet auf das „Big Men"-System der Kapauku-Papuas, also einen Gesellschaftstypus, dem auch von den Verfechtern des Modells herrschaftsfreier Gesellschaften keineswegs „Herrschaftsfreiheit" unterstellt wird (vgl. 71–77 u. 97–112).[20] Als Ge-

20 Allerdings faßt die „Big Men"-Kategorie durchaus unterschiedliche politische Systeme. Einige so etikettierte Gesellschaften sind durch ein Fehlen von dauerhaften Führungsrollen mit eigenen Erzwingungsstäben gekennzeichnet, was Paula Brown dazu veranlaßt, diese Gesellschaften mit dem Anarchiebegriff zu belegen (vgl. Brown 1963: 3). Die von ihr beschriebene Chimbu-Gesellschaft ist durch das Fehlen zentraler Organisation und die hohe Autonomie ihrer kleinsten Einheiten in den meisten Belangen gekennzeichnet.

währsinstanzen für die Behauptung, dass es keine führerlose funktionierende Gruppe gibt und Entscheidungen von Autoritäten daher als ein universelles Phänomen zu behandeln seien, führt der Autor neben der „Sozialpsychologie" die Primatenforschung an. Führertum in einer Gruppe sei kein soziales Phänomen, auf das der Mensch ein Monopol habe; Halbaffen- und Affenrudel hätten ebenfalls ihre Führer. „Dieses Beweismaterial für den Bereich der unter dem Menschen stehenden Primaten lässt einen die Theorien über die führerlosen menschlichen Gesellschaften anzweifeln; man fragt sich, warum die Gesellschaften des archaischen (des ‚primitiven') Menschen kein Führertum aufweisen und sogar primitiver organisiert sein sollten als die Herden der gegenwärtig lebenden Halbaffen, Affen und sogar Wölfe und Pferde" (79). Die Begriffsverwendung des „Primitiveren" ist ebenso entlarvend wie unlogisch. Pospísil insinuiert, dass Herrschaftsfreiheit ein Zurückfallen auf einen Vor-Primaten-Stand bedeute. An welche Tierart denkt er dabei? Tatsächlich ist er präokkupiert von der Idee, Führerschaft sei letztlich un-„primitiv". Dabei fragte man sich rechtens eher, warum die Menschen in ihrer *sozialen* „Evolution" wieder auf den bereits überwundenen, äffischen Zustand des Führertums regredierten (vgl. Boehm 1993)! So insistiert auch Christian Sigrist auf den grundlegenden Unterschied zwischen äffischem und menschlichem Verhalten im Bereich der Soziabilität und des Dominanzverhaltens. Im Vergleich zu den nichtmenschlichen Primaten zeichneten sich die frühen menschlichen Vergesellschaftungen durch eine geringere Verfestigung von Rangstufen und ein Zurückdrängen des Dominanzgehabes aus. „Während bei den nichtmenschlichen Primaten Sexualität ein Brennpunkt von Rivalität und Rangkämpfen ist und dissoziierende Wirkung hat, wirkt trotz der auch hier vorhandenen Konkurrenzverhältnisse [bei den Menschen] Sexualität als Medium gesellschaftlicher Integration. Vermittelt durch die gestreckte Sozialisationsdauer wird dieses Medium zu einem wesentlichen Anstoß institutioneller Vergesellschaftung und Gegenstand der frühesten Normierung überhaupt" (1984: 111). Auch das ethologische Kriterium des territorialitätsbezogenen Aggressionsverhaltens sei gerade kein Kennzeichen früher Gesellschaften. Wildbeutergesellschaften beanspruchten häufig keine exklusiven Territorialitätsrechte.

Bei Pospísil geht mithin die wichtige Einsicht der Philosophischen Anthropologie verloren, wonach die Kultiviertheit selbst der einfachsten menschlichen Sozialformen gerade darin besteht, dass sie von instinkthaftem Aggressions- und Unterordnungsverhalten „freigestellt“ und daher gezwungen sind, durch institutionalisierte Verhaltensroutinen und Wertmuster gesellschaftliche Ordnung - Kultur - zu schaffen.[21] Kein *theoretisches* Argument vermag auszuschließen, dass diese Ordnung egalitär und herrschaftsfrei sein kann. Die *empirische* Egalität in vielen Wildbeutergesellschaften lässt sich mit dieser Einsicht vielmehr als kulturelle Ordnung sozialen Zusammenlebens interpretieren, die eben der Naturhaftigkeit der angeführten Tiergruppen entgegensteht.[22]

6. „Herrschaft ohne Politik“

Bei Pospísil findet sich nun auch das zweite Argumentationsschema der „Anti-Anarchisten“ in ausgearbeiteter Form, wonach nämlich die primitiven Gesellschaften, sofern man bei ihnen denn doch egalitäre und demokratische Strukturen konzedieren muss, dadurch gerade als *defizient* zu kennzeichnen seien. Bei Pospísil läuft dies darauf hinaus zu leugnen, dass jene linguistische Einheit von Menschen, die gewöhnlich als Stamm bezeichnet wird, als „Gesellschaft“ oder „soziale Gruppe“ im soziologischen Sinn anzusehen sei, wobei er offensichtlich Gesellschaft mit staatlich verfasster Gesellschaft kurzschließt. Ein Stamm stelle keineswegs eine einheitliche Gesellschaft dar und verfüge nicht über eine durchgehende politische Struktur. „Unglücklicherweise ist das einigen Anthropologen noch nicht ganz deutlich,

---

21 Dieser Einwand betrifft auch solche Theorien, die den Biologismus, besser Zoologismus der Herrschaftsnaturalisierer einfach umdrehen. Auch Ernest Bornemans Überlegungen zur Patriarchatsentstehung sind nicht frei von fragwürdigen zoologischen Kontinuationsvermutungen. Borneman spekuliert, dass die menschlichen Gesellschaften des Altpaläolithikums (800000-100000 v.u.Z.) höchstwahrscheinlich von Frauen geführt worden seien, was er mit dem Hinweis plausibel zu machen sucht, „Rudel wilder Tiere [seien], im Gegensatz zu der im Patriarchat verbreiteten Ansicht, vorwiegend von einem weiblichen Leittier geführt“ worden (1984: 39).

22 Dass die von den Herrschafts-Universalisierern herangezogenen ethologischen Argumente ihrerseits auf einer sehr einseitigen Auswahl der untersuchten Primaten-Arten basieren, kommt erschwerend hinzu. Vgl. hierzu den instruktiven Überblick bei Marianne Christel (1995), die allerdings ihrerseits zu leichtfertig soziologische Kategorien wie „Clan“, „Rang“ oder „Kaste“ auf nichtmenschliche Primaten überträgt.

die immer noch Anhänger überholter Durkheimscher, marxistischer oder evolutionärer Dogmen sind. Sie akzeptieren die schlichte Wahrheit nicht, dass segmentierte Gesellschaften wie die Kapauku oder die Nuer politisch nicht geeint sind und daher keine Gruppe im soziologischen Sinn – keine ‚Gesellschaft' – bilden" (Pospísil 1982: 75). Bei dieser Argumentation Pospísils bleibt offen, was der Autor unter einer durchgehenden politischen Struktur versteht. Falls er damit eine alle Teile einer Gesellschaft regierende Zentralinstanz meint, so ist die Argumentation tautologisch, denn ein solcher Staat schließt eine herrschaftsfreie Verfasstheit aus. Andererseits kann a priori die institutionalisierte Abwehr von Herrschaftstendenzen, die allen Segmenten herrschaftsfreier Gesellschaften gemein ist, durchaus als Aspekt einer „durchgehenden politischen Struktur" interpretiert werden, zumal dann, wenn sich solche Segmente innerhalb eines gemeinsamen, wenn auch fiktiven Abstammungs- und Verwandtschaftszusammenhanges definieren. Die daraus beispielsweise resultierenden militärischen Beistands- und Fehdepflichten sind ebensowenig vor-sozial, wie sie vorpolitisch sind.

Die Argumentationsfigur, „primitive" Gesellschaften seien „vorpolitisch", dient im Allgemeinen dazu, mit der Beobachtung herrschaftsfreier Strukturen fertigzuwerden. Politik wird mit Herrschaft kurzgeschlossen, und wo man Letzteres nicht vorfindet, kann es folglich auch Ersteres nicht geben. Wir würden vorschlagen, diesen Kurzschluss dahingehend zu beheben, dass auch herrschaftsfreie Politik gedacht werden kann. Es gibt kurioserweise aber auch eine Auflösung in die andere Richtung, wie sie Ottfried Höffe (1987) vorgelegt hat. Höffe denkt nicht herrschaftsfreie Politik, sondern *politikfreie Herrschaft*. Das gelingt ihm, indem er zunächst – ähnlich wie Dahrendorf – schon dann von Herrschaft bzw. einem Rechts- und Staatswesen spricht, wenn es zwangsfähige Verhaltensnormen gibt, über deren Verstöße oder strittige Anwendung in irgendeiner Weise autoritativ („durch Gerichte") entschieden wird. Das sei auch in den Stammesgesellschaften der Fall. Auch jene Kulturanthropologen, die wie Sigrist, Clastres oder Taylor (1982) auf akephale Stammesgesellschaften verwiesen, könnten eben nicht nachweisen, dass diese Gesellschaften ohne zwangsfähige Verhaltensnormen auskämen. Statt von einer „Regulierten Anarchie" will Höffe deshalb eben lieber von einer vorpolitischen und apersonalen Herrschaft sprechen. In einer solchen „Herrschaft ohne Herrscher“ gebe es zwar keine zwangsbefugten Personen, die über andere herrschten. Es gebe aber Gesetze, Sitten und Tabus, die genau befolgt werden müssten. Durch sie werde der Handlungsraum der Betroffenen so stark eingeengt, dass vom Leitziel des modernen Anarchismus, der persönlichen Freiheit und Selbstverwirklichung, keine Rede sein könne (vgl. 1987: 194). An dieser Argumentation wäre erwägenswert (da ja zugestandenermaßen keine Gesellschaft ohne institutionelle Zwänge auskommt), ob die Zwangsdichte herrschaftsfreier Gesellschaften tatsächlich als hoher Preis für die Egalität gewertet werden muss. Unseres Erachtens schneiden herrschaftsfreie Gesellschaften, ausweislich des ethnographischen Materials, hier auch im Vergleich mit unserer eigenen Gesellschaft recht gut ab; methodisch korrekt müsste man sie jedoch mit solchen staatlich verfassten Gesellschaften vergleichen, die über ähnliche technologische Lösungen verfügen, also etwa „archaische Staaten“. Hier zeigt sich dann endgültig, dass die Annahme eines umgekehrt proportionalen Verhältnisses zwischen Gleichheit und Freiheit wissenschaftlich unhaltbar ist.

Höffe widerspricht im Falle der angeblich apersonalen Herrschaft akephaler Gesellschaften seiner eigenen Herrschaftsdefinition. Diese ist nämlich an Personen gebunden, die auf Dauer gestellte Herrschaftspositionen einnehmen. Und gerade solche herrschaftsausübenden Personen und entsprechende Positionen werden auch von Höffe als in den akephalen Gesellschaften nicht vorhanden angesehen, weshalb er von apersonaler Herrschaft spricht. Unter vorpolitischer Herrschaft versteht Höffe eine Ausweitung von Autorität. Während etwa die Hilfeleistung der überlegenen Eltern gegenüber ihrem nach Nahrung schreienden hilflosen Kind einen Fall von natürlicher Autorität darstelle, beginne die vorpolitische Herrschaft dort, „wo die Eltern oder sonstwie Überlegenen über den Bereich und die Zeit der Hilfeleistung hinaus vorgeordnet bleiben“ (1987: 210). Eine zeitlich und sachlich weiterreichende Überordnung kann nur von Personen über Personen gedacht werden; fehlt sie, dann darf eigentlich auch nach Höffes Herrschaftsbegriff nicht von einer Herrschaft gesprochen werden, und sei sie noch so „vorpolitisch“.

Höffes Synthese der beiden zentralen Argumentationslinien der Anarchieverleugnung stellt einen gewissermaßen kuriosen Extremfall dar, dessen Sonderbarkeit noch dadurch gesteigert wird, dass Höffe Anspruch erhebt, damit zur Bildung „neutraler Begriffe" in einer, wie er richtig erkennt, hochgradig wertegeladenen Debatte beizutragen. Häufiger liegt eine unverbundene Mischung beider Argumente vor. So partizipiert auch der Herrschafts-Universalist Dahrendorf am Defizienz-Diskurs, wenn er in seinem Amba-Aufsatz (88) vermerkt, bei dieser Ethnie gebe es für Außenbeziehungen „zwar gewisse Regeln, [...] aber keine Entscheidungsinstanzen". Daraus folgt für ihn ohne Weiteres, dass das Leben in derartigen Gesellschaften zumindest teilweise von einem hobbistischen „bellum omnium contra omnes" geprägt sei.

7. Institutionenanalytische Defizite bei sozialwissenschaftlichen Evolutionisten

Insgesamt lässt sich bei den i.e.S. *soziologischen* Varianten der Anarchieverdrängung eine deutliche Dominanz des Defizienz-Arguments feststellen. Das liegt an dem starken Einfluss evolutionistischer Hermeneutik in diesem Diskurs. Die Menschen müssen sich demnach zur vollen Ausprägung dessen, was der Gesellschaftswissenschaftler untersucht, erst „emporentwickeln". Wenn es also schon vorstaatliche Gesellschaften gibt, so sind diese tendenziell auch vor-gesellschaftlich, oder, wie eine beliebte Vokabel lautet, „naturwüchsig". Dies zeigt sich, wie wir demonstrieren wollen, vor allem an einer Unterschätzung der institutionellen Stabilisierungsleistungen dieser Gesellschaften.

Eine abgeschwächte Variante dieses Syndroms liegt, um damit zu beginnen, im Theorieprogramm Thomas Luckmanns (1992) vor. Dieser für eine Theorie des Institutionellen wichtige sozialphänomenologische Autor macht eine Unterscheidung zwischen „primitiven" und *vollentwickelten* historischen Institutionen. Hauptunterscheidungskriterium ist der Erzwingungsstab, der nur bei Letzteren zu finden sei. „Vollentwickelte" gesellschaftliche Institutionen werden somit implizit mit Herrschaftsinstitutionen identifiziert (147), wobei dem Begriff auch hier ein affirmativer Beiklang mitschwingt.

Luckmann tradiert aber zugleich auch die Ansicht von der sozialen Notwendigkeit von Herrschaft, ebenfalls in einer abgeschwächten Form. Er folgert aus der Beobachtung, dass Machtunterschiede in gesellschaftliches Handeln mitbestimmend eingehen, dass von einer tatsächlichen, ursprünglichen Gleichheit institutionentheoretisch nicht auszugehen sei: „Sie stellt in der Entstehung von Institutionen einen Sonderfall dar“ (1992: 142). Dagegen sei die Frage, wie sich die Ungleichheiten anhäufen oder aufheben, eine empirische Frage. In dieser Argumentation bleibt Luckmann hinter wichtigen institutionentheoretischen Einsichten zurück. Seine Rede legt nahe, einen bereits vor der Herausbildung von Institutionen bestehenden Naturzustand von Individuen differierender Handlungsmächtigkeit zu denken. Die Annahme einer *vorinstitutionellen* Verfassung von Menschengruppen widerspricht aber der, ansonsten auch von Luckmann zugrundegelegten, Auffassung des Menschen als eines Kulturwesens, die nicht weniger besagt, als dass eben das Institutionelle ihm von Natur zuzuschreiben sei. Wenn aber Machtunterschiede immer schon institutionell geformt erscheinen, angefangen von Ver- und Überformungen physischer Differentiale bis hin zu Prozessen institutioneller Machterzeugung, wenn also das Institutionelle zu den unverzichtbaren Möglichkeitsbedingungen individueller Handlungsmächtigkeit gehört, dann ist die Frage nach den institutionellen Motivationen, Begrenzungen und (Machtakkumulation erst ermöglichenden) Voraussetzungen ebenso „ursprünglich“ wie die nach den Machtprämissen verschiedener Art, die den konkreten historischen Institutionenbildungen vorausgehen; „sie mögen in roher Gewalt, Geschicklichkeit, List, Voraussicht, Koalitionsfähigkeit usw. begründet sein“ (142).

Institutionentheoretisch interessant ist also nicht die Frage, ob von einer „tatsächlichen, ursprünglichen Gleichheit“ der Macht- und Verfügungschancen auszugehen sei, sondern wie Gleichheit oder Ungleichheit *institutionell* jeweils erzeugt und stabilisiert werden.

Die Auf-Dauer-Stellung der Regelung wichtiger Lebensprozesse, von Luckmann als die Grundfunktion der Institutionalisierung bezeichnet, wird ihm zufolge in allen „Gemeinschaften“ durch Erzwingungsstäbe abgesichert. Ausnahmen bildeten lediglich einfache „Gemeinschaften, in denen diesem Vertrauen ein unmittelbarer Personenbezug eignet“ (149 f). Hier sind zwei Einwände angebracht. Zunächst werden „einfache“ Gesellschaften unter institutionentheoretischem Gesichtspunkt von Luckmann zu einfach gedacht. Institutionelle Mechanismen der Staatsverhinderung, welche die Herausbildung von Erzwingungsstäben aktiv vermeiden, werden so verdeckt. Gerade solche *Institutionen der Anarchie* stellen für die Institutionentheorie einen fruchtbaren Untersuchungsgegenstand dar, wie die Auswertung der Theorien antistaatlicher Gesellschaften zeigt, die vor allem von Pierre Clastres und Christian Sigrist prominent vertreten werden[23]. Ein zweiter Einwand richtet sich gegen die Behauptung, dass nur „primitive" Gesellschaften ohne Erzwingungsstab auskommen könnten. Dagegen zeigt die institutionenanalytische Untersuchung des richterzeitlichen Israels als *anarchistische Hochkultur* (vgl. Kap. 7), dass die Abwesenheit menschlicher Herrschaft sich auch nachstaatlich und unter der Bedingung verbreiteter Literalität auf Dauer stellen lässt.

Die Neoevolutionisten haben mehrfach vorgebracht, ein *einziger* Faktor (liege er im Bereich der Umweltbedingungen, der Demographie, der ökonomischen oder militärischen Außenbeziehungen, der internen politischen, ökonomischen oder ideologischen Entwicklung) reiche aus, um eine vorstaatliche Gesellschaft in eine Lawine von Veränderungen zu stürzen, aus der sie nur als Staat wieder erwachen könne (Cohen 1978; Claessen/Skalník 1978: 624). Wie diese Annahme einer extremen Labilität nichtstaatlicher Gesellschaften mit der empirischen Tatsache des langen Vorherrschens dieses Gesellschaftstyps in Einklang zu bringen ist, haben sie nicht mitgeteilt. Offensichtlich handelt es sich um *wishful thinking*.

Wie sehr das persönliche Vor-Urteil von Wissenschaftlern die Ausschmückung des Defizienz-Arguments beeinflussen kann, möge ein Beispiel zeigen. Hinsichtlich der Rechtssphäre vorstaatlicher Gesellschaften beruft sich Elman Service in seinen „Ursprüngen des Staates und der Zivilisation" (120) auf Stanley Diamond, der den „primitiven" Gesellschaften den Rechtscharakter abspricht und sie demgegenüber als durch „Gewohnheit" reguliert betrachtet. „Recht" hingegen zeichne als arbiträres Instrument der Herrschaft die Zivilisationen aus. Dies unterschätzt nicht nur die Variabilität, ja den Einfallsreichtum von Rechtsfindungsprozessen in herrschaftsfreien Gesellschaften, sondern umgekehrt auch die Rolle der Gewohnheit in staatlichen Gesellschaften (nicht zuletzt hinsichtlich des Ertragens von Herrschaft selbst). Nun schreibt umgekehrt Klaus Eder (1980: 163), in vorstaatlichen Gesellschaften sei die Rechtsgeltung „kontingent gesetzt"; Rechtsnormen

23 Vgl. die in Fußnote 8 genannte Literatur.

seien dort „beliebig veränderbar" (78) und könnten „einfach ‚vergessen'„ werden (165); während nun gerade die mit Erzwingungsmitteln ausgestattete Richter-Herrscher-Figur ein Indiz abnehmender Beliebigkeit sein soll (164). Der gleiche Grundgedanke institutioneller Defizienz führt also in einem Falle zur Annahme starrer Unbeweglichkeit, im anderen zur Annahme formloser Beliebigkeit.[24] Beides geht an der Realität vorbei, für die in vorstaatlichen Gesellschaften ein traditionales Recht zugrundegelegt werden kann (ähnlich wie in vormodernen Staaten, jedoch mit charakteristisch anderen Inhalten), das jedoch durch institutionalisierte Prozeduren (hierzu zählt neben Riten, der Tradierung von Mythen und der Funktionärs-Instanz eines Schiedsrichters häufig auch die – stereotypisierte – Intervention von Charisma) an veränderte Bedingungen angepasst werden kann.

Stefan Breuer, der sich ebenfalls mit der Frage der Staatsentstehung befasst und mithin auch nichtstaatliche Gesellschaften in den Blick genommen hat, analysiert Letztere ebenfalls nur als defiziente. Den vorstaatlichen Gesellschaften verweigert er die Weihen des „Politischen", das für ihn terminologisch mit „Staat" verschmilzt (1990: 7); zudem baut er sie in das (von Jonathan Friedman u.a. übernommene) Modell der epigenetischen Zyklentheorie ein, wodurch sie teils als vorpolitisches Ausgangsstadium gesellschaftlicher Evolution, teils aber als Devolutions- oder Verfallsprodukt erscheinen. Damit verfehlt auch Breuer die institutionelle Eigendynamik egalitärer Gesellschaften. Die institutionelle Stabilisierung der Akephalie findet überhaupt keine Berücksichtigung. Stattdessen betont Breuer die Bedeutung des Charismas einzelner Personen, woraus sich aber keine dauerhaften Machtpositionen entwickelten. Die Institutionalisierung eines Gruppencharismas in den durchaus dynamischen, das heißt bei Breuer: auf asymmetrische Strukturen drängenden egalitären Gruppen, wird durch das Zirkulationssystem des vertikalen Austauschs mit der Welt der Ahnen und Geister ermöglicht. Die ökonomisch erfolgreicheren Lineage-Gruppen erscheinen dann als von den Göttern besonders begünstigt, womit die Institutionalisierung einer genealogischen Rangordnung ermöglicht wird. Das leitet dann den „tribalen Zyklus" ein.

---

24 Eine ähnliche Widersprüchlichkeit in der Literatur über segmentäre Gesellschaften hinsichtlich deren Dynamik teilt Sigrist (1994: 240) mit.

Breuer bezieht sich auf die Analyse der burmesischen Kachin durch Jonathan Friedman. Im Unterschied zu den von Sigrist behandelten segmentären Gesellschaften erfährt in diesem Beispiel der übermäßige ökonomische Erfolg keine negative soziale Sanktionierung, denn das Mehrprodukt wird in Gemeinschaftsfesten distribuiert, was für die betreffende Lineage einen Prestigegewinn bedeutet. Damit kann sich dann über eine Verschiebung der Brautpreisstruktur zugunsten der prestigeträchtigsten Lineages eine „Transformation der ursprünglich egalitären Heiratsbeziehungen in eine zugleich politische und ökonomische Hierarchie der Heiratsallianzen - das sogenannte *gumsa*-System" ergeben (Breuer 1990: 47). Zugleich findet nach diesem Modell eine Verschiebung im Bewusstsein der Individuen statt, die den Erfolg der dominierenden Lineage auf deren Nähe zum kollektiven Wohlstand garantierenden Bereich der Götter zurückführt. „Diese Nähe wird in der Sprache der Verwandtschaft ausgedrückt. Die Ahnen-Gründer der erfolgreichen Lineage erscheinen als besonders nahe Verwandte der Geister und Götter oder rücken sogar selbst in deren Reihe auf" (ebd.).

Während dieses Erklärungsmodell für die Transformation der zunächst egalitären Kachin in eine Ranggesellschaft eine hohe Plausibilität aufweist, ist nicht einzusehen, warum Breuer diesen Einzelfall in der Weise verallgemeinert, dass nun *allen* egalitären Gesellschaften eine ähnliche Dynamik der charismatischen Machtkonzentration unterstellt wird. Unter dem leitenden Gesichtspunkt der Staatsentstehung wird *ein* Typus der Hierarchisierung unter der Hand verabsolutiert, während die in anderem Zusammenhang von Breuer ebenfalls herangezogenen Studien zu Typen der institutionellen Machtbegrenzung und Staatsverhinderung vernachlässigt werden.

Breuer benutzt *en passant* auch ein zeitgenössisches Haupttheorem (jedenfalls im deutschsprachigen Diskurs) der Defizienz-Argumentation, nämlich die Anwendung der Entwicklungspsychologie Jean Piagets auf das „primitive" Denken. Diagnostiziert wird dabei eine „Dominanz der ontogenetisch früheren Wahrnehmungs- und Denkmuster" (1990: 28) in vorstaatlichen Gesellschaften, deren Denken somit strukturell auf die Stufe des Denkens eines Kleinkindes in unserer eigenen Kultur gestellt wird. Christopher Hallpike (1990: 56 ff.), der diesen Gedanken hinsichtlich „des primitiven Denkens" vielleicht am besten und wirkungsvollsten elaboriert hat, betont zwar, man könne nicht behaupten,

„dass die Erwachsenen in primitiven Gesellschaften intellektuell nur den Kindern in unserer Gesellschaft entsprächen". Vielmehr würden dort die „präoperativen" Fähigkeiten „zu einem höheren Fertigkeitsgrad entwickelt" und durch Erfahrung und Weisheit ergänzt. Gleichwohl bleibt die zugrundeliegende Annahme, dass die kognitive *Entwicklung* in „primitiven" Gesellschaften *früher aufhöre* und die „höheren konkreten Operationen nicht ausgeformt" würden. Dabei wird unreflektiert das westlich-zivilisatorische Modell verabsolutiert zum Maßstab aller gesellschaftlichen Formen[25]. Eine nicht vorab entscheidende Entwicklungspsychologie würde demgegenüber untersuchen, *in welche Richtung* die kognitive Entwicklung in verschiedenen Gesellschaften typischerweise geht, ohne dass das Fehlen *dieser* Entwicklungsrichtung in anderen Gesellschaften gleich als defizient denunziert werden müsste. Wenn also z.B. dem „formal-operativen" Denken unserer eigenen Kultur die Einsicht in ökologische Zusammenhänge häufig unmöglich ist, die bei vielen primitiven Kulturen so weit entwickelt ist, so besteht kein Anlass, die europäische Zivilisation als rückständig zu apostrophieren; ebensowenig jedoch umgekehrt. Die Denk- und Handlungs-Formen in einer jeweiligen Gesellschaft sind das Ergebnis eines spezifischen kulturellen Selektionsprozesses der im kindlichen Verhalten angelegten Möglichkeiten (vgl. Kohl 1986: 274). Dies hat mit überzeugenden Argumenten Claude Lévi-Strauss (1992: 157–165) dargelegt. Der ethnozentrischen Verzerrung in der Entwicklungspsychologie kommt danach eine gewissermaßen optische Täuschung zustatten, wonach einem erwachsenen Betrachter im kindlichen Verhalten genau diejenigen Aspekte auffallen, die über das standardisierte Handlungsrepertoire der je eigenen Gesellschaft hinausgehen. Deswegen kommen erwachsene Europäer „primitiven" Beobachtern ebenso „kindisch" vor wie im umgekehrten Fall.

Die Entwicklungspsychologie Piagets und Hallpikes ist, übersetzt in Kohlbergs Entwicklungsschema des moralischen Bewusstseins (der kognitiven Seite des moralischen Bewusstseins: der Fähigkeit, Moralurteile zu fällen), ein Hauptpfeiler der theoretischen „Zähmung" nichtstaatlicher Gesellschaften bei Klaus Eder und Jürgen Habermas.

25 Das gilt auch dann, wenn dieser „kindliche" Gesellschaftszustand entschieden affirmativ bewertet wird, wie im oben angeführten Zitat von Friedrich Engels.

In Klaus Eders evolutionstheoretischem Œuvre erfährt die Behandlung „primitiver“ Gesellschaften dabei eine bemerkenswerte Wandlung. Während anfangs das Recht „primitiver“ Gesellschaften als präkonventionell klassifiziert wird, was eine Regulierung über Mechanismen der individuellen oder kollektiven Rache meint (vgl. Eder 1980: 78), erfahren die Rechtsmechanismen verwandtschaftlich organisierter Gesellschaften später eine Neubewertung: Nun beruhen sie „auf der (konventionellen) Regel konkreter Reziprozität“ (Eder 1988: 360). Die Rache erscheint nun als eine pathologische Form der Verrechtlichung, aber nicht mehr als vorrechtliche Affektabfuhr (vgl. ebd.). Wogegen in einem früheren Stadium der Theorieentwicklung die melanesischen Trobriander und Tikopia als Beispiele dafür hatten herhalten müssen, dass in egalitären Gesellschaften die Prinzipien, nach denen bestraft wurde, „eher von persönlichen Leidenschaften als von institutionellen Regeln“ abhingen (Eder 1980: 77). Eigenartigerweise sollte es sich, wie bereits berichtet, gerade bei dieser Konfliktlösungsform um „beliebig veränderbare[s] Recht“ (78) handeln.

Jürgen Habermas (1988) übernahm Eders frühere Einordnung primitiver Gesellschaften als präkonventionell, als er versuchte, die Entkoppelung von System und Lebenswelt zu rekonstruieren. „Primitive“ Gesellschaften erscheinen in diesem Zusammenhang als solche, an denen eine enge Verschränkung von System- und Sozialintegration aufzeigbar sei (vgl. 1988: 232 ff). Deutlich wird in seiner Darstellung, jedoch gegen seine Intention, die Unangemessenheit des Kohlberg-Schemas für die vergleichende Deskription von Rechtsmechanismen, was verbunden ist mit einer Unterschätzung des Institutionellen. Tatbestände werden Habermas zufolge in „primitiven“ Gesellschaften „unter präkonventionellen Gesichtspunkten der Restitution eines entstandenen Schadens beurteilt; als moralisch relevant gelten die Handlungsfolgen, nicht die Intentionen der Täter“ (263).[26] Diese an den Handlungsfol-

26 1974 bestimmte Habermas (1976a: 135) vor-hochkulturelle Gesellschaften als im Rahmen dieses Entwicklungsschemas dadurch charakterisiert, dass die Ebenendifferenzierung zwischen Handlungen und Normen noch nicht ins Bewusstsein trete und Deutungssysteme aus dem Handlungssystem noch nicht ausdifferenziert seien. Die Konfliktregelung erfolge unter Gesichtspunkten eines moralischen Realismus. - 1975 wird diese Beschreibung, nun für neolithische Gesellschaften, weiter expliziert. Habermas unterscheidet dabei zwischen „a) allgemeinen Hand-

gen orientierte kollektive Bewertung würde sich nur dann bruchlos der ersten Stufe des Kohlbergschen Moralbewusstseins zuordnen lassen, wenn es in diesem Gesellschaftstyp keine expliziten Normen gäbe. Habermas selbst (1988: 262) rekurriert aber auf die für jenen typische „Denkfigur der Wiederherstellung eines integren Zustandes oder einer normalen Ordnung", was eben, wie Sigrist zeigt, durchaus mit expliziten Normformulierungen verbunden ist, die sich von bloßer eingelebter Sitte abheben lassen (es sind dieselben Normen, die Dahrendorf überall „Herrschaft" erblicken ließen!). Die Handlungsfolgen, auf die sich die Sanktionen in segmentären Gesellschaften beziehen, sind also auch hier in Zusammenhang zu sehen mit bestimmten institutionalisierten Normen, denn hieran bemisst sich die Bewertung des Vergehens, und auch die Ausnahmen von einer Sanktionierung etwa in der engeren Verwandtschaftsgruppe müssen dann umdefiniert werden zum bloßen „Unglücksfall", wodurch andere Normen in Geltung treten.

Habermas unterschätzt das Institutionelle an der Rechtsordnung segmentärer akephaler Gesellschaften. Das ist umso erstaunlicher, als er unter anderem Sigrists Studie zugrundelegt, worin institutionelle Formen der Ordnungssicherung plastisch beschrieben sind. Etwa auch die Institutionen der Konfliktaustragung, welche Habermas zu „Routinen" verkürzt.

Letztlich sind beide Einordnungen akephaler Ordnungsmuster in das Kohlbergsche Stufenschema der Moralentwicklung, als präkonventionell oder als konventionell, nicht zuletzt aufgrund ihres eurozentrischen Charakters, für die institutionenanalytische Perspektive wenig ergiebig. Mit den Einsichten der Institutionentheorie kann eine

---

lungsstrukturen; b) Weltbildstrukturen, soweit sie für Moral und Recht bestimmend sind, und c) Strukturen des *institutionalisierten* Rechts und der *bindenden* Moralvorstellungen". Neolithische Gesellschaften seien gekennzeichnet durch ein „a) *konventionell* strukturiertes Handlungssystem (die symbolische Realität ist nach Handlungs- und Normenebene abgestuft); b) mythische Weltbilder, noch unmittelbar mit dem Handlungssystem verschränkt (mit konventionellen Lösungsmustern für moralische Handlungskonflikte); c) rechtliche Konfliktregelung unter präkonventionellen Gesichtspunkten (Bewertung der Handlungsfolgen, Kompensation des entstandenen Schadens, Wiederherstellung des status quo ante)" (1976b: 172f). – Die Einschätzung der „primitiven" Konflikt- und Ordnungsregulierung als präkonventionell wird auch in Habermas' jüngster Diskurstheorie des Rechts beibehalten (vgl. 1992: 586f).

ganze Gesellschaftsordnung schwerlich als präkonventionell bezeichnet werden. Diese Zuschreibung eines Kollektivzustandes würde besagen, dass das dazugehörige Handeln nur an seinen (physischen oder lustbetonten) Folgen orientiert wird (vgl. (Apel, Funkkolleg I: 60; Habermas 1988, Bd. 2: 260). Ein vorkultureller Zustand also, der überhaupt keine transzendente Sollgeltung kennt. Das ist aber mit der Konzeption vom Menschen als eines instinktreduzierten „Kulturwesens" (was nicht normativ gemeint ist) nicht vereinbar. Vielmehr ist davon auszugehen, dass ausnahmslos alle Formen intersubjektiver menschlicher Ordnungsinstitutionalisierungen auf Transzendierungen des bloß Physiologischen beruhen, die symbolisch auf Dauer gestellt werden, dass also alle möglichen Spielarten menschlicher Affekte kulturell ge- und überformt sind. Das wird ja paradoxerweise gerade von Eder (1980: 68, 146 u. ö.) betont, wenn er „die Basis soziokultureller Evolution in der symbolischen Konstruktion der Wirklichkeit selbst [...] suchen" will und namentlich der Religion „in den Frühstadien der gesellschaftlichen Entwicklung die Funktion" zuweist, deren „Weltsicht symbolisch zu fixieren". Die spezifische gesellschaftliche und institutionelle Modellierung solcher dann genuin humanen Äußerungsformen, die immer an Normen und Werten orientiert sind, deshalb also auch rechtlich, ist daher Gegenstand der institutionellen Analyse, nicht aber eine Bewertung kultureller Andersheit als präkonventionell oder aus institutionentheoretischer Sicht: unmenschlich.[27] Der frühe Klaus Eder lässt sich übrigens von der Klassifizierung archaischer Gesellschaften als „präkonventionell" durchaus nicht in der Einschätzung beirren, die Ordnungssicherung segmentärer Gesellschaften sei nur in Form eines hierarchisierten Unterordnungsverhältnisses zu denken. Er

---

27 Auch Sigrist (1984) wendet sich gegen Klaus Eders' und Jürgen Habermas' theoretische Behandlung „primitiver" Kulturen. Gegenüber beiden bleibt demnach festzuhalten, dass bereits auf frühen Stufen gesellschaftlicher Entwicklung ein deutliches politisches Bewusstsein existiert (121). Versuche, eurozentristisch Phänomene wie individuelles Gewissen, reflektierte Moralität, bewußte Kollektiventscheidungen erst ab einer hochkulturellen Stufe gelten zu lassen, scheitern an der Evidenz, die uns Wildbeuter- und segmentäre Gesellschaften geben. Solche Theorien vollziehen Vergleiche mit erstarrten traditionalistischen Gesellschaften, in denen Herrschaftsrituale die lebendigen Kollektiväußerungen und individuelle Spontaneität erdrückt haben, und beziehen sich ansonsten auf missverstehende und interessengeleitete Fehldeutungen von Kolonialagenten (122).

betont, dass bereits in solchen komplexen, auf verwandtschaftlicher Basis organisierten Gesellschaften „Rechtsvorstellungen, die den Kontext konkreter Interaktion und konkreter Reziprozität sprengen", nur durch Instanzen gewährleistet werden können, „die außerhalb von konkreten Interaktionsverpflichtungen stehen und gerade deswegen Recht sprechen können" (Eder 1980: 32). Soweit deckt sich Eders Behauptung im Wesentlichen mit Sigrists Analyse der Rolle von Instanzen in akephalen Gesellschaften. Dann aber wird kurzschlüssig aus diesen Instanzen eine „Untertanenrolle unter einem Häuptling" hergeleitet (33), die ja kaum aus der fehlenden konkreten Interaktionsverpflichtung des Rechtsprechers unmittelbar theoretisch folgt. Damit werden die von Sigrist herausgestellten Unterschiede zwischen egalitären Instanzen und Herrschaftsinstanzen verwischt.

Auch der frühe Niklas Luhmann (1972) kann sich, trotz funktionalistischer Perspektive, von der Vorstellung eines an hierarchische Strukturen gebundenen Rechts inkonsequenterweise nicht wirklich lösen. Luhmann orientiert seine Ausführungen zum Recht archaischer Gesellschaften, die er in einem dreistufigen Evolutionsschema vom folgenden Recht vorneuzeitlicher Hochkulturen und von positivem Recht unterscheidet, zunächst funktionalistisch am unterstellten Grundproblem allen Rechts, „die kongruente Generalisierung normativer Verhaltenserwartungen" herzustellen (147). Die Differenz von ordnungsregulierenden Institutionen der Anarchie zu denen von Gesellschaften mit einer Zentralinstanz interessiert ihn dabei nur insofern, als er in den archaischen Gesellschaften „Ansatzpunkte für die weitere Entwicklung" sucht (158). Damit meint er den „Durchbruch zu höheren Formen der Rechtskultur", der nur solchen Gesellschaften gelungen zu sein scheine, „die ihren Konfliktlösungsmechanismus auf Machtunterschiede zwischen Gruppen oder/und auf Statusunterschiede zwischen Personen stützten" (160).

Auch Luhmanns Schema der Rechtsentwicklung ist also am „höheren" Recht von herrschaftlichen Institutionengefügen orientiert. Die institutionelle Seite der Stabilisierung regulierter Anarchien wird dabei nicht beachtet, obwohl er einige Aspekte des Institutionellen archaischer Ordnungssicherung durchaus gut beschreibt. Die expressive Funktion der Behauptung von Erwartung habe, analysiert Luhmann, den Primat vor der instrumentellen Funktion der Durchsetzung. Auch in archaischem Recht ließen sich zeitüberbrückende, sachlich identifizierende und die soziale Dimension betreffende Abstraktionen feststellen. Gemeint sind Vergeltung und Reziprozität. Das Prinzip der Egalität, welches in aktiv egalitären Gesellschaften handlungsorientierend institutionalisiert ist, wird von Luhmann aber nicht eigens gewürdigt. Vielmehr konstatiert er für die Institutionen der Streitschlichtung, deren Wirksamkeit in der Zeitdifferenz von Tat und Vergeltung begründet liegt, eine Art von Protorechtlichkeit, welche darin besteht, dass hier zwar Verfahren vorlägen, aber eben keine Entscheidungsverfahren. „Der Sinn eines solchen Zwischenganges, Palavers oder öffentlicher Darstellung des Streitfalles liegt eher im Aufhalten des Rechts als in seiner Feststellung und Durchsetzung" (159).

Recht als mit Durchsetzungsgewalt bemächtigte Entscheidungsinstanz ist dann erst in Verbindung mit einer gewaltgestützten Zentralinstanz auffindbar. Somit geht Luhmann implizit doch von einem Rechtsbegriff aus, der auf staatliche Gewalt gestützt ist und also nicht bloß die „kongruente Generalisierung normativer Verhaltenserwartungen" meint. Auch Luhmanns Wahrnehmung primitiver Gesellschaften ist in der weiteren Entwicklung seiner Theorie kaum empiriekompatibler geworden. „Ihre Abstraktionsleistungen", schreibt er 1984 im Buch *Soziale Systeme* über segmentäre Gesellschaften, „bleiben gering [...]; das Immunsystem ist weitgehend mit der Erhaltung des Lebens, mit der Vermeidung demographischer Auslöschung befaßt" usw. (576). Wenn bereits die wesentlich „primitiveren", jedenfalls weniger strukturelle Differenzierungen aufweisenden Wildbeuter-Gesellschaften zutreffend als „ursprüngliche Überflußgesellschaften" (Sahlins) bezeichnet werden können, entlarvt sich diese Einschätzung Luhmanns als bloßes evolutionistisches Vorurteil. In seiner *Gesellschaft der Gesellschaft* erkennt Luhmann neuerdings zwar die Leistung (wenn wir so sagen dürfen), die in der institutionellen Absicherung egalitärer (segmentärer) Strukturen steckt[28]; gleichwohl erscheint sie ihm nach wie vor als bloße „Inhibie-

---

28 „Segmentäre Gesellschaften sind mit all ihren Institutionen, mit Expansions- und mit Schrumpfungsmöglichkeiten, mit magischer Parallelisierung der Kausalität und mit Reziprozität als Form der Resymmetrisierung von zeitlichen und sozialen Asymmetrien darauf eingestellt, dass sie so bleiben, wie sie sind" (Luhmann 1997: 654).

rung einer natürlichen Entwicklung“ (Luhmann 1997: 658): nämlich jener zur Inegalität.

Allen diesen evolutionistischen Auffassungen vom defizitären Zustand politischer Institutionen in „primitiven“ Gesellschaften ist zu entgegnen, dass die Analysen von Autoren wie Clastres oder Sigrist zeigen, inwiefern es sich beim Fehlen der Zentralgewalt keineswegs um einen „primitiver“ Unfähigkeit geschuldeten Mangel, sondern um das Ergebnis institutioneller Beschränkungs- und Verhinderungsmechanismen handelt, die der antiherrschaftlichen Intentionalität der Gesellschaftsmitglieder entsprechen. Die Vermeidung von Herrschaftspositionen wird von den Akteuren gewollt!

8. Schluss

Eine solche Erkenntnis schließen - so lassen sich die obigen Ausführungen zusammenfassen - die hier diskutierten Autoren a priori aus, und zwar durch zwei wechselseitige theorietechnische Verdunkelungsoperationen. Auf der einen Seite wird der eigentlich produktive, weil harmonistische Ideologien auflösende Aspekt der konfliktorientierten Ansätze von Dahrendorf und Stagl benutzt, um durch einen Kurzschluss von Konflikt auf Herrschaft die Letztere zu ontologisieren. Das Bemühen, eine theoretische Unterscheidung zwischen herrschaftlichen und herrschaftsfreien Gesellschaften bereits begriffsstrategisch auszuschließen, ist überdeutlich. Das gilt für Dahrendorfs theoretisch unnötige Verdoppelung des Normbegriffs, für Höffes Kurzschluss, gesellschaftlichen Zwang mit Herrschaft gleichzusetzen, und für Stagls Verwendung des Staatsbegriffs als ethnologische Universalie. Die Überdehnung des Herrschaftsbegriffs macht ihn als heuristisches Instrument wenig tauglich. Der kontrastierende Effekt, der Idealtypen zum nützlichen Werkzeug der Sozialwissenschaft macht, wird durch zu wenig konturierte Begriffe unterlaufen. Zusätzlich birgt die tendenziell verdinglichende Benutzung des Herrschaftsbegriffs die Gefahr, die eigenen (im Falle Dahrendorfs sozialliberalen) normativen Maßstäbe zu unterlaufen. Wo ist der Maßstab noch, an dem sich (liberale) Gesellschaftskritik dann orientieren kann? Und wenn etwa an Stagls Überlegungen seine prinzipielle Skepsis gegenüber Formen der gemeinschaftlichen Konsensdemonstration wertvoll ist (gerade institutionelle Analysen hätten den oftmals verborgenen zwanghaften Charakter solcher Konsensproduktion aufzudecken), so erscheint seine Parallelisierung von demokratischen Prozessen in egalitären Gesellschaften mit denen totalitärer Staaten derart überzogen (Stagl 1970: 72), dass die ganze Argumentation dadurch entwertet wird.

Auf der anderen Seite erweisen sich die dargestellten evolutionistisch argumentierenden Theorien (Breuer, Eder, Habermas, Luhmann), die zwischen herrschaftsfreien und staatlichen Gesellschaften differenzieren können, bei aller Verschiedenheit in ihrer Begrifflichkeit und/oder ihrem Erklärungsanspruch als nicht minder herrschaftsfixiert. Herrschaft ist hier zwar nicht Universalie, aber doch Ziel aller Gesellschaft. Infolge dieser Perspektive kann Sensibilität für institutionelle Stabilisierungen von Herrschaftsfreiheit sich nicht einstellen.

Man darf wohl resümieren, dass die beschriebenen Formen der sozialwissenschaftlichen Herrschaftsfixiertheit innerwissenschaftlich (und auch im Alltags-Denken) hegemonial sind. Es ist daher nicht übertrieben, von einer Verdrängung der Anarchie aus dem Diskursfeld der gegenwärtigen Sozialwissenschaften zu sprechen. Dies blockiert nicht nur Erkenntnismöglichkeiten bei der Untersuchung „primitiver" Gesellschaften; sondern es hat auch eine (wie wir meinen: unselige) Funktion hinsichtlich höchst aktueller Debatten über die Möglichkeit des Abbaus der Herrschaft von Menschen über Menschen im Kontext *moderner* Gesellschaften.

Rüdiger Haude / Thomas Wagner

Von der Utopie zur Wissenschaft

Politische Grundbegriffe im Hinblick auf herrschaftsfreie Gesellschaften[29]

In den sozialwissenschaftlichen Debatten, besonders im Umfeld evolutionistischer Geschichtstheorien, tobt zuweilen ein heftiger Kampf um die Frage, ob „primitive Gesellschaften" einen Hinweis auf die anthropologische Möglichkeit geben, dass Menschen herrschaftsfrei zusammenleben. Wo immer man in solchen Auseinandersetzungen hinschaut, stellt man fest, dass im Schlachtgetümmel die zentralen politischen Kategorien durcheinandergeraten sind. Bei den Gegnern der Möglichkeit anarchistischer Gesellschaften ist dies auf die begriffsstrategische Untermauerung ihrer Position zurückzuführen, es wird – quasi mit einem theoretischen Taschenspielertrick – von irgendeiner beobachteten politischen Tatsache, z.B. der Existenz verbindlicher Normen oder von Machtbeziehungen, auf Herrschaft kurzgeschlossen (vgl. Kap. 1).[30]

Verblüffender ist, dass auf der Gegenseite ebenfalls Begriffsprobleme auftauchen. Christian Sigrist (1994), der die *Regulierten Anarchien* afrikanischer segmentärer Gesellschaften treffend analysiert und dabei

29 Eine geringfügig modifizierte Version dieses Textes erschien unter dem Titel „Herrschaft oder Macht. Begriffsstrategien um herrschaftsfreie Gesellschaften", in: *Das Argument*, Nr. 225, Heft 3/1998, S.371-383.

30 Zuweilen ist diese Übung auf das berechtigte Anliegen zurückzuführen, die Verdrängung von Herrschaft aus sozialwissenschaftlichen Diskursen aufzubrechen. Dieses Anliegen teilen wir, glauben aber nicht, dass ihm gut gedient wird, wenn man den Herrschaftsbegriff quasi in der Diffusität etwa des Machtbegriffs aufgehen lässt.

etwa auf das Phänomen einer „Führerschaft ohne soziale Kontrolle“, also auch ohne Anweisungsbefugnis, hinweist (96), schreibt kurz darauf gleichwohl, solche Führerschaft lasse sich unter Max Webers Begriff der Herrschaft subsumieren (98), der doch auf ein Befehl-Gehorsams-Verhältnis abzielt. Damit wäre dann freilich auch der Anarchie-Begriff unnötigerweise weitgehend entleert. Pierre Clastres (1976) andererseits, der die An- oder Abwesenheit von Befehl-Gehorsams-Beziehungen zu dem Kriterium macht, das Gesellschaften in zwei Kategorien einteilt (und seinerseits die herrschaftsfreien Gesellschaften am Beispiel der südamerikanischen Tieflandindianer trefflich darstellt), kennt keine begriffliche Unterscheidung zwischen der „Macht“, die aller menschlichen Interaktion inhärent ist, und jener „Macht“ (nämlich Herrschaft), die etwa ein Monarch ausübt. Clastres landet so bei der Paradoxie einer „ohnmächtigen Macht“, die bei den „Primitiven“ in der Abwesenheit existiere (22f).

Wir neigen der Grundposition der beiden genannten Autoren zu und halten es daher für desto wichtiger, dass politische Begriffe so benutzt werden, dass sie eine hinreichende Trennschärfe besitzen. Wir möchten deshalb unsere Einsichten zur „politischen Kategorienlehre“ nachfolgend zur Diskussion stellen. Dabei gehen wir von jüngeren Einsichten der Institutionentheorie aus, welche implizieren, dass Ordnungen menschlichen Zusammenlebens erstens stets einen mehr oder minder auf Dauer gestellten *Machtumgang* bedeuten; dass die dafür notwendigen Institutionalisierungen zweitens stets *symbolischer* Darstellung bedürfen, was mit Mechanismen der Transzendierung, der Autonomisierung, der Akkumulation von Geltung usw. einhergeht (vgl. Rehberg 1994). Drittens lassen sich mit diesem Ansatz *Ordnungen egalitärer Machtverteilung* und deren spezifische Symbolisierungsformen konzeptualisieren und daher analysieren. So lässt sich theoretisch über „Keine-Macht-für-Niemand“-Idyllisierungen hinausgelangen, ohne das Kind Herrschaftsfreiheit mit dem Bade auszuschütten. Vielleicht ist auf diesem Erkenntniswege auch eines Tages das scheinbare Verhängnis zu meistern, wonach in Revolutionen die Herrschaft, zur Tür hinausgejagt, alsbald als Despotie durchs Fenster sich wieder hineinstiehlt.

1. Zwang

Zunächst gilt es, das Missverständnis zu vermeiden, anarchistische oder herrschaftsfreie Gesellschaften seien solche, in denen es keinen Zwang gebe. Eine Gesellschaft, in der jedes Individuum buchstäblich tun könnte, was es wollte, lässt sich aus institutionentheoretischer Perspektive nicht denken. Auch in den aus der Empirie bekannten anarchistischen Gesellschaften unterliegen die Individuen Einschränkungen ihrer Handlungsoptionen; z.B. ist die Option ausgeschlossen, Befehle zu erteilen. Wichtig ist nun, diesen allgemeinen Begriff des Zwangs von *Repression* als einem mit *Herrschaft* verknüpften Zwangsmodus zu unterscheiden. Egalitäres Verhalten kann demnach erzwungen werden, allerdings ohne die Intervention eines herrschaftlichen Erzwingungsstabes.

Zwang ist, Emile Durkheim (1965: 114) folgend, ein jedem „soziologischen Tatbestand" innewohnendes Phänomen. Zwang ist notwendige Folge von Interaktion; sein Wesen besteht darin, „dass die kollektiven Handlungs- und Denkweisen eine Realität außerhalb der Individuen besitzen, die sich ihnen jederzeit anpassen müssen. Sie sind Dinge, die eine Eigenexistenz führen" (99). Wie Durkheim (100) explizit ausführt, ist solcher „Zwang" das wesentliche Charakteristikum von „Institutionen".[31] So verstandener sozialer Zwang schließt „individuelle Freiheit nicht notwendig" aus (107).[32] Als Paradigma für einen individuelle Freiheit erst ermöglichenden und insofern fundamentalen Zwang verweist Peter L. Berger (1988: 13) treffend auf die Sprache.

Dieser allgemeine Zwangsbegriff ermöglicht eine erste Abgrenzung sozialen Zwangs von herrschaftlicher Repression, die nur

---

31 Durkheim entgeht selbst nicht den alltagssprachlichen Konnotationen des Begriffs, wenn er sagt, wo der Zwang nicht empfunden werde, sei „Zwang [...] überflüssig" (106). Eine gelegentliche Begriffsverwendung im Sinne von *Repression* ist der begrifflichen Strenge nicht besonders abträglich, da sich aus dem Argumentationszusammenhang jeweils sofort ergibt, welche Begriffsvariante gemeint ist.

32 Es soll zwar nicht abgestritten werden, dass Durkheim mit seiner Zwangskonzeption eine Legitimation der postrevolutionären Staatsform intendierte. Insofern ist der Zwangsbegriff nicht ohne Grund als dem der Herrschaft affin kritisiert worden (vgl. Eder 1991: 56). Jedoch steckt in diesem Zwangs-Konzept, wenn man es definitorisch strikt von Herrschaft abkoppelt, ein institutionenanalytisches Potential, das über die Intentionen seines Urhebers hinausreicht.

einen Modus der Zwangsausübung benennt. Allerdings ist Durkheims Zwangsbegriff für unser Vorhaben noch zu wenig differenziert. Aus institutionenanalytischer Perspektive ist es wichtig, ergänzend auf die Rolle von „innerem“ und „äußerem“ Zwang bei der Sicherung egalitärer Normengefüge hinzuweisen.

Eine wichtige Form des Zwangs ist die prägende Rolle von Institutionen – hier: von Sozialisationsinstanzen – bei der Innenlegung von gesellschaftlichen Normen, der institutionellen Erzeugung von egalitären Subjekten. Abweichendes Verhalten wird als Folge der erfolgreichen institutionellen Charakterformierung durch die Selbstkontrolle des Handelnden blockiert. Sozialer Zwang erstreckt sich dann auch auf Gedanken und Gefühle und schafft die Voraussetzungen dafür, dass nicht nur explizite Normverletzungen verhindert, sondern in positivem Sinne die Voraussetzungen für normgerechtes, in diesem Falle egalitäres Verhalten aufrechterhalten werden. Das ist ein produktives Moment sozialen Zwanges, das keineswegs erst historisch spät in einem „Prozess der Zivilisation“ (Elias) entsteht (obwohl es dort eine kräftige Revitalisierung erfahren kann), sondern konstitutiv für gesellschaftliches Zusammenleben ist.

Neben diese zumeist langfristig erzeugten inneren Zwänge treten dann noch äußere Zwänge, die zumeist auf explizite Normverstöße angewandt werden. Also dann, wenn der innere Zwang versagt. Es treten in egalitären Gesellschaften verschiedene Formen äußerer Erzwingung auf: kollektiver und institutionalisierter Zwang von Einzelpersonen oder Gruppen, Zwang, der allerdings ohne die Rückendeckung von Herrschaftsinstitutionen auskommen muss. Hierzu gehören in vielen egalitären Gesellschaften die öffentliche Meinung, was sich in Ermahnungen, Verweigerung von Reziprozität, Meidungsstrategien bis hin zur Verstoßung, Hexereiverdacht u.ä. äußern kann, aber auch die gewaltsame Erzwingung von Ansprüchen, die von Einzelnen oder Gruppen gestellt werden (wie die Fehde) sowie kollektive Bestrafungen, die sich auf den Konsens aller Gruppenangehörigen gegenüber dem Normbrecher stützen müssen. Im öffentlichen Auftrag handeln dann zuweilen „Instanzen“, die sich aber auf keinen Erzwingungsstab stützen können und der Kontrolle der Gesamtgruppe unterliegen.

Wichtig ist nun, diese allgemeinen Begriffe des Zwangs von Repression als einem mit Herrschaft verknüpften Zwangsmodus zu unterscheiden.[33] Vertreter eines naiven Anarchismus, der auf ein auskömmliches gesellschaftliches Miteinander schon dann hofft, wenn erst alle „Zwangsinstitutionen“, insbesondere der Staat, abgeschafft sind, gehen insofern fehl, als menschliche Interaktion schlechthin Institutionalisierungsprozessen unterworfen ist - bei Nichterkennen dieses Sachverhalts hinter dem Rücken der Akteure. Allerdings vermögen die beteiligten Akteure, was an vielen „primitiven“ Gesellschaften nachweisbar ist, gut ohne *Herrschafts*institutionen auszukommen. Handlungsroutinen, Transzendierungen, die Orientierung an Leitideen usw. sind eben nicht ungeprüft mit Befehl-Gehorsamsstrukturen ineins zu setzen.

Damit eine Gesellschaft als anarchistische analysiert werden kann, ist demnach nicht Zwangsfreiheit zu fordern, sondern egalitärer Charakter des Zwangs. Darüber hinaus wäre allerdings (entgegen den prokrustischen Entwürfen der Utopisten) auch zu untersuchen, wie weit gesellschaftlicher Zwang jeweils die Handlungsfreiheit der Individuen einschränkt.

2. Macht

Ein weiterer Kristallisationspunkt für Missverständnisse ist der Begriff der *Macht* in seinem Verhältnis zu dem der *Herrschaft*. Sehr häufig schließen sozialwissenschaftliche Autoren von der unbestreitbaren sozialen Ubiquität (Allgemeinheit) von Machtverhältnissen auf die Unhintergehbarkeit von Herrschaft. So reichte Ralf Dahrendorf (1964: 96) bereits die Beobachtung, eine Gesellschaft sichere ihre Normen,

---

33 Das wird auch in solchen Zwangsdefinitionen häufig nicht sauber genug getan, die Zwang von gewaltsamem Erzwingen trennen. Helmut Schoecks *Kleines soziologisches Wörterbuch* tut das explizit, wenn sowohl sozialer Zwang (s.v. „Zwang, sozialer“) als auch soziale Kontrolle (s.v. „Kontrolle, soziale“) schlechthin durch die „Abwesenheit physischer Zwangsmittel“ definiert werden. Dann wird zur Erläuterung jedoch der Polizeibeamte in Zivil eingeführt, dessen Aufforderung, aufs Revier mitzukommen, Folge geleistet wird. Richtig ist, dass hier keine physische Gewalt angewendet wird. Allerdings ist zu unterstellen, dass das Wissen um das physische Gewaltmonopol des Staates erheblich motivierenden Einfluss auf die Folgebereitschaft des Aufgeforderten hat. Hier erweist sich herrschaftlicher Zwang nicht unmittelbar, sondern mittelbar als gewaltsame Hintergrunddrohung: letztlich also doch als repressive Form des Zwangs.

aus, um in dieser „Herrschaft" zu konstatieren. Auch Ethnologen, wie Georges Balandier oder Justin Stagl, schließen immer wieder von Phänomenen wie Zwang, Konflikt oder Gewaltsamkeit kurzschlüssig auf Herrschaft. Im Hintergrund steht hier stets die maßgebliche Definition Max Webers (1980: 28), wonach Macht „jede Chance" bedeute, „innerhalb einer sozialen Beziehung den eigenen Willen auch gegen Widerstreben durchzusetzen, gleichviel worauf diese Chance beruht". Diese Begriffsbestimmung von Macht ist in der Tat relativ herrschaftsnah und eindimensional gedacht. A setzt seinen Willen gegen B durch; B unterliegt mit seinem eigenen Willen. Dies trifft nur einen Extremfall von Machtbeziehungen, während häufiger A und B und weitere Akteure kontextabhängig verschieden gelagerte Machtressourcen zum Einsatz bringen und dadurch zu Kompromisslinien, ‚Paketlösungen' nach dem Muster *do ut des* usw. gelangen.[34]

Jedoch lässt sich andererseits bei Weber selbst in Ansätzen eine feinere Begriffsjustierung finden - feiner, als seine Rezipienten nahelegen. In der Einleitung in die *Wirtschaftsethik der Weltreligionen* (1988a: 273) weist Weber auf neben den drei bekannten Typen legitimer Herrschaft bestehende, „höchst wichtige Formen" von Verbandsstruktur hin, die,

---

34 Ilse Lenz (1990) hat mit einer ähnlichen Intention die gängigen sozialwissenschaftlichen Machtbegriffe, die von Max Weber ausgehen, als „männerzentriert" kritisiert. Webers Definition sei durchzogen von einer eigenartigen Spannung, die daraus resultiere, dass er zum einen die möglichen sozialen Ursachen der Macht als prinzipiell unbegrenzt angibt, da alle denkbaren Qualitäten eines Menschen und alle denkbaren Konstellationen dazu führen können, dass Menschen ihren Willen in einer Gesellschaft durchsetzen können. Hierin seien also patriarchalische ebenso wie „weibliche indirekte" Machtstrategien eingeschlossen. Zum anderen werde Macht von Weber aber im Hinblick auf eine spezifisch soziale Beziehung definiert, nämlich als Chance, den eigenen Willen auch gegen das Widerstreben der anderen durchsetzen zu können. Das ist dann eine einseitige Relation, in deren „Rahmen sich nur eine jeweils stärkere Seite behauptet" und es dementsprechend nur einen Sieger gibt (44). Diese spezifische Einengung von Webers Machtbegriff führt Lenz auf dessen Nähe zum Herrschaftsbegriff zurück. Im Machtbegriff seien die herrschaftsfreien Aspekte vernachlässigt, etwa die Frage, ob Macht nur ein einseitiges Dominanzverhältnis darstelle, oder ob nicht auch die Untergeordneten, Frauen oder gar Sklaven über eigene Machtmittel verfügten. Die Diskussion nichtpatriarchalischer Gesellschaften ermögliche es nun, der Frage der Macht von Frauen deshalb eine herrschaftsfremde Deutung zu geben, weil hier die Macht notwendig von der eben nicht-existenten Herrschaft abgelöst erscheint.

„wie die Funktionäre der reinen Demokratie [...] teils aus anderen als ‚Herrschafts'-Prinzipien, teils aus eigentümlichen Abwandlungen des Charisma-Begriffes zu verstehen sind, aber ihrerseits gerade zu den historisch allerwichtigsten Fermenten der Entbindung des politischen Rationalismus gehört haben". Freilich zeigt Weber in beiden Versionen der Herrschaftssoziologie (1980: 169 ff, 545–548), dass er „unmittelbare Demokratie" für notwendig „labil" und ohnedies auf kleine Verbände von geringer Differenzierung beschränkt erachtete. Gleichwohl lässt sich aus seiner politischen Soziologie, bürstet man sie gegen den Strich, eine nicht herrschaftsfixierte Terminologie herausdestillieren. Wenn Weber (1980: 531) etwa den Begriff der *Machtverteilung* verwendet, ist darin die Möglichkeit *egalitärer Machtverteilung* theoretisch enthalten, auch wenn dies den Hauptakzent des Weberschen Machtbegriffs konterkariert: „Jede (nicht nur die ‚staatliche') Rechtsordnung wirkt durch ihre Gestaltung direkt auf die *Machtverteilung* innerhalb der betreffenden Gemeinschaft ein." Tatsächlich beschreibt Weber in einigen knappen Passagen (1980: 519, 670) die politischen Verhältnisse egalitärer Gemeinschaften durchaus zutreffend. Infolge der Abwesenheit von Herrschaftsinstitutionalisierungen kann er solche Gemeinschaften nicht als „Politische Verbände" (vgl. 1980: 29) fassen; er könnte aber schwerlich abstreiten, dass in ihnen „Politik" stattfindet, sofern nämlich „Politik" für ihn (1980: 822) „Streben nach Machtanteil oder nach Beeinflussung der Machtverteilung" heißt. Denn diese kann eben auch eine egalitäre sein.

Gleichwohl entspricht der häufig anzutreffenden Kurzschließung von Herrschaft und Macht eine ebenso verbreitete Engführung des *Politik*-Begriffes auf die Angelegenheiten staatlicher Institutionen. „Politik ist eine besondere Form sozialen Handelns", heißt es etwa in einem soziologischen Wörterbuch (Schoeck 1969: s. v. „Politik"), „das Macht braucht und sucht, legitimierbare Herrschaft anstrebt." Nach einem anderen Wörterbuch ist „Politische Kultur" ein exklusives Phänomen politischer „Herrschaftssystem[e]" (Hartfiel/Hillmann 1982: s.v. „Politische Kultur"). Es nimmt nicht wunder, wenn eine mit einer solchen staatsnahen Begrifflichkeit ausgestattete Sozialwissenschaft herrschaftsfreie „primitive" Gesellschaften als unpolitische oder, evolutionistisch, als vorpolitische einstuft. So wird als politisches Defizit verbucht, was auch aus anarchieskeptischer Sicht als *Leistung* der staatslosen Gesellschaften interessieren müsste: die institutionelle Blockierung von herrschaftlicher Machtakkumulation.

Dabei ist die Ineinssetzung von Politik mit staatlicher Politik auch von ordnungsextremistischer Seite massiv kritisiert worden. Carl Schmitt (1991: 21 f) wandte sich gegen demokratische politische Formen, gerade weil in ihnen Staat und Gesellschaft einander durchdrängen und alle gesellschaftlichen Angelegenheiten staatliche und mithin politische würden; die Gleichung „Staatlich = Politisch" sei dort „unrichtig und irreführend". Das Argument lässt sich gegen die Intentionen seines Urhebers gut auf die „primitiven" herrschaftsfreien Gesellschaften beziehen, die eben keine saubere Trennung gesellschaftlicher Funktionssphären kennen, und wo schon deshalb das Politische ubiquitär (allgemein) ist.

Freilich ist das Schmitt'sche Konzept von einer sehnsüchtigen Sakralisierung des Staats geprägt. Helmuth Plessner (1974) geht einen Schritt weiter und postuliert die „Emanzipation der Macht vom Staat" (204), jedoch hat er dabei wiederum eine „Macht" im Sinn, die menschliche Ordnung „nur als Über- und Unterordnung" sich herstellen lässt (190), wodurch Politik wohl ubiquitär, aber gleichwohl auf staatliche (d. h. herrschaftliche) Politik eingeengt erscheint. Wenn wir Politik als die intentionale Regelung von Machtfragen verstehen, ist eine solche Annahme nach dem heutigen Erkenntnisstand kontraempirisch.

Macht setzt, wie die Erörterung des Weber'schen Konzepts gezeigt hat, nicht Hierarchie voraus. Dennoch bleibt dieses Verständnis von Macht dem Bild eines Nullsummenspiels verhaftet. Demgegenüber hat Talcott Parsons (1963) darauf hingewiesen, dass es durch Kooperation[35] von Menschen auch zu einer kollektiven Machtsteigerung kommen kann – gegenüber Dritten oder gegenüber der nichtmenschlichen Umwelt.[36]

---

35 Dabei ist mit dem Begriff „Kooperation" noch nichts darüber ausgesagt, ob es sich um hierarchische oder egalitäre Formen des Zusammenwirkens handelt. Beides ist als theoretische Möglichkeit von dem Argument gedeckt.

36 Die strikte Zuordnung des „generalisierten Kommunikationsmediums" Macht zu einem politischen gesellschaftlichen „Subsystem" verdunkelt bei Parsons (wie dann auch bei Luhmann) jedoch die prinzipielle Machthaltigkeit der anderen Medien, insbesondere des Geldes. Zudem lenkt Parsons' Generalisierungs-Argument zwar erfreulicherweise die Aufmerksamkeit auf die symbolische Dimension von Machtverhältnissen, führt den Begriff dadurch aber zu eng, indem er schiere Gewaltverhältnisse von ihm ausschließt (wie den Tauschhandel von *monetären* Verhältnissen).

Niemand hat den Begriff der Macht stärker als Hannah Arendt (1970) auf diese kollektiven Machtaspekte gelenkt. Ihr zufolge entspricht Macht „der menschlichen Fähigkeit, nicht nur zu handeln oder etwas zu tun, sondern sich mit anderen zusammenzuschließen und im Einvernehmen mit ihnen zu handeln" (45). Die so verstandene Macht steht im strikten begrifflichen Gegensatz zur „Gewalt" (47 ff); Macht ist dann jene genuin *gesellschaftliche* Ressource, auf deren Vernichtung *staatliche* Gewaltherrschaft zielt. Daher kann statt eines Nullsummenspiels nicht nur kollektive Macht*steigerung* resultieren, sondern infolge von Machtmonopolisierung auch ein „offenbarer Machtverlust" (84). So wichtig diese Position für eine Entmystifizierung des Machtbegriffs auch ist, scheint uns hier dann doch die spiegelbildliche Kurzschließung von Macht mit gewaltfernen Vergemeinschaftungsidyllen allzu nahe zu liegen.

Michael Mann (1990: 22) knüpft an die Parsons'sche Variante „kollektiver Macht" an und zeigt, dass diese (im Unterschied zur „distributiven", die Webers Definition entspräche) typisch für die „primitiven" ‚Gesellschaften gegen den Staat' ist (96).[37] Pierre Clastres, auf den sich Mann hier bezieht, hat dementsprechend in seinem Buch „Staatsfeinde" (1976: 21) postuliert, es sei unmöglich, die Gesellschaft ohne die Macht zu denken. Es gehe bei den staatsablehnenden Gesellschaften darum, „das Rätsel einer ‚ohnmächtigen' Macht" (22) zu lösen. Geblendet von der gängigen Begriffsstrategie, war er gezwungen zu orakeln, dass dort „vielleicht auf geheimnisvolle Weise, *etwas in der Abwesenheit existiert*" (23). Clastres' ethnographische Studien zeigen jedoch, dass bei den „Staatsfeinden" Macht durchaus ‚anwesend existiert', als Vermögen, kollektiv Entscheidungen zu fällen, Konflikte zu lösen usw., nicht jedoch in der für moderne europäische Sozialwissenschaftler charakteristischen Form: als Befehl-Gehorsams-Beziehung. In diesem Sinne lässt sich mit Michel Foucault (1988: 33) freilich auch hinsichtlich moderner Gesellschaften formulieren, „dass es keine Gesellschaft ohne Machtbeziehungen geben kann, sofern man darunter Strategien begreift, mit denen die Individuen das Verhalten der anderen zu lenken und zu bestimmen versuchen. Das Problem ist also nicht, sie in der Utopie einer

37 Darüber hinaus unterscheidet Mann (24) u.a. zwischen „autoritativer Macht", die herrschaftlich gedacht ist, und „diffuser Macht", die sich „in einer eher spontanen, unwillkürlichen, dezentralen Weise über die Bevölkerung" verteilt.

vollkommen transparenten Kommunikation aufzulösen zu versuchen, sondern sich die Rechtsregeln, die Führungstechniken und auch die Moral zu geben, das Ethos, die Praxis des Selbst, die es gestattet, innerhalb der Machtspiele mit dem geringsten Aufwand an Herrschaft zu spielen." Jede innergesellschaftliche Konfliktaustragung findet somit im Medium der Macht statt und wird über differente Machtpotentiale entschieden, deren Quellen relativ herrschaftsfern (Prestige, Autorität, Kompetenz) oder relativ herrschaftsnah sein können (Reichtum, monopolisierter Zugang zum Symbolischen oder zu Zwangsmitteln). Wenn solche Differenzen strikt situationsbezogen bleiben und die „Fähigkeit, den eigenen Willen auch gegen Widerstreben durchzusetzen", in der Gesellschaft ungefähr gleichmäßig verteilt ist, ist die Macht im herrschaftsfreien Modus. Das ist, glaubt man den Ergebnissen der Politischen Anthropologie[38], der Normalzustand gesellschaftlichen Zusammenlebens, erfordert jedoch institutionelle Sicherungen. Es muss gewissermaßen im herrschaftsfreien Sinne produktiv werden, was Niklas Luhmann (1975: 84) als „Blockiermacht" nur beklagen kann.

Einer institutionellen Analyse, die ja Machtprozesse in institutionellen Abläufen *en detail* untersuchen will, ist ein derartiger *relationaler* Machtbegriff, bei dem Macht das jeweilige Vermögen der Behauptung und Durchsetzung von individuellen oder kollektiven Interessen in den verschiedensten gesellschaftlichen Bereichen bezeichnet, unumgänglich.

3. Herrschaft

Vom Begriff der Macht ist dann als einer ihrer Modi (nämlich als repressiver Modus) der der Herrschaft sauber zu trennen. Dies wird,

38 Pierre Clastres (1976: 11) etwa argumentiert, fast alle Indianergesellschaften mit Ausnahme der „Hochkulturen" seien „archaisch": schriftlos, mit Subsistenzökonomie und durch ein Häuptlingstum gekennzeichnet, dessen entscheidendes Merkmal sei, dass der Häuptling keinerlei „Macht" besitze. Christian Sigrist (1994: 59) hat eine „Typologie akephaler Gesellschaften" vorgelegt, die von Wildbeutergruppen bis zu hoch aggregierten „segmentären Gesellschaften" reicht. Michael Mann (1990: 65) äußert im Hinblick auf vorstaatliche Gesellschaften, seine eigene Macht-Konzeptualisierung habe „für 99 Prozent der bisherigen Menschheitsgeschichte praktisch keine Relevanz", weil es dort eben keine verfestigten Machtdifferenzen gegeben habe.

wie gesagt, von vielen Autoren versäumt, die aus der Ubiquität von Macht auf die Ubiquität von Herrschaft, oder umgekehrt von der Abwesenheit von Herrschaft auf das Fehlen des Politischen in einer gegebenen Gesellschaft kurzschließen. Ironischerweise wird diese analytisch wichtige Kategorientrennung auch von Autoren versäumt, die sich um die Konzeptualisierung eines relationalen Machtbegriffs verdient gemacht haben. Clastres' geheimnisvolle Existenz in der Abwesenheit haben wir bereits zitiert; Michael Mann überschreibt das Kapitel, das von den herrschaftsfreien Gesellschaften handelt, welche ihm zufolge von „kollektiver Macht" geprägt sind, mit der Frage, warum diese Gesellschaften „ohne Macht auskamen" (1990: 65–125). Die Konfusion der Kategorie Herrschaft mit der umfassenderen Dimension der Macht lässt das Herrschaftsphänomen auch bei Anthony Giddens (1984) universal erscheinen und schmälert dadurch den Erkenntniswert seiner ansonsten anregenden relationalen Machtkonzeptualisierung: Relationale Macht definiert Giddens als „die Fähigkeit, Ereignisse zu erzielen, wobei die Verwirklichung dieser Ereignisse vom Handeln anderer abhängt. In diesem Sinn haben alle Menschen Macht ‚über' andere: [...]." So weit, so gut; doch fährt Giddens nach dem Doppelpunkt fort: „[...]: Macht als Herrschaft" (135).

Noch fixierter auf produktive Aspekte von Macht*gefällen* präsentiert sich die Machttheorie des frühen Luhmann, der in seinen Beschreibungen von Machtphänomenen gerne die Perspektive des entscheidungsbelasteten Machthabers einnimmt. Hinzu kommt eine neutralisierende Terminologie, wenn Machthaber wie Machtunterworfene gleichermaßen als „Partner" etikettiert werden, was Luhmanns Ansatz wenig geeignet erscheinen lässt, Machtgefüge realistisch zu beschreiben. Schon die Theoriesprache Luhmanns lenkt also den Blick von den Wirkungen der Macht – und vor allem der Herrschaft – ab. Trotz der durchgängigen Relationalität des Luhmannschen Machtkonzepts werden Phänomene wie die politische Forderung nach Egalität – die durchgängig die „Geschichte der Herrschaft" begleitet – ausgeblendet, ebenso solche Phänomene, in denen „Egalität" erfolgreich institutionalisiert worden ist.

Die begriffliche Unschärfe zwischen Macht und Herrschaft ist, wie oben gezeigt, auch bei Max Weber im Ansatz vorhanden, dessen

Machtbegriff teilweise dem der Herrschaft zu stark angenähert wird, obgleich andere Spuren in seinem Werk ausgelegt sind. Um Weber zu einem Kronzeugen libertärer Macht-Begrifflichkeit zu machen, mussten wir ihn freilich ebenso kräftig gegen den Strich bürsten, wie es Christian Sigrist tat, als er die „Regulierte Anarchie" von einer beiläufigen Bemerkung Webers zu einem veritablen Idealtyp entfaltete. Die Kategorie der *Herrschaft* können wir nun hingegen ohne Weiteres in Anlehnung an Weber gewinnen: Herrschaft soll jedes Sozialverhältnis heißen, in dem Befehl-Gehorsams-Strukturen institutionalisiert sind, also stabile Machtasymmetrien vorliegen.

Dass den südamerikanischen Häuptlingen oder den „Instanzen" in afrikanischen segmentären Gesellschaften nicht gehorcht wird – dass der Versuch, einen Befehl zu erteilen und Gehorsam zu erzwingen, dort auf soziale Sanktionen bis hin zur Tötung trifft –, haben ethnographische Studien der politischen Anthropologie hinlänglich und eindrucksvoll gezeigt.[39] Es ist daher schlicht unzulässig, aus Webers (1980: 22) Definition, wonach Herrschaft die Chance ist, „für einen Befehl bestimmten Inhalts bei angebbaren Personen Gehorsam zu finden", wie Kurt Lenk (1984: 101) die Schlussfolgerung zu ziehen: „In diesem Sinne sind alle politischen Beziehungen in einem sozialen Verband Herrschaftsbeziehungen." Denn auch, wenn „Verband" eine soziale Beziehung mit politisch (durch eigens darauf eingestellte Menschen) garantierter Ordnung bedeuten soll (Weber 1980: 26), fallen darunter mehrere Typen herrschaftsfreier Gesellschaften, weil jene Ordnungsgarantie nicht immer auf Befehle angewiesen ist, sondern durch symbolische Darstellung und ggf. plebiszitäre Sanktionen gesichert werden kann. Wenn Lenk daher auch richtig beobachtet, Herrschaft bedeute als institutionalisiertes Machtgefälle „stets auch Begrenzung von Macht" (1984: 101), so ist ihm zu entgegnen, dass sich Macht eben *nicht nur* zur Herrschaft institutionalisieren (und insofern begrenzen) lässt, sondern alternativ *auch* zu herrschaftsfreien Verhältnissen: etwa zur „Regulierten Anarchie".

39 Vgl. neben den Arbeiten von Clastres (1976: z.B. 201) und Sigrist (1994: 186ff) vor allem Christopher Boehm (1993: 230f).

4. Autorität, Prestige, Führung

Autorität lässt sich demgegenüber als eine typische, von Herrschaft unterschiedene, wenn auch gelegentlich mit dieser in einer Person oder Institution vereinte, Form der Machtbeziehung definieren. Theodor Eschenburg (1976) und neuerdings etwa Christa Schäfer-Lichtenberger (1995: 16–24)[40] verweisen auf den lateinischen Begriffs-Ursprung (*auctoritas*), wonach es sich um einen auf freiwillige Befolgung von durch Kompetenz begründeten Ratschlag bezogenen Sachverhalt handelt. Die Initiative geht typischerweise nicht vom Autoritäts-Träger aus, sondern von dessen „Kunden". „Der Charakter dieser Art von Autorität ist durch das Fehlen von Entscheidungsmacht und Befehlsgewalt geprägt. [...] Entschlüsse, die auf der Basis von Autorität gefasst werden, bedürfen zu ihrer Realisierung der Kooperation aller Beteiligten. Das Autoritätsprinzip als politische und gesellschaftliche Regel ist Ausdruck spezifischer historischer Machtverhältnisse wie zugrundeliegender Gesellschaftsstrukturen" (Schäfer-Lichtenberger 1995: 18). Das erste Unterscheidungskriterium zwischen Autorität und Herrschaft ist also die bei Autoritätsverhältnissen fehlende Repressions-Option, das dominierende Prinzip der Freiwilligkeit. Darüber hinaus ist Autorität typischerweise begrenzt - räumlich, zeitlich und sachlich: „Jeder Mensch ist in wenigstens einem Gebiet, dem der Aussagen über die eigene Befindlichkeit, eine Autorität für alle anderen Menschen. Daher ist eine auf alle möglichen Gebiete und Subjekte sich erstreckende Autorität logisch nicht möglich" (22). Herrschaft hingegen tendiert stets zur Akkumulation.

---

40 Schäfer-Lichtenberger vernachlässigt jedoch bei der dankenswert präzisen Bestimmung von „Autorität" ebenfalls das begriffliche Verhältnis von *Macht* und *Herrschaft*; ist Macht gelegentlich als Oberbegriff der als *Herrschaft* und *Autorität* konzipierten Typen gedacht, so wird sie in unmittelbarer Nachbarschaft solcher Gedanken begrifflich mit Herrschaft ineins gesetzt (23f). Dies erinnert an die definitorischen Bemühungen des amerikanischen Evolutionstheoretikers Morton Fried in den sechziger Jahren. Fried (1967: 13) unterschied folgendermaßen: „‚Autorität' bezieht sich hier auf die Fähigkeit, das Verhalten anderer bei gleichzeitiger Abwesenheit von Drohungen oder Bestrafungen zu kanalisieren. Herrschaft [Power] ist dann die Fähigkeit, das Verhalten anderer durch Drohungen oder Bestrafungen zu kanalisieren." Diese Unterscheidung wäre mit unseren Begriffsbestimmungen weitgehend kompatibel, übersetzte man „power" mit Herrschaft. Macht wäre die abstrakte „Fähigkeit, das Verhalten anderer zu kanalisieren".

Eine Kategorie, in der eine Grundlage von Autorität geschaffen wird, ist *Prestige*. Pierre Clastres (1994: 97) definiert es als jenes „Mindestmaß an Vertrauen" seitens der Gesellschaftsmitglieder, das die integrative Funktion herrschaftsloser Häuptlinge stützt. Morton Fried (1967: 32f) weist darauf hin, dass Prestige-Gefälle den universellen Statushierarchien folgten, die sich vor allem entlang den Altersgruppen bilden. Darüber hinaus wird, wie wir hinzufügen möchten, (charismatisches) Prestige durch außeralltägliche Qualitäten geschaffen und bleibt, wie Autorität, zeitlich, sachlich und sozial begrenzt. Dass in egalitären Gesellschaften aus Prestige keine Herrschaftsposition folgen kann, ist eine Beobachtung Frieds, die mit der Typik dieses Phänomens zu erklären ist: Prestige gewinnt, wer den jeweiligen gesellschaftlichen Normen bzw. institutionellen Leitideen besonders gut entspricht bzw. sie ver*körpert*. Das sind in egalitären Gesellschaften eben egalitäre, herrschaftsfreie Normen und Leitideen.

Wer über Autorität verfügt, kann unter Umständen auch in herrschaftsfreien Gesellschaften *Führung* ausüben. Der Begriff Führung erscheint in der Literatur in zwei Bedeutungsvarianten. Die erste ist dem Begriff der *Herrschaft* relativ affin, wobei „Führung" dann Assoziationen zum Charismatischen trägt und vor allem dort verwendet wird, wo Herrschaft relativ wenig auf Dauer gestellt bzw. strikt zeitlich begrenzt ist. In der zweiten Bedeutungsvariante nähert „Führung" sich unserem Begriff der „Autorität" an.[41] So betont Fried (1967: 82f), „leadership" beruhe erstens auf Autorität („authority") und entbehre aller Herrschafts-Konnotationen („connotations of power"); zweitens habe sie einen begrenzten Charakter („transient fashion"), indem der Wechsel ihres Sitzes drittens mehr an Situationen als an Personen gebunden sei. Der Unterschied zwischen beiden Lesarten von „Führung" liegt darin, ob ein „Führer" damit rechnen kann, auf Befehle hin Gehorsam zu erhalten, oder nicht.

---

41 Im Zuge einer begrifflichen Abgrenzung und Bestimmung von Instanzen, Führerschaft und Zentralinstanz hatte Sigrist (1994: 97) bereits darauf hingewiesen, dass „Führerschaft", ohne dass damit soziale Kontrolle verbunden sei, in besonderen Problemlösungssituationen entstehen kann. Hierunter fallen die Funktionen von Gruppensprechern, die zumeist weder soziale Kontrolle innerhalb ihrer Gruppe noch besondere Entscheidungsbefugnisse haben. Diese Repräsentanten vertreten ihre Bezugsgruppen bei Verhandlungen mit anderen Gruppen, kehren aber dann zur Beratung wieder in ihre eigene Gruppe zurück.

In jedem Falle jedoch ist er privilegierter Pol eines Machtdifferentials, das aber noch diesseits verfestigter Herrschaft verbleibt.

5. Herrschaftsfreie Gesellschaft / Anarchie

Will man dem Begriff der *herrschaftsfreien* bzw. *anarchistischen Gesellschaft* empirische Relevanz einräumen, muss auf die auch in vielen „egalitären" Gesellschaften vorhandenen Ungleichheitsstrukturen eingegangen werden. Wir gehen daher von einem *Minimalbegriff der Anarchie* aus, dem der Grenzbegriff einer *maximalen Anarchie* gegenübersteht. Für den Maximalbegriff der Anarchie lässt sich an Michael Taylors (1982) Idealtypus anknüpfen, der beinhaltet, dass die Macht überhaupt nicht konzentriert, gänzlich zerstreut ist. Kommt dann noch das Fehlen von irgendeiner Form politischen Spezialistentums hinzu, kann gesagt werden, dass die notwendigen und hinreichenden Bedingungen für eine reine Anarchie erfüllt sind (9). Die weitestgehende Annäherung an diese reine Anarchie stellen die aus der Ethnologie bekannten staatslosen und akephalen Gesellschaften dann dar, wenn sie auch keine häusliche Herrschaft, in erster Linie kein Herrschaftsverhältnis zwischen den Geschlechtern kennen. Dem Minimalbegriff von Anarchie entsprechen solche Gesellschaften, in denen die Abwesenheit von dauerhafter außerhäuslicher Herrschaft institutionalisiert ist, die aber durchaus begrenzte Formen struktureller Dominanz von Männern über Frauen und Nachkommen sowie temporäre charismatische Herrschaft – etwa im Kriege – kennen.[42]

42 Taylor (1982) zählt zu den „primitiven" anarchistischen Gesellschaften auch noch Big-Men-Gesellschaften und redistributive Häuptlingstümer (chiefdoms), „wobei die akephalen Gesellschaften dem Pol der reinen Anarchie sehr viel näher kommen als die redistributiven Gesellschaften" (35). Obwohl redistributive Häuptlingstümer und Big-Men-Gesellschaften deutlich weniger egalitär seien als akephale Gesellschaften, und Häuptlingstümer zudem eine theokratische Struktur institutionalisiert hätten, sei ihnen gemein, dass sowohl die Häuptlinge als auch die Big Men nicht mehr Zwangsgewalt zur Verfügung hätten als andere Individuen. „Sie werden wohl respektiert und ihnen wird gehorcht; aber nicht aufgrund einer Fähigkeit, glaubhaft Drohungen auszusprechen oder in konzentrierter Form Zwang auszuüben" (110). Deshalb rechnet Taylor beide Gesellschaftstypen zu den anarchistischen Gesellschaften, wobei er die Big-Men-Gesellschaften als weniger anarchistisch im Vergleich mit akephalen Gesellschaften, aber anarchistischer im Vergleich mit redistributiven Häuptlingstümern einschätzt (ebd.).

Staat ist demgegenüber der gesellschaftliche Organisationsmodus, bei dem außerhäusliche Herrschaft auf Dauer gestellt ist. Sowie Individuen oder kollektive Institutionen regelmäßig damit rechnen können, in der öffentlichen Sphäre für einen Befehl Gehorsam zu erlangen, ist von Staat zu sprechen. Diese an Pierre Clastres angelehnte Begriffsbildung begründet sich daraus, dass alle anderen gängigen Abgrenzungskriterien[43] nicht überzeugen: Erblichkeit eines Amts gibt es auch bei herrschaftsfreien Gesellschaften, ebenso die „Kephalie" (Clastres) , also Häuptlingsstrukturen. Der Webersche Begriff des Monopols legitimer Gewaltsamkeit gilt zugestandenermaßen nur für *moderne* Staaten, kann also für ursprüngliche („primäre") Staatsentstehungsprozesse keinerlei Relevanz beanspruchen. Das Kriterium der Verhinderung von Gruppenteilung (Cohen) ist ein relativ[44] guter Indikator für Staatlichkeit, lässt sich jedoch auf die herrschaftliche Verfassung zurückführen. Der häufig genannte Wechsel des Integrationsprinzips von Verwandtschaft zu Territorialität ist eine *Folge* der Herrschaftsinstitutionalisierung und wird überdies nirgends vollständig durchgeführt. Ebenso ist auch die Entstehung von Ethnizität (Cohen) erst eine Spätfolge von Staatlichkeit, eher auf der Ebene von *Imperien* anzusetzen. Der Wechsel von 2stufigen zu 3stufigen Hierarchien (Wright/Johnson) ist ein soziologisch interessantes Phänomen, aber logisch in keiner Weise zwingend zur Bestimmung von Staatlichkeit.

6. Egalitäre Gesellschaft

Ein weiterer Begriff, der im Zusammenhang mit dem Phänomen der Herrschaftsfreiheit behandelt werden muss, ist der der *egalitären Gesellschaft*. Morton Fried (1967), dessen evolutionäres Schema der Staatsentstehung die vier Stufen a) egalitäre Gesellschaft, b) Ranggesellschaft, c) stratifizierte Gesellschaft und d) Staat umfasst, gibt zwei klassische Bestimmungen: Erstens definiert er egalitäre Gesellschaften als solche, in denen genau so viele hochgeschätzte Statuspositionen vorhanden sind wie Individuen, die fähig sind, dieselben auszufüllen. Zweitens zeich-

43 Vgl. zusammenfassend zur Diskussion von Kriterien der Staatlichkeit: Cohen 1978.

44 Relativ gut deswegen, weil wir ja auch Kunde von „segmentären" bzw. „Schneeballstaaten" haben (vgl. Southall 1970).

nen sich egalitäre Gesellschaften durch das Fehlen von charakteristischen Zügen und Institutionen aus, die in anderen Gesellschaftsformen entscheidende Rollen spielen (52). Von Ranggesellschaften kann man mit Fried dagegen dann sprechen, wenn es weniger hochbewertete Statuspositionen gibt als Personen, die fähig sind, diese auszufüllen. „Eine Ranggesellschaft besitzt Mittel der Begrenzung des Zugangs ihrer Mitglieder zu Status-Positionen, die diese andernfalls auf der Grundlage des Geschlechts, des Alters oder persönlicher Eigenschaften ausüben würden“ (ebd.). Nach Frieds Definition fallen viele der in diesem Buch angeführten Gesellschaften, besonders die bodenbauenden und segmentären, nicht unter das Kriterium der egalitären Gesellschaft, weil in ihnen offensichtlich Statuspositionen institutionalisiert sind, etwa die von Sigrist beschriebenen Instanzen, deren Innehaltung nicht jedem Mitglied der betreffenden Gesellschaft zugänglich ist. Zudem charakterisiert Fried seine „Ranggesellschaft“ (116ff) ziemlich genau so, wie Elman Service (1977)[45] und andere das „Häuptlingstum“. Dies wird deutlich etwa an der Bezugnahme auf die Kirchhoffsche Idee „konischer Klane“ (116) (die nach Stefan Breuer ja zur Transformation in „konische Klanstaaten“ tendieren); an der Betonung einer *zentralen* Redistributionsfunktion (117f); sowie an der Annahme, Ranggesellschaften tendierten zur Gründung von Satellitengemeinschaften („satellite communities“; 113) usw. Was Fried im Gegensatz zu Service oder Marshall Sahlins fehlt, ist deren evolutionäre Stufe des „tribe“. Mit der Abweisung dieses „Stammes“-Konzepts (169) verdunkelt Fried die Existenz herrschaftsfreier neolithischer (also sesshafter, Landwirtschaft treibender) Gesellschaften, für die das ethnographische Material vor allem Afrikas so reichhaltige Beispiele liefert.

In jenen herrschaftsfreien segmentären Gesellschaften ist nun aber in der Tat der Zugang zu hochbewerteten Status-Positionen begrenzt. Gleichwohl ist dort die Abwesenheit von Befehl-Gehorsams-Strukturen gut institutionalisiert.[46] Dadurch ist der Zugang zu politischen und

---

45 Service, der ja bekanntlich ein alternatives Evolutionsschema verwendet (band - tribe - chiefdom - state), spricht hinsichtlich des ersten Evolutionsstadiums gleichwohl ebenfalls von „egalitärer Gesellschaft“ (78-105).

46 Dass diese Gesellschaften herrschaftsfrei sein können, ist paradoxerweise auch bei Fried (1967: 133) zu lernen: „In Ranggesellschaften mögen Führungspersonen füh-

ökonomischen Ressourcen hier im Prinzip immer noch egalitär. Erst wenn bestimmte Teile der Gesellschaft a priori von Statuspositionen ausgeschlossen sind, oder allgemeiner: Erst wenn der Zugang zu gesellschaftlich relevanten Ressourcen *institutionell* auf Ungleichheit gestellt ist (deutlich z.B. bei Frieds „stratifizierter Gesellschaft"), ist die Grenze zwischen dem Idealtyp der anarchistischen Gesellschaft und dem des Staats überschritten. „Ranggesellschaften" können als anarchistische in dem Sinne auch egalitäre sein, als die Ressourcen der (ökonomischen, politischen, ideologischen) Macht auch bei funktionaler Differenzierung insgesamt nicht dauerhaft ungleich verteilt sind; es handelt sich dann um *komplexe* und *dynamische Egalität.*

7. Schluss

Diese definitorischen Vorschläge sind keineswegs „neutrale"; sie ergreifen Partei in der Auseinandersetzung um die Möglichkeit herrschaftsfreien Zusammenlebens. Sie stellen den Versuch dar, ein begriffliches Instrumentarium zur Verfügung zu stellen, das trennscharf genug ist, um diese Auseinandersetzung nicht definitorisch vorzuentscheiden. Man muss die Möglichkeit nämlich begriffsstrategisch zulassen, um sie empirisch überhaupt prüfen zu können. Gerade deshalb werden die Vorschläge von den „Theoretikern der Anarchieverdrängung" verworfen werden, die in diesem Feld doch weitgehend nach der Devise verfahren, dass nicht sein könne, was nicht sein dürfe – zumal zu Zeiten des Darniederliegens aller Utopien. Aber gerade in einer Zeit, in der kaum ein Sozialwissenschaftler widerspricht, wenn jedwede Emanzipations-Option einem *mysterium tremendum et fascinosum* namens „Globalisierung" zum Fraß vorgeworfen wird, wird die Kunst, das Unmögliche zu denken und seine Möglichkeit anhand global verstreuten empirischen Materials zu demonstrieren, zur ersten Pflicht kritischer Wissenschaft.

---

ren können, aber die Gefolgschaft besitzt vielleicht die Möglichkeit, nicht zu folgen."

Rüdiger Haude

Anarchie und Chaos

Fraktale Gesellschaften

1. Soziologie und Fraktale[47]

„Fraktale" und „Chaos" erfreuen sich beim Publikum bleibender Beliebtheit. Der Triumph über die glatte Regelmäßigkeit der traditionellen, „euklidischen" Geometrie scheint einem Bedürfnis unserer Zeit zu entsprechen. So wird das Fraktale auch zur Belegvokabel für die kulturtheoretische Verteidigung der Postmoderne.[48] Da ist es doch schon fast ein Wunder, dass die Soziologie - ansonsten zwar träge, aber doch mit einem gewissen Gespür für Moden aus-

47 Für Anregungen und Kritik danke ich Beate Haude, Hans-Joachim Haude, Günther Naegeler, Alfred Schobert, Werner Scholtes und Christian Sigrist. Für die Mängel dieses Aufsatzes bin ich selbstverständlich alleine verantwortlich.

48 Postmoderne Kulturtheorie hat versucht, die Auflösung des Linearen durch die fraktale Geometrie als Beleg für die „Verabschiedung des Ganzen" ins Feld zu führen. Wolfgang Welsch schreibt in seiner postmodernen Apologetik (1988: 188) mit Bezugnahme unter anderem auf Mandelbrot: „Die Wirklichkeit ist nicht homogen, sondern heterogen, nicht harmonisch, sondern dramatisch, nicht einheitlich, sondern divers strukturiert. Sie hat - denn auch so kann man das ausdrücken - ein geradezu postmodernes Design." Eine ähnliche Verabschiedung „totalisierender Wesenheiten" findet sich jetzt auch bei Young (1992: 443). Nun wird nicht abzustreiten sein, dass die neueren naturwissenschaftlichen Paradigmata einerseits, und Theorien der Postmoderne andererseits in demselben kulturgeschichtlichen Horizont zu verstehen sind. Dennoch bleibt abzuwarten, ob sich nicht das fraktale Verständnis von der Natur wiederum zu einem *hegemonialen* entwickelt, womit die Wirklichkeit wieder homogen, wenn auch nicht „glatt", würde. So heißt es bei Mandelbrot (1991: 15) apodiktisch: „Die Geometrie der Natur hat ein fraktales Gesicht". Und Michael Barnsley (1988) nennt sein Buch schlicht *Fractals Everywhere*, ohne freilich den Beweis dafür anzutreten.

gestattet - noch immer abseits steht. Selbst im US-amerikanischen Diskurs wird, soweit ich sehe[49], von wenigen Ausnahmen abgesehen, fraktale Theorie primär nur dort angewendet, wo menschliches Handeln topographische Muster hervorruft: etwa hinsichtlich der Expansionsdynamik von Städten, Transportsystemen oder des HIV-Virus, sodann auch mit Blick auf eine „fraktale Persönlichkeitsstruktur“[50]; keineswegs jedoch wird im Hinblick auf fraktale Aspekte von *Sozialstruktur* geforscht. Dies mag daran liegen, dass man als Disziplin damit großgeworden ist, das Chaotische an den vorgefundenen Gesellschaften theoretisch bezwingen zu wollen, nicht aber sich ihm zu stellen. Das aussichtslose Bestreben, eine „exakte“ Wissenschaft nach dem Muster der klassischen Naturwissenschaften zu sein, dauert fort, lange nachdem etwa die Physik aufgehört hat, „exakt“ zu sein. Traumatisierend wirkt noch nach, dass man als Sozialwissenschaft den Zusammenbruch des bürokratischen „Sozialismus“ nicht vorausgesagt hat – als ob die Meteorologie das Wetter der nächsten Woche vorhersagen könnte.

Gängige Soziologie denkt bei Gesellschaft eher an eine „Pyramide der Unterdrückung“ oder versucht sie als empirische Sozialforschung in skandalös simplifizierende eindimensionale Skalen zu pressen. Freilich ist es so, dass die real existierenden, hierarchischen Staatsgesellschaften viele „euklidische“ Aspekte aufweisen. Wahr ist ferner, dass auch chaotische Systeme über weite Strecken ein nicht-chaotisches Verhalten aufweisen können (Gregersen/Sailer 1993: 794). Sie erschöpfen sich gleichwohl nicht darin. Glücklicherweise muss auch ein Soziologe heute keine Angst mehr vorm - durch Mandelbrot und Konsorten nachhaltig ästhetisierten - Chaos haben. Und erst recht nicht geht es darum, mit der Einsicht in Komplexität und Indeterminismus nun gleich ein „Ende der Vernunft“ zu bejubeln (wie Wehowsky 1995: 19f) oder zu

49 Ich sehe vor allem durch die Brille einer Online-Recherche in den Datenbanken WorldCat, Article1st, SocioAbs und SocSciInd, durchgeführt im Sommer 1996.

50 Einige darüber hinausgehende Arbeiten werden im Laufe dieses Textes erwähnt. - Vgl. auch Jean Baudrillards (1992: 11, 67 u.ö.) Aufnahme des „Fraktalen“ in seine Simulationsmetaphorik: Dort ist es eine Metapher der *Auflösung*, der Dekonstruktion. Hier soll demgegenüber nach fraktaler *Konstruktivität* (und zwar keineswegs im Kontext postmoderner Gegenwartsdiagnostik) gefragt werden.

beklagen. Es geht nach wie vor darum, bessere Theorien und Modelle zur Erklärung sozialer Wirklichkeit zu erarbeiten.

Eine Applikation des Fraktalen auf die Sozialwissenschaften bietet sich auch deshalb an, weil es anscheinend ein Verhängnis sozialwissenschaftlicher Begriffsbildung ist, ihr Reservoir an Metaphern und Analogien aus dem Bereich der Naturwissenschaften und der Welt der Technik zu entlehnen - von den organizistischen Modellen der Physiokraten und der Gründung der Soziologie als „soziale Physik“ durch Auguste Comte bis hin zur aufgeklärten Rede von gesellschaftlichen „Mechanismen“. Man analysiert „Dimensionen“ von Problemen auf verschiedenen „Ebenen“ unter mannigfaltigen „Blickwinkeln“ und verfehlt so oft nur knapp die Quadratur des Kreises. (Der Schritt von der Analogie zur Identifikation darf, wie vor allem die Systemtheorie Luhmanns zeigt, die ja Bestandteil einer allgemeinen Systemtheorie sein will, ebenfalls auf Aufmerksamkeit rechnen.) Wenn nun Naturwissenschaften - bzw. in diesem Falle die Mathematik - sich Phänomenen zuwenden, die aufgrund ihrer Komplexität und Unberechenbarkeit schon prima facie Ähnlichkeit mit sozialen Erscheinungen aufweisen, lohnt sich daher die Überprüfung der bestehenden Fach-Metaphorik, um so gegebenenfalls zu präziseren und weniger missverständlichen Aussagen zu gelangen. Jedenfalls erscheint dieser Versuch, wie jetzt auch der Bericht der Gulbenkian-Kommission (Wallerstein u.a. 1996: 84) überzeugend argumentiert, vielversprechender als die zur Zeit unter Sozialwissenschaftlern ja auch grassierende Mode, biologistisch von einem genetischen Determinismus menschlichen Handelns auszugehen und damit Phänomene der Komplexität und der Selbstorganisation theoretisch zu eskamotieren.

Fraktale Gebilde lassen sich konstruieren, indem ein einfaches geometrisches Ausgangsobjekt einer Transformation unterzogen wird, die anschließend wiederum auf das Resultat angewendet wird usw. Dieser Vorgang wird zumeist *Iteration* genannt.[51] So basiert das Sierpinski-

51 Streng genommen handelt es sich nicht um Iteration, sondern um Rekursion. Mathematischen Iterationsprozessen fehlt gerade die Dimension des „Gedächtnisses“, die für den hier zu entwickelnden Gedankengang wichtig ist (und deren Anknüpfungsmöglichkeiten für eine Theorie des „kulturellen Gedächtnisses“ andernorts zu diskutieren wären). Der einfachen Verständlichkeit halber bleibt es in diesem Text beim allgemein gebräuchlichen Terminus der Iteration (Hinweis von Werner Scholtes).

Dreieck (Abb. 1) auf einem gleichseitigen Dreieck. Dieses wird im ersten Schritt in vier gleichseitige Dreiecke unterteilt, wovon das mittlere „herausgenommen“ wird. Die verbliebenen drei Dreiecke werden im zweiten Schritt nach derselben Anweisung behandelt, die daraus resultierenden neun Dreiecke im dritten Schritt ebenso usw. Es resultiert

Abb.1: Sierpinski-Dreieck.

nach unendlich vielen Iterationen ein Gebilde, bei dem ein Teildreieck beliebiger Größenordnung wieder exakt (freilich in verkleinerter Form) der Gesamtfigur entspricht. Man bezeichnet diese Eigenschaft als *Skaleninvarianz*; die fraktalen Gebilde, die diese Eigenschaft aufweisen, sind *selbstähnlich*. Mit derartigen iterativen Konstruktionsvorschriften lassen sich verschiedenste Gegenstände der Natur – wie Wolken, Gebirge, physiologische Gefäßsysteme oder das in Abb. 2 gezeigte Farnblatt – am Computer simulieren. Die faszinierendsten Gebilde sind dabei jene, die - wie Mandelbrots berühmtes „Apfelmännchen“ - bei

Abb.2: Computergeneriertes fraktales Farnblatt.

Änderung des Maßstabs nicht einfach Identisches hervorbringen, sondern Ähnliches in einer erstaunlich reichen ästhetischen Vielfalt. Den mathematischen Grundlagen dieser Fraktale muss hier nicht weiter nachgegangen werden.

Einen theoretischen Vorläufer fraktaler Theorie können die Sozialwissenschaften immerhin aufweisen, worauf Benoît B. Mandelbrot in seinem als „Klassiker" geltenden Werk *Die fraktale Geometrie der Natur* (Mandelbrot 1991: 359 u. 363) hinweist. Dabei handelt es sich um Vilfredo Paretos Beobachtung von skaleninvarianten Hierarchien (gemessen an Einkommensunterschieden). Eine solche Hierarchie liegt vor, wenn jedes Individuum (außer jenen auf der untersten Stufe) über gleichviel „Untergebene" verfügt, was sich in einem fraktalen Baumdiagramm darstellen lässt, und das Verhältnis zwischen den individuellen Einkommen (oder Einfluss) zwischen zwei benachbarten Ebenen gleich ist. Die Organigramme moderner Bürokratien kommen diesem Modell in der Tat nahe, wobei die Verteilungskriterien hier (zugeteilte) Kompetenzen und Verantwortlichkeiten sind. Es ist übrigens nicht Bestandteil der hier vorgeschlagenen Analogie, wenn der „Output" solcher Bürokratien häufig als „chaotisch" perzipiert wird. Denn die Grundidee der dort gängigen Arbeitsbewältigung ist der „Dienstweg" im Sinne eines „Instanzenzuges", wodurch die fraktale Geometrie linearen, gewissermaßen euklidischen Zwecken nutzbar gemacht wird. Hier besteht wenig Bedarf für soziologische Neologismen. Das gilt ebenso für die politisch-ökonomische Struktur feudaler Gesellschaften, obwohl hier der Vorgang der Iteration in reiner Form vorliegt, nämlich im Mechanismus der „Subinfeudation", bei dem Lehen eines Zentralherren, von diesem faktisch unabhängig geworden, teilweise (und aus denselben strukturellen Gründen wie bei der ursprünglichen Belehnung) wiederum an Vasallen verlehnt werden usw., bis die bekannte adelige Hierarchie von Königen, Grafen, Herzögen, Baronen usw. vorliegt, die in fortwährenden Kämpfen nach oben jeweils Unabhängigkeit, nach unten unangefochtene Herrschaft anstreben. Feudale Gesellschaften sind dadurch fraktale Gesellschaften par excellence; und doch soll die Anwendung des Begriffs auf sie hier nicht angeregt werden, weil es Kandidaten gibt, die ebenso geeignet sind und eine begriffliche Klärung dringender erheischen.

Überhaupt soll es an dieser Stelle nicht darum gehen, die immensen Gegenstandsbereiche der Soziologie nach „fraktalen" Phänomenen durchzumustern und etwa eine fraktale Struktur von Kommunikationsnetzen oder der Verteilung von Siedlungen nachzuweisen. Nicht soll die Einsicht der Marxschen Ideologiekritik vom Wiedereintritt der kulturwissenschaftlichen Beschreibung in das von ihr Beschriebene als „fraktale Hermeneutik" reformuliert werden. Und auch auf die symbolische Verwendung fraktaler Geometrie *avant la lettre* kann hier daher nur kurz hingewiesen werden. Abb. 3 zeigt ein Beispiel dafür: den hinduistischen Turmtempel von Khajuraho aus dem 9. Jahrhundert. Leonardo Benevolo, dessen Buch (1990: 88) die Abbildung entnommen ist, schreibt: „Der Turm besteht aus ineinander übergehenden Fialen (Sikkara) und soll auf plastische Weise in einem einheitlichen plastischen Modell die unendliche Komplexität des Universums versinnbildlichen." Darüber würde sich Mandelbrot freuen. Der indische Kosmos weist übrigens eine eigentümliche Zeitstruktur auf, die auf Selbstähnlichkeit basiert: „Die Hindus sahen das Universum durch Zyklen (*kalpas*) hindurchlaufen, deren jeder in vierzehn sekundäre Zyklen (*mansantras*) von 306720000 Jahren unterteilt war. Jeder sekundäre Zyklus umfasste siebzig *mahayugas* (Äonen) und jeder *mahayuga* vier *yugas*. Am Ende jedes *mahayuga* kam es zu einem Chaos [!], wobei die Erde durch eine Flut oder durch Feuer zerstört wurde" (Gough 1986: 132).

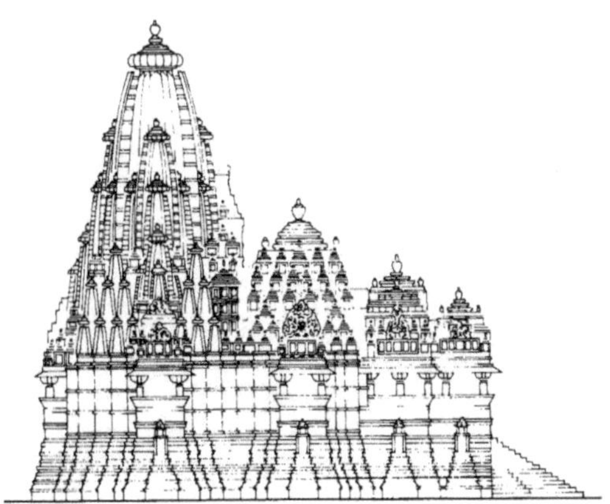

Abb. 3: Turmtempel von Khajuraho (Benevolo 1990: 88).

Zyklische Zeitvorstellungen, die sich (wenngleich auch weniger kosmologisch ausgefeilt) typischerweise auch bei „primitiven" Gesellschaften finden, sind prinzipiell noch in einem weiteren Sinne fraktal, nämlich hinsichtlich ihrer Dimension. Wenn die unserer Zivilisation eignende *lineare* Zeitvorstellung mathematisch korrekt als eindimensional gekennzeichnet ist, so ist die aus unterschiedlichen Zeitzyklen (Tag, Mondmonat, Jahr, Menschenleben) aufgebaute zyklische Zeitvorstellung der „Primitiven" weder dies, noch kann sie schlicht als zwei- oder dreidimensional betrachtet werden. Vielmehr weist sie eine „gebrochene", eben fraktale Dimension auf, die – anders als im Falle der indischen Zivilisation – für die Lebenswelt der Individuen unmittelbar relevant ist.[52]

Nun ist, wie Emile Durkheim und Marcel Mauss (1987, 256) gezeigt haben, die Strukturierung der Zeit in segmentären Gesellschaften ebenso wie die des Raumes *soziomorph*, d.h. nach dem Muster der Gesellschaftsstruktur klassifiziert. So sind wir hier, bei den „primitiven" Gesellschaften, in jenem sozialwissenschaftlichen Feld angelangt, wo (fraktales) *Chaos*[53] und (politische) *Anarchie* zusammentreffen, und

52 Dass nicht-euklidische Gegenstände eine „gebrochene" Dimension haben, dass ihre Dimension von der „Auflösung" (also dem Maßstab) abhängt, hat Mandelbrot (1991: 29f) am Beispiel eines Wollknäuels verdeutlicht. Aus einer Entfernung von 50 Metern erscheint es als Punkt (Dimension 0), aus einem Abstand von zwei Metern als Kugel (Dimension 3), aus 20 cm Abstand erkennt man ein Wirrwarr von Fäden (Dimension 1), die bei noch größerer Nähe wieder zu dreidimensionalen Gebilden (Säulen) werden usw. Die fraktale Dimension zeigt an, „wie dicht das Fraktal den metrischen Raum ausfüllt, in dem es liegt" (Barnsley 1988: 172). - Wenig überzeugend erscheint der Versuch, das Konzept der fraktalen Dimension *mit mathematischer Strenge* auf soziale Phänomene zu übertragen. So unternimmt Simeon Hein unter dem vielversprechenden Titel „From Weber to Mandelbrot" eine Analyse der Zeitstruktur von Zeitungsartikeln und stellt fest, deren „Dimension", gemessen in „Ereignissen pro Zeitrahmen" sei innerhalb von 50 Jahren von 0,336 auf 0,275 gesunken. Sein Ergebnis: „Eine vorrangige Beschäftigung mit dem Unmittelbaren hat die gründliche Analyse langfristig ablaufender Ereignisse und die Diskussion ihrer umfassenden historischen Bedeutung ersetzt" (209), hätte Hein aber wahrscheinlich auch ohne Zuhilfenahme fraktaler Mathematik gewinnen können.

53 In diesem Aufsatz wird auf die alltagssprachliche Assoziation von „Chaos" und „Fraktalen" angespielt. Genaugenommen ist der Begriff des Chaos der Theorie der Fraktale ursprünglich nicht inhärent gewesen, sondern vermittels der Theorie „seltsamer Attraktoren" in sie eingedrungen, welche Mandelbrot (1991: 206-211) als Fraktale erkennt. Dem ist hier nicht weiter nachzugehen, wo es nicht um mathematische Details, sondern um Begriffsstrategie geht.

wo zugleich dringend terminologischer Handlungsbedarf besteht. Hier - genauer: bei den „segmentären" Lineage-Gesellschaften - finden wir solche soziale Ordnungen, in denen die Prinzipien der Iteration und der Skaleninvarianz *an die Stelle* von Hierarchien treten.[54] Das heißt nicht, dass die fraktale Struktur dieser Gesellschaften nicht in einem formalen Sinne „hierarchisch" genannt werden könnte; dies trifft vielmehr auf Fraktale insgesamt zu. Problematisch wird dieser Terminus jedoch im Gegenstandsbereich der Sozialwissenschaften, weil er hier allzu leicht mit *politischer* bzw. *sozialer* Hierarchie verwechselt wird (wie z.B. bei Renfrew 1979: 24 und 32). Eine Koppelung formaler und sozialer Hierarchie *kann* es geben, wie das Beispiel der Feudalisierung zeigt; sie ist aber nicht notwendig, wie im Folgenden begründet werden soll. Mit dem Begriff der Hierarchie ist dabei wegen der Konfusionsgefahr sehr zurückhaltend umzugehen.

2. Begriffsvorschlag: Fraktale Gesellschaften

Der Terminus der *segmentären Gesellschaft*, der sich in der Ethnologie für solche Gesellschaften eingebürgert hat, die sich nicht über eine Zentralinstanz, sondern durch Genealogien integrieren, kommt seinerseits aus der Biologie. „Wir nennen diese Gesellschaften segmentäre",

---

54 Hierhin gehören ferner die rätedemokratischen, subsidiären Utopien der Anarchisten (vgl. Buber 1986, 70, 272 u.ö.). Wenn diese in denunziatorischer Absicht häufig mit dem Begriff des „Chaotischen" belegt wurden, so zeigt sich darin heute allerdings eine ironische Wahrheit. (Umgekehrt hat Claude Lévi-Strauss (1972: 34) den staatlichen Gesellschaften attestiert, sie seien soziale und psychologische „Entropie" erzeugende Maschinen. Man sieht: das Feld naturwissenschaftlicher Metaphorik in den Sozialwissenschaften ist ein Schlachtfeld.) - Die weitgehende Ähnlichkeit zwischen anarchistischen Konzepten einerseits und den Strukturprinzipien segmentärer Gesellschaften andererseits ist im Übrigen bereits früher bemerkt worden (vgl. Barclay 1990: 17). Ähnliche Parallelen lassen sich auch in US-amerikanischen demokratietheoretischen Überlegungen von John Dewey bis John Rawls und Michael Walzer finden (vgl. Kallscheuer 1993: 143f). Dass es sich nicht allein um Produkte der Spekulation handelt, sondern selbstähnliche Rätestrukturen ein typisches Moment spontaner sozialer Selbstorganisation in Revolutionen darstellen, hat Hannah Arendt (1994, 319-362) hervorgehoben. Über das entfaltete Rätesystem schreibt sie: „Während aber in autoritären Regierungen [...] die autoritätgebende Macht von oben nach unten ‚fließt', würde in diesem Fall die Autorität weder oben noch unten ihre Quelle haben, sondern auf jeder Stufe der Pyramide gleichsam neu entstehen" (358).

schreibt Emile Durkheim (1992: 230), der den Terminus vor hundert Jahren einführte, „um aufzuzeigen, dass sie aus der Wiederholung von untereinander ähnlichen Aggregaten gebildet sind, analog den Ringen eines Ringelwurms.“ Man könnte auch – wie einige betreffende Gesellschaften selber (vgl. Bohannan 1954: 3) – an das in Segmenten geordnete Fruchtfleisch einer Zitronenscheibe denken und hätte damit das Bild einer prinzipiellen Symmetrie der Segmente gewonnen. Somit ist in der Metapher zwar enthalten, dass die Untereinheiten einer solchen Gesellschaft je einander ähnlich und prinzipiell gleichwertig sind und dass sie als solche das gesellschaftliche Ganze konstituieren, ohne dass hierfür (im Unterschied zu „organizistischer“ Metaphorik) eine Zentrale vonnöten wäre. Jedoch geht in dem Bild die entscheidende Einsicht verloren, dass die Teile nicht nur einander, sondern auch dem Ganzen ähneln. Die Lineage, schreibt Meyer Fortes (1973: 274), ist „immer segmentiert und zu einem gegebenen Zeitpunkt dem Prozeß einer weiteren Segmentierung unterworfen. Bei einigen Völkern [...] ist die interne Segmentierung einer Lineage ganz streng, und der Vorgang der weiteren Segmentierung hat eine beinahe mechanische Genauigkeit.“ Ähnlich hatte bereits Durkheim (1992: 233, 267) den komplexeren, nicht-linearen Typus „segmentärer“ Clan-Gesellschaften als eine „Serie von aufeinanderfolgenden Verschachtelungen“ beschrieben, wo etwa die Familie „Ergebnis einer sekundären Segmentierung des Clans, identisch mit der Segmentierung, die zum Clan selbst führte“, sei. Fortes jedoch verknüpft dieses Prinzip mit der Beobachtung politischer Gleichheit in diesem Gesellschaftstyp: „Alle gesellschaftlichen Einheiten sind im Großen und Ganzen politisch gleichwertig; alle sind Segmente derselben strukturellen Ordnung. Dieses Assoziationsprinzip zwischen definierten sozialen Einheiten [...] bedeutet, dass kleine Einheiten einer bestimmten Form wie Zellen zu größeren Einheiten analoger oder identischer Form zusammengeführt werden, und so weiter bis an die Grenzen des Systems. Diese Regel gilt, ob die Anordnungen nun zeitlich befristet sind, für besondere Zwecke gebildet, oder ob sie permanent bestehende Gruppierungen bilden“ (zitiert nach Sigrist 1994: 27f). Wenn Christian Sigrist dieses „akephale“ politische Strukturprinzip segmentärer Gesellschaften als den Typus *Regulierte Anarchie* gefasst hat, so sprachen dafür gute empirische Gründe: Dem Prinzip politischer Egalität entsprechen in derartigen Gesellschaften spezifische institutionelle Mechanismen, die die Entstehung ökonomischer Ungleichheit in engen Grenzen halten, die in den Individuen ein starkes Gleichheitsbewusstsein und eine Abneigung gegen Herrschaftsaspirationen hervorrufen usw. (vgl. Sigrist 1994: 158–200).[55] Die genealogische Struktur liefert den Rahmen für ein herrschaftsfreies Funktionieren der vorherrschenden Reziprozitätsnormen. Die politisch-ökonomische Gleichheit von Lineage-Segmenten gleicher Stufe spiegelt *Normen* des Erbrechts und mithin die mit diesen Normen verbundenen ideologischen (religiösen) Dispositionen der Gesellschaftsmitglieder (vgl. Sigrist 1994: 160). Der Wunsch, der eigenen Linie möglichst ewigen Bestand zu sichern, führt zu einem egalitären Erbrecht der Söhne; dadurch werden ökonomische Besitzungleichheiten spätestens im Generationenwechsel nivelliert, zumal gerade reichere Erblasser vermöge der Polygynie tendenziell mehr Söhne hinterlassen als andere (Sigrist 1994: 184f).

Hinsichtlich der Rechtssphäre hat Jack Goody (1990: 252f) darauf hingewiesen, dass erst durch die schriftliche Fixierung von Rechten eindeutige (in fraktaler Terminologie könnte man sagen: „eindimensionale") Besitztitel (auf Land) geschaffen werden, wo zuvor „segmentäre Verteilung von Rechten" bzw. eine „Hierarchie von Rechten" (Maine) verschiedener genealogischer Einheiten am gleichen Boden vorlag. Es geht hier um den Aspekt einer *fraktalen Dimension von Eigentumsrechten*, die wiederum Formen der selbstregulierenden Homöostase ermöglicht – im Unterschied zu den akkumulativen Tendenzen von Privateigentum.[56]

55 Es ist zu betonen, dass die segmentären Gesellschaften im Sinne Sigrists nur *einen* Typus „primitiver" anarchistischer Gesellschaften darstellen. Andere Typen liegen z.B. in kognatischen Wildbeuter-Horden oder in dem von Pierre Clastres (1976) beschriebenen indianischen Häuptlingstum vor (vgl. zur Typologie herrschaftsfreier Gesellschaften: Haude/Wagner 1996). Inwiefern in diesen anderen Typen ihrerseits fraktale Prinzipien ordnungsgenerierend wirken (auch außerhalb des Verwandtschaftssystems), wäre eine interessante Frage, der hier jedoch nicht nachgegangen werden kann.

56 Auch das „Strafrecht" wird von der fraktalen Struktur segmentärer Gesellschaften affiziert. Die Reaktion auf Delinquenz variiert abhängig von der genealogischen Distanz zwischen Täter und Opfer. Die Strafmaßnahmen sind umso heftiger, je größer diese Distanz ist (vgl. Goody 1990: 41).

Freilich ist eine solche Ordnung alles andere als konfliktimmun. Im Konfliktfalle führt nun aber das Prinzip der „Segmentären Opposition“ dazu, dass sich in Rechtsstreitigkeiten immer annähernd gleichstarke Einheiten gegenüberstehen, und zwar vermittels des „Massierungseffekts“ (Sahlins 1961: 332): „Jeder Gegensatz zwischen Gruppen (oder Mitgliedern davon) erweitert sich automatisch zu einem Gegensatz zwischen den größten gleichwertigen Abstammungsgruppen [lineages], denen die Teilnehmer *jeweils* angehören.“[57] Das genealogische System bietet also Mechanismen der „Selbststeuerung“ im Sinne eines auf Reziprozität gründenden „Sippenethos“ „herrschaftsloser Gruppen“, wie dies Arnold Gehlen (1986c: 49, 87 ff) formulierte - und gleichzeitig eine Möglichkeit der *symbolischen Darstellung* von Egalität und von Solidarität. Beide Aspekte stützen und verstärken einander. Das iterative Prinzip dieses Symbolsystems sorgt zugleich für jene flexible Subsidiarität (d.i. „föderale“ Struktur), die für die Stabilisierung von Herrschaftsfreiheit mindestens förderlich ist.

Laura Bohannan, die die genealogische Charta der Tiv (Abb. 5) mitgeteilt hat, definiert das Lineage-System so (1952: 301): „ein System segmentierter Gruppen, in dem jedes Segment (ausgenommen das maximale) in ein Segment höherer Ordnung, aber gleicher Art, mit eingeschlossen ist, und jedes Segment (ausgenommen das minimale) Segmente einer niedrigeren Ordnung, aber derselben Art, mit einschließt.“ Bei den Tiv, die etwa 800000 Personen umfassten, war das System so weit getrieben, dass sich *alle* genealogisch von *einem* Stammvater (dessen Name der Name des Volks wurde) herleiteten. Hierin sind sie, wie Abraham Malamat (1973) bemerkte, den genealogischen Listen des Alten Testaments weitgehend analog. Auch für die israelitische Gesellschaft galt, schreibt Malamat (1973: 127) das Prinzip der Iteration: „Von jedem Knotenpunkt stammen mehrere Nachfahren ab, die wiederum als Gründerahnen von Ethnien, Stämmen, Clans usw. fungieren können.“ Aufgrund dieses Strukturmerkmals konnte das vorstaatliche („richter-

57 So dass z.B. Konflikte zwischen den in Abb. 4 dargestellten Einheiten c und d allein unter diesen ausgetragen werden, solche zwischen c und e jedoch unter den Großaggregaten A und B (samt allen ihren Untereinheiten). - Sahlins treibt den *Automatismus* des „massing effect“ freilich zu weit; vielmehr ist davon auszugehen, dass eine dahingehende *Tendenz* umso mehr aktualisiert wird, je *länger* ein Konflikt schwelt, je deutlicher also schiedsrichterliche Beilegungsbemühungen versagt haben (vgl. Sigrist 1994: 124).

zeitliche") Israel später, zuerst von Frank Crüsemann (1978), dem Typus der „Regulierten Anarchie" zugeordnet werden (vgl. auch Kap. 7).

John Middleton und David Tait (1967: 11) haben den später von Sigrist aufgegriffenen Gedanken elaboriert, dass die variable genealogische Tiefe der Solidarität ein funktionales Äquivalent zur herrschaftlichen Integration einer Zentralinstanz darstelle: „Ein Segment, das als autonomes Element in einer Situation signifikant ist, wird mit anderen Elementen in anderen Situationen vereinigt, und so entsteht eine Verflechtung von Gruppen und Statusformen, die mit unterschiedlichen Aktivitäten und davon abgeleiteten Rechten und Pflichten assoziiert werden. Dies führt zu einem hochgradigen Zusammenhalt von Elementen in einem einzigen System, in dem es keine einheitliche politische Autorität gibt, die ein Gefühl gemeinschaftlicher Solidarität vermitteln könnte." Wir verdanken Middleton und Tait (1967: 7) auch Hinweise auf eine „Iterationsformel"[58] für den „Prozeß kontinuierlicher Segmentation", nämlich auf das (freilich im Sinne euklidischer Mathematik als kontinuierliches angenommene) Bevölkerungswachstum: „Die konstituierenden Einheiten sind alle von der gleichen Ordnung und teilen sich (bzw. verschmelzen, der komplementäre Prozess) als Reaktion auf unterschiedliche Faktoren. Einer davon ist die Zunahme der Anzahl in einem Segment, so dass es sich in zwei oder mehrere neue Segmente aufteilt, von denen jedes eine Bevölkerungsanzahl besitzt, die der optimalen Bevölkerung in einem gegebenen System wieder näher kommt." Das Prinzip der Selbstähnlichkeit impliziert dabei, dass ein – z.B. infolge von Bevölkerungswachstum – „abgebrochenes" Segment wiederum als Ganzes funktionieren kann.[59] Es

58 Den „iterativen Algorithmus" genealogischer Systeme in irgendeiner Weise exakt bestimmen zu wollen, scheitert nicht nur an der unvorhersehbaren Intervention außer-genealogischer und sogar außer-sozialer (z.B. ökologischer) Faktoren, sondern auch an der Variantenvielfalt der genealogischen Systeme selbst, bei deren präziser Analyse auch die jeweiligen Heiratsregeln mit ihren Implikationen für die Verwandtschaftsstruktur berücksichtigt werden müssten. Lévi-Strauss (1993) verwendet bekanntlich 700 Seiten darauf, um nur die elementaren Formen darstellen zu können.

59 „Abbrechen" im Sinne vollständiger (auch symbolischer) Autarkie ist dabei nur der Extremfall von Segmentationen. Häufiger handelt es sich um eine neue Verzweigung, die mit Neudefinition der genealogischen Tiefe der betroffenen Einheiten - einer Neujustierung der fiktiven Verwandtschaftsstruktur der „Ahnen" - verbunden ist.

kann dies vor allem aufgrund des auf allen Stufen identischen, aber variablen Prinzips genealogischer Integration, und darüber hinaus aufgrund der Eigenschaft, Arbeitsteilung im Großen und Ganzen nur auf der untersten Ebene zuzulassen, so dass jede Einheit, egal auf welcher Integrationsstufe, ökonomisch und rituell autark ist. Die wichtigen institutionellen Ebenendifferenzierungen, wie z.B. die Exogamiegrenze oder die Grenze der Fehdeeinheit, werden aufgrund der neuen faktischen Lage angepasst. Genau diese Eigenschaft fehlt einzelnen Zitronenspalten ebenso wie einzelnen Ringeln eines Ringelwurms. Und sie fehlt staatlich verfassten Gesellschaften, was Ronald R. Cohen (1978) dazu veranlasste, die Verhinderung von Abspaltungen (Fission) zum Schlüsselkriterium für Staatlichkeit zu machen[60], wobei Fission der letzte Schritt im Segmentations-Prozess ist (Sigrist 1994: 34f).

In den genealogischen Fiktionen entsteht das gesellschaftliche Ganze durch fortwährende Iteration von Filiationen. Nehmen wir den häufigeren patriarchalischen Fall: Ein Vater hat mehrere Söhne; diese zeugen ihrerseits Söhne, nehmen den Status von Vätern ein, wodurch der ursprüngliche Vater zum Großvater wird. Seine Position wird in der weiteren Abfolge der Generationen zum Gründer-Ahn einer Lineage, eines Clans, eines Stammes, eines Stämmebundes; seine Söhne zu Gründer-Ahnen des jeweils eine Ebene tiefer liegenden Segments. Daraus resultiert die folgende Struktur (Abb. 4).

Das fertige Bild ist nicht so symmetrisch wie im Schema, weil Bevölkerungswachstum eben nicht der einzige Faktor sozialen Wandels in diesem Gesellschaftstypus ist, sondern verschiedene Faktoren intervenieren: ungleiche Nachkommenzahl, Todesfälle, Abwanderung (in der genealogischen Erzählung); anhaltende Entzweiung verschwisterter Einheiten, Verbündung anderer, Adoption Einzelner oder ganzer Gruppen, „genealogiewidrige“ Wanderungen (im sozialen Prozess),

---

60 Mit einem Zitat von J.A. Barnes spricht Cohen (1978: 35) in diesem Kontext von einem „Schneeball-Effekt“, „durch den sich das Gemeinwesen bis zu einem kritischen Umfang vergrößert, sich dann [...] in kleinere Elemente aufteilt, die ihrerseits wiederum wachsen, bis sie die ihnen eigenen Schwellen für eine Aufteilung erreichen.“ Das ist derselbe Gedanke wie bei Middleton und Tait, hier jedoch ohne die Einsicht in die Fähigkeit der genealogischen Integration der „abgebrochenen“ Einheiten; so dass am Ende statt eines „Schneeballs“ doch nur eine Wolke atomisierter gesellschaftlicher „Schneeflocken“ vorliegt.

die jedesmal zu genealogischen Reformulierungen führen[61], kurz: die Iteration segmentärer Dynamik. Typisch ist z.B. die systematische Verkürzung der wahrgenommenen Ahnenreihe, ein Vorgang, den Meyer Fortes als „genealogische Teleskopie" bezeichnet (Sigrist 1994: 64), womit metaphorisch angesprochen ist, dass es sich um Phänomene des Maßstabs bzw. der Skalenwahl handelt.[62] Abb. 5 zeigt die realtypische Struktur einer solchen Genealogie, wobei zu beachten ist, dass es sich erstens um eine Momentaufnahme handelt, die gerade das dynamische

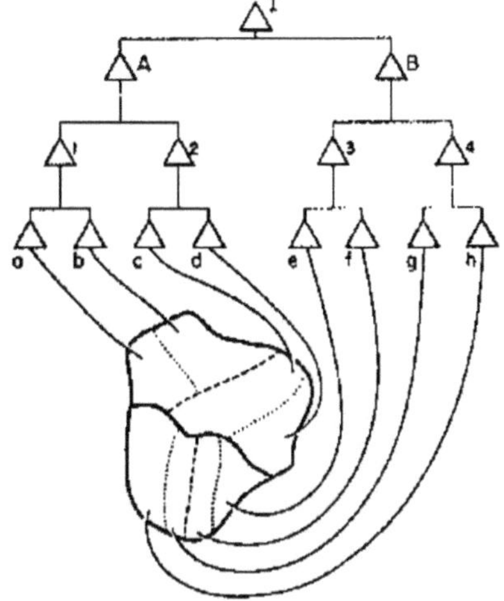

Abb. 4: Schematisierte genealogische Struktur, territorial umgesetzt (Sahlins 1961: 329).

61 Vgl. zur genealogischen Variabilität Laura Bohannan (1952), insbesondere die beeindruckende Schilderung, wonach ein Disput über genealogische Sachverhalte und daraus erwachsende Handlungskonsequenzen mit Rücksicht auf außergenealogische Restriktionen pragmatisch beigelegt wird, was anschließend zu einer Fixierung der umstrittenen Genealogie im Sinne der pragmatischen Lösung führt (306 f).

62 Vgl. hierzu auch Luhmann (1987: 38 f), der bemerkt, wenn der (äußere) Beobachter eines Systems in diesem eine „Hierarchie" voraussetzen könne, wobei „Hierarchie" in jenem formalen Sinne verstanden wird, dass „Teilsysteme wiederum Teilsysteme ausdifferenzieren können und dass auf diese Weise ein transitives Verhältnis des Enthaltenseins im Enthaltensein entsteht", dann könne dieser Beobachter „die Tiefenschärfe seiner Wahrnehmung und Beschreibung danach regeln, wieviel hierarchische Ebenen er erfassen kann". Ein wahrhaft fraktaler Gedanke, der bereits in der allgemeinen Bemerkung vorbereitet wurde, Systemdifferenzierung sei „nichts anderes als die Wiederholung der Differenz von System und Umwelt innerhalb von Systemen"

Moment ausblendet, und dass zweitens nur ein sehr kleiner Ausschnitt des gesamten genealogischen Systems dargestellt wird, weil auf jeder Ebene der Nachkommenschaft diverser Personen nicht weiter gefolgt wird. Die Abbildung zeigt das relevante genealogische Teilsystem im Hinblick auf bestimmte Teile der Bevölkerung und/oder im Hinblick auf bestimmte politische Problemstellungen.

Abb. 5: Genealogische „Charta“ der Tiv (Bohannan 1952: 302).

(22). Leider kann der Luhmann der *Sozialen Systeme* für eine theoretische und terminologische Neubeschreibung „primitiver Gesellschaften“ nicht herangezogen werden, vor allem weil er sie kontraempirisch – und hierin ganz alteuropäisch – nur in Kategorien des Mangels und der Defizienz wahrnimmt. Das gilt auch noch für seine *Gesellschaft der Gesellschaft*, obgleich sie die nun speziell auf segmentäre Differenzierung gemünzte beiläufige Einsicht enthält: „Der Prozeß segmentärer Differenzierung kann auf sein eigenes Resultat angewandt, also rekursiv wiederholt werden“ (1997, 637; vgl. zu Luhmann auch Kap. 1, Abschnitt 7).

3. Die Dynamik fraktaler Gesellschaften

Es handelt sich bei der „segmentären Gesellschaft“ also um eine - im Rahmen der genealogienerzeugenden „Formel“ – eminent *dynamische* Struktur. Dieses Merkmal unterscheidet, wie z.B. Christian Sigrist (1994: 30, 33) argumentiert, die „Vielstufigkeit“ segmentärer Organisation von der „Hierarchie“ selbstähnlicher Gebilde wie des modernen Militärs, das sich in Armeen, Divisionen, Regimenter, Bataillone, Kompanien usw. verschachtelt, dann aber *statisch* bleibt; entscheidend beim segmentären Typus ist, mit den Worten von J. Barnes (zit.n. Sigrist 1994: 33), „dass sich die Segmentierungen kontinuierlich fortsetzen“, d.h. dass die Iterationen des Segmentations-„Algorithmus“ fortdauern. „Aufgrund dieses kontinuierlichen Prozesses der Segmentbildung“, schreibt Barnes in einer anderen Arbeit (zit. n. Sigrist 1994: 45), „wird das System auf allen Ebenen von denselben Prinzipien bestimmt. Eine auf spezifische Weise auf niedriger Ebene gebildete Gruppe wird schließlich zu einer Gruppe auf hoher Ebene, und dadurch wird jederzeit die Beständigkeit der vergangenen Formation in der Gleichartigkeit der gegenwärtigen Organisierung widergespiegelt.“ Woraus Sigrist folgert, dass die (politische) Gleichheit der Segmente von der Konstanz der Segmentation abhänge; ebenso wie von der „Relativität der Solidaritätsgruppen“, also der situationsbezogenen Variabilität der relevanten genealogischen Tiefe – mit den Worten der fraktalen Geometrie: von der infolge von Skaleninvarianz möglichen Wahl des Maßstabs.

4. Skaleninvarianz

Das Entscheidende dieser genealogischen[63] Systeme ist also die Ähnlichkeit der Segmente mit dem Ganzen, der Untersegmente mit den Segmenten usw. (auch die Ähnlichkeit des Ganzen mit einem Verbund mehrerer Ganzer [Stämmebund]). In der Sprache der fraktalen Geo-

63 Der deutsche Terminus für Genealogie - Stamm*baum* - benutzt als Metapher ja ein zentrales botanisches Referenzfraktal. Nun sind empirische Bäume in einem strengen mathematischen Sinne zwar „*nicht* selbstähnlich“ (Mandelbrot 1991: 169), was mit dem Verhältnis der Zweigdurchmesser auf benachbarten Verzweigungsstufen zusammenhängt; doch tangiert das die hier angestellten Gedankengänge, die um Analogiebildung bemüht sind, nicht.

metrie entspricht dem die „Skaleninvarianz“. Das versetzt die Menschen in solchen Gesellschaften in die Lage, die genealogische Tiefe ihrer kollektiven Zugehörigkeit je nach der Situation zu definieren: z.B. hinsichtlich des Konsums als Angehörige ihrer Familie; hinsichtlich der Produktion als Angehörige ihres Familienverbandes („Sippe“); in Fehde-Angelegenheiten als Mitglied ihres Clans; im Kriege als Mitglied ihres Stammes.[64] Sicher wird die Funktionszuschreibung in der Praxis oft sehr viel flexibler gehandhabt werden; jedoch kann Marshall Sahlins (1961) keineswegs darin zugestimmt werden, dass *jegliche* genealogischen Ebenen *ausschließlich* zum Zwecke räuberischer Expansion aktualisiert werden. Es ist keineswegs so, dass das Lineage-System „funktional amorph“ wäre, sondern die einzelnen genealogischen Ebenen besitzen jeweils spezifische Eigenschaften, Rechte und Pflichten. So gibt es immer eine Ebene, unterhalb derer das Verbot endogener Heiraten verbindlich ist; eine weitere Ebene, die die Fehde-Einheiten definiert, usw. Variabel ist das System aufgrund der ihm inhärierenden Selbstähnlichkeit in zweierlei Hinsicht: erstens hinsichtlich der Zuordnung von Teilgruppen der Gesellschaft zu dieser Ebenenstruktur (also z.B. kann ein wachsender Clan zum Stamm werden); zweitens hinsichtlich der Wahrnehmung der relevanten genealogischen Einheit in Abhängigkeit von der gegebenen Situation (z.B. solidarisieren sich zwei einander befehdende Gruppen angesichts eines äußeren Feindes).

Insofern mutet es merkwürdig an, dass unter ethnologisch interessierten Autoren teilweise noch immer erbitterte Auseinandersetzungen darum geführt werden, welches denn nun die „grundlegende Organisationseinheit“ von Lineage-Gesellschaften sei (vgl. z.B. Neu 1992: 239 u.ö.). Die Überbetonung dieser Frage hängt sicher auch damit zusam-

---

64 Die differenziertere Aufstellung von Sigrist (1994: 61), die bemerkenswerterweise mit einem „Inklusionsmodell“ konzentrischer Kreise arbeitet, geht von Einheiten *territorialer* Art aus. Die Verwandtschaftsstruktur kann hiermit kongruent sein, aber auch verschiedene Grade der Abweichung bis hin zur totalen „Divergenz“ aufweisen, wodurch das Bild latenter und aktueller Mitgliedschaften noch wesentlich komplizierter wird. Sicherlich auch reizvoller; aber wir können diesem Gedanken hier ebensowenig folgen wie der Intervention von Strukturprinzipien wie Altersklassen, rituellen Assoziationen, intertribalen Handelsverbindungen usw. (vgl. Fortes/Evans-Pritchard 1940: 23). „Fraktale Gesellschaften“ stellen einen *Idealtyp* im Sinne Max Webers dar.

men, dass man in einer schiefen Analogie aufs „Segment“ gebannt ist. Es wirkt z.B. irritierend, wenn Marshall Sahlins (1961: 325) im gleichen Atemzug, in welchem er die Mehrstufigkeit von Segmentationen konzediert, *ex kathedra* festlegt: „Die Segmente sind die Wohnsitz- und (üblicherweise) Eigentümer-Einheiten des Stammes.“[65] Bei einer mehrstufigen Segmentation muss es aber immer solche „Segmente“ geben, auf welche diese Definition *nicht* zutrifft. Demgegenüber hat Sigrist (1994: 64) zurecht argumentiert, es sei nicht „zweckmäßig, Segmente bestimmter Generationsstufe durch einen besonderen Begriff zu bestimmen. Eine Angabe über die genealogische Tiefe eines Segments sagt noch nichts über dessen numerischen Umfang oder ökonomische Funktionen.“ Nur ist „Segment“ eben seinerseits ein Begriff, der auf Einstufigkeit zielt und daher Verwirrung stiftet.

Damit verbunden ist die weitere Verwirrung, die bei der Suche nach den Grenzen der politischen Einheit entsteht. Bei variabler genealogischer Tiefe lassen sich endgültige Grenzen natürlich weder geographisch noch sozial festlegen. In der Regel sind bestimmte politische Regelungsmaterien an bestimmte genealogische Ebenen geknüpft, andere Materien an andere Ebenen. Doch der Relativismus geht noch weiter. Dies lässt sich wieder am Beispiel der Tiv verdeutlichen, deren Expansionsdynamik Paul Bohannan (1954: 5), anknüpfend an die hier als Abb. 4 wiedergegebene Graphik, wie folgt definiert: „Die anerkannte Methode für die Ausweitung des Landbesitzes ist simpel: Immer dann, wenn du neue Bauernhöfe schaffen willst, dann rode Land in der Richtung des Mannes, dessen Land an das deine grenzt, der aber am entferntesten mit dir verwandt ist.“ Das gilt für fremdethnische Nachbarn dann, wenn die expandierende Einheit am Rande des Tiv-Gebiets liegt; im übrigen gilt es Tiv-intern. Die Grenze der politisch relevanten Einheit ist hier also selbst hinsichtlich eines konkreten politischen Problems - der Auseinandersetzung um Land - nicht

---

65 Problematisch (im logischen Sinne), wenn auch naheliegend, ist bei Sahlins dann auch die Bezeichnung der kleinsten Segment-Stufe als „primary segment“. Da der Begriff des „Segments“ auf das segmentierte Ganze verweist, müsste „primary segment“ ja die Einheit sein, die aus einer *ersten* Segmentierung des Ganzen entsteht und dann ihrerseits weiteren Segmentierungen unterliegt, mithin die größte subtribale Einheit. Auch diese logische Unklarheit liegt in der Segment-Terminologie selbst begründet.

nach einer absoluten genealogischen Tiefe (und erst recht nicht nach sonstigen Kriterien) dingfest zu machen; sondern es handelt sich um eine relativistische Handlungsmatrix.[66] Die Ringelwurm- und Zitrusfrucht-Metapher spiegelt diesen Sachverhalt nicht wieder. Hingegen ist es ein zentrales Charakteristikum fraktaler Gebilde, dass sie keine festliegende Grenze haben, sondern vielmehr über maßstabsabhängige Konturen verfügen, d.h. umso mehr Details zeigen, je weiter man in sie „hineinzoomt". Die Nichteingrenzbarkeit segmentärer Gesellschaften weist sie also wiederum als fraktale Gesellschaften (im Sinne unserer Analogie) aus.

5. Fraktale Genealogie als Fiktion

Wächst eine Einheit demographisch stark an, so kann sie, wie wir sahen, in der Struktur leicht eine Etage steigen; d.h., ihre Gründerfigur rückt gewissermaßen eine Generation nach oben, wird vom Sohn zum Bruder. Die Einheit selbst wird dementsprechend z.B. von einer „Sippe" zu einem „Clan". Genauso ist der umgekehrte Fall denkbar. Ähnliche Neudefinitionen werden vorgenommen, wenn sich ein genealogiebezogener Regelbruch anders nicht „heilen" lässt. Finden z.B. sexuelle Kontakte innerhalb einer exogamen Einheit statt, so können die beteiligten Untereinheiten genealogisch so weit auseinandergerückt werden, dass sexuelle Kontakte zwischen ihnen fortan als legitim definiert sind.

Was von Genealogien ausgedrückt wird, ist daher nicht eine biologisch präzise und unumstößliche Verwandtschaftsstruktur, sondern, an diese vielfältig anknüpfend (und sie durch Ausblendung je eines Elternteils aller Individuen radikal simplifizierend!), eine symbolische Darstellung der dynamischen fraktalen Struktur der Gesellschaft. Dabei ist offenbar der symbolische Aufwand, gemessen an Ritualen, Zeremonien, symbolhaltigen Orten usw. desto größer, je umfassender die

66 In der mechanistischen Metaphorik von Sahlins (1961: 332) klingt dies so: „Es handelt sich um den eingebauten Thermostat einer selbstregulierenden politischen Maschine, die automatisch arbeitet, um die Ebene des kollektiven politischen Handelns zu bestimmen." Aber diese „Maschine" ist nicht stahlhart; sie „verschwimmt" im Moment des Versuchs, sie theoretisch festzunageln.

genealogische Integrationsebene ist, die politisch aktualisiert werden soll.[67] Das heißt, fraktale Gesellschaften treiben einen beträchtlichen institutionellen Aufwand, um die Aktualisierbarkeit verschiedenster genealogischer Ebenen zu gewährleisten. Der gesellschaftliche Organisationstyp „fraktale Gesellschaft“ ist alles andere als naturwüchsig; er ist ein hochgradig artifizielles Gebilde, das sich durch eine „Wahlverwandtschaft“ mit der typischen Herrschaftsablehnung der „Primitiven“ auszeichnet.

Auf einem anderen Blatt steht, dass diese genealogische Struktur durch Asymmetrierung unter bestimmten Bedingungen auch in einen herrschaftlichen Modus überführt werden kann, der seit Paul Kirchhoff „konischer Clan“ genannt wird (vgl. Service 1977: 114f). Dieser hätte noch alle Merkmale der fraktalen Gesellschaft, jedoch als Relikte, wie es Ronald Cohen (1978: 35f) allgemein für Häuptlingstümer beschreibt: „In diesem Stadium der politischen Entwicklung ist jeder Knotenpunkt innerhalb der Struktur des Gemeinwesens eine genaue Kopie des Knotenpunkts im Zentrum.“ Es ist nun eines der wichtigsten Bestreben der entstehenden Herrschaftsinstanz, Merkmale und Funktionen zu erwerben, von denen subalterne Häuptlinge ausgeschlossen sind, mithin: die Selbstähnlichkeit der Gesellschaft zu verringern. Wenn daher Roy Wagner (1991) das interessante Konzept einer „fraktalen Persönlichkeit“ in die ethnologische Debatte eingebracht hat, die sich weder als Singular noch als Plural verortet, so muss irritieren, dass er dabei ausgerechnet melanesische „great-men“-Systeme im Blick hat. „Great“ oder „big men“ scheinen doch eher diejenigen Instanzen zu sein, die die Fraktalität mindestens latent transzendieren. Die eindrucksvollen „fraktalen“ Mythensysteme, die Wagner mitteilt, scheinen eher die genealogische Struktur melanesischer Gesellschaften widerzuspiegeln als die Funktionärsrolle. Wagners Ansatz bietet gleichwohl anregende Forschungsperspektiven für die Untersuchung von Persönlichkeitsstrukturen in akephalen fraktalen Gesellschaften.

---

67 Vgl. Fortes/Evans-Pritchard (1940: 21): „Regelmäßige Zeremonien sind nötig, um diese [mystischen, gemeinschaftlichen] Werte zu bekräftigen und zu konsolidieren, denn im alltäglichen Lauf der Dinge sind die Leute mit ihren partikularen und privaten Interessen beschäftigt und neigen dazu, das gemeinsame Interesse und ihre politische wechselseitige Abhängigkeit aus den Augen zu verlieren.“

Dass der Vergesellschaftungslogik des hier beschriebenen Gesellschaftstyps „fraktale Persönlichkeiten" entsprechen, ist naheliegend. Ein anschauliches Beispiel dafür findet sich bei Durkheim und Mauss (1987) im Zusammenhang mit einer alternativen Symbolisierungsform fraktaler Gesellschaften – dem Totemismus. Die Phratrien der von ihnen untersuchten australischen Gesellschaften hatten je ein Totem – meistens ein Tier, dem eine Reihe weiterer Objekte zugeordnet waren. Diese konnten auf die der Phratrie zugehörigen Klane aufgeteilt und somit zu „Subtotems" werden. „Schließlich erreicht die Klassifikation einen solchen Komplexitätsgrad, dass diesen sekundären Totems gelegentlich ihrerseits wieder tertiäre Totems untergeordnet sind"[68] (191). Die persönliche Relevanz der Primär-, Sekundär- und Tertiär-Totems für ein Individuum stieg mit der Spezifität. „Man stellt sich die Dinge gewissermaßen in einer Reihe konzentrischer Kreise um das Individuum herum angeordnet vor" (192). Gelegentlich ist die Hierarchie aber auch umgekehrt. In beiden Fällen resultiert eine fraktale Persönlichkeit: Ein australischer Gewährsmann, der dem Totem des warmen Windes und dem Subtotem der Rautenschlange zugehört, sagte von sich, er *sei* warmer Wind, „aber auch zum Teil" Rautenschlange (194).

6. Schluss

Gerade *weil* es geboten scheint, das *Konzept* segmentärer Gesellschaften (etwa gegen derzeit geläufige innerethnologische Angriffe; vgl. Sigrist 1997) zu verteidigen, erscheint mir die vorgeschlagene terminologische Präzisierung wichtig. Alles in allem sollte sich gezeigt haben, dass das Strukturprinzip des Gesellschaftstyps, den Christian Sigrist als „Regulierte Anarchie" bezeichnet hat, mit dem Terminus „fraktale Gesellschaft" weit besser beschrieben ist als mit dem eingebürgerten Begriff der „segmentären Gesellschaft" (den er gewiss nicht wird ablösen, aber wohl doch wird ergänzen können). Der Begriff des

68 Segmentierung wirkte sich auf dieses Symbolsystem so aus, dass aus dem jeweiligen Subtotem ein Totem wurde. „Hat die Bewegung einmal begonnen, so vermag sie sich fortzusetzen, und dies stets nach demselben Verfahren" (200). Gerade in Australien, wo es sich bei Totems in aller Regel um Tiere handelt, stellt die Existenz unbelebter Objekte als Totems einen Beweis für diesen Aufstieg ehemaliger Sekundär-Attribute zu Totems im Zuge der Segmentation dar (200f, Anm. 98).

Segmentären verfehlt die prinzipielle Gleichrangigkeit der genealogischen Ebenen der durch ihn bezeichneten Gesellschaften ebenso wie die Dynamik dieses Strukturprinzips und damit auch den Mechanismus der Selbstorganisation, der als funktionales Äquivalent zur Herrschaft wirkt. Die Theoretiker der segmentären Gesellschaft haben alle diese Aspekte zwar gut herausgearbeitet, in der Debatte aber dennoch Missverständnisse nicht verhindern können. Dazu zählt die vergebliche Suche nach der wichtigsten genealogischen Ebene genauso wie das hartnäckige Postulat von einer „Universalität von Herrschaft". Letzteres findet sich beispielsweise bei Justin Stagl (1974: 321), der die Ebenen-Relativität als Diffusität diffamiert und von Herrschaft auch dann sprechen will, wenn praktisch alle Erwachsenen „Herrschaftsträger" sind und niemand in der Lage ist, Befehle zu erteilen oder anzunehmen (vgl. Kap. 1, Abschnitt 5).

Solche Missverständnisse zu vermeiden, scheint mir der Begriff des Fraktalen als Präzisierung für segmentäre Gesellschaften hilfreich. Dabei wäre eine Merkwürdigkeit leicht in Kauf zu nehmen: Als fraktale Gesellschaften sind hier Sozialordnungen im Sinne stabiler (in kybernetischer Syntax: homöostatischer) Institutionengefüge behandelt worden. So wie sie idealtypisch gefasst wurden, ist ihr Verhalten weitgehend vorhersagbar. Der Aspekt des *Chaos* (im Sinne der Nicht-Vorhersagbarkeit zukünftiger Systemzustände) scheint uns daher unter der Hand abhanden gekommen zu sein. Wir befinden uns gewissermaßen weit im Innern der Mandelbrot-Menge (des „Apfelmännchens"). Es wäre eine gesonderte Untersuchung wert, wann eine solche Gesellschaft in den chaotischen Bereich – in die Randregionen des Apfelmännchens – eintritt.[69] Hier kann nur vermutet werden, dass

69 Jede Gesellschaft, schreiben Berger und Luckmann (1996: 111), sei „eine Konstruktion am Rande des Chaos". – Man vergleiche aber die alternative Konzeptualisierung von „Chaos" bei Young (1992), bei dem gerade die chaotischen Bereiche eines nichtlinearen Systems mit gesteigerten Handlungsoptionen der Individuen gleichgesetzt werden und Chaos daher mit Gleichheit und Emanzipation assoziiert wird. Auch wenn für Young die hier als fraktale behandelten Gesellschaften weitgehend unchaotisch sein dürften (vgl. 1992: 456), möchte ich doch nach Würdigung des mir verfügbaren ethnographischen Materials anmerken, dass in ihnen individuelle Entscheidungsoptionen für einzelne Gesellschaftsmitglieder durchschnittlich deutlich höher ausgeprägt sein dürften als in (ebenfalls unchaotischen) archaischen Staaten.

die Zunahme von Ungleichheit nach ökonomischen oder ideologischen Kriterien zu den Parametern gehört, die fraktale Gesellschaften in jenen Bereich bringen, wo geringste Unterschiede in den Ausgangslagen darüber entscheiden können, ob die Gesellschaft „umkippt" in eine staatliche Ordnungsform, oder ob sie sich als herrschaftsfreie stabilisiert.

Es ist jedoch nicht erwiesen, ob unsere Analogie so weit trägt. Deshalb sei zum Schluss noch einmal betont, dass es in diesem Kapitel *nicht* darum ging, die Anwendung von mathematischen Formeln[70], die mit komplexen Zahlen operieren, auf Phänomene der Sozialwissenschaften anzuregen. Dafür ist erstens mein Verständnis von der Theorie komplexer Zahlen zu rudimentär; zweitens ist meine Skepsis gegenüber der Rückführung sozialer Wirklichkeit auf einfache Formeln auch dann nicht ausgeräumt, wenn diese Formeln dafür sensibilisieren, dass die Vorhersage der Entwicklung hochkomplexer Phänomene wissenschaftliche Hybris ist (wie es z.B. Gregersen/Sailer 1993 tun). Bei der Untersuchung sozialer Phänomene haben wir es mit interagierenden *handelnden Subjekten* zu tun, was jede methodische Projektion von an Farnblättern oder Schneekristallen gewonnenen Formeln auf Gesellschaften schnell an ihre Grenze bringt, da hiermit eine weitere Ebene der Komplexität eröffnet wird (so auch Wallerstein u.a. 1996: 69). Hier ging es daher „nur" um eine Anregung sozialwissenschaftlicher Begriffsbildung, die mit dem Mittel der *Analogie* arbeitet. Der Vorschlag mag, selbst wenn er verworfen wird, die Sensibilität gegenüber den herkömmlichen sozialwissenschaftlichen Metaphern schärfen helfen.

---

70 Nicht soll in Abrede gestellt werden, dass Einzelaspekte sozialer Ordnungen mathematischer Analyse zugängig sein können, so wie etwa André Weil eine algebraische Untersuchung von australischen Heiratsgesetzen vorgelegt hat (in Lévi-Strauss 1993: 321-330). Das gilt aber nicht für die Beschäftigung mit so umfassenden Gegenständen wie der Sozialstruktur als ganzer.

Thomas Wagner

An-architektur

Politische Aspekte der Siedlungsformen „primitiver" Gesellschaften[71]

„Primitives Bauen" ist „in". Traditionelle Lehmbauweisen bewegen beispielsweise die durch ökologische Gesichtspunkte herausgeforderte Phantasie von Planern und Gestaltern. Von „primitiven" Bauformen gibt es für die Perspektive einer *alternativen* Gesellschaftsgestaltung allerdings Grundstürzenderes zu lernen als die materialen und bautechnischen Voraussetzungen für gesundes und umweltverträgliches Wohnen. „Primitive Architekturen" geben nämlich Auskunft von den ganz anderen *politischen* Verhältnissen *herrschaftsloser* Gesellschaften, in denen *nicht* hierarchisierte Befehls- und Gehorsamsstrukturen, sondern Varianten einer egalitären Machtteilung sich organisatorischen und symbolischen, d.h. institutionellen Ausdruck verschaffen. Institutionalisierte Ordnungsarrangements, wozu gerade auch die besonders sichtbaren Verwirklichungen architektonischer Normen gehören, bezeugen, dass ein institutionell gestütztes und das heißt auch durch soziale Zwänge gefordertes *Gleichheitsbewusstsein* (Sigrist) staatslose Ordnungen typischerweise *nicht* zu katastrophischen Orten eines alptraumhaften „Kriegs Aller gegen Aller" eskalieren lässt[72], sondern

---

71 Für manch wertvollen Hinweis danke ich Christian Sigrist.

72 Solche Hobbesschen Horrorszenarien entwickeln sich jedoch mit hoher empirischer Wahrscheinlichkeit aus den institutionellen Auflösungs- und Neuformierungsdynamiken hochgezüchteter neuzeitlicher Staatlichkeitsruinen, die von den Kommentatoren und Moderatoren medialer Wirklichkeitsvermittlung oft sachlich unzutreffend und kurzschlüssig mit dem Begriff Anarchie belegt werden.

die individuellen Lebensrisiken durch wirksame Verhaltenskanalisierungen im Sinne einer *Regulierten Anarchie* sozial zu zähmen vermag. Die Untersuchung von architektonischen Normen zeigt *einen* gangbaren Weg, Licht auf die kulturellen Konstitutionsbedingungen herrschaftsfreier Vergesellschaftung zu werfen.

Resultate der *Politischen Anthropologie*, die, wie die Arbeiten Pierre Clastres' (1976) und vor allem Christian Sigrists (1994), die weite Verbreitung egalitärer Institutionen in „primitiven" Gesellschaften belegen, bereiten hierzu den Weg. Sie verknüpfen die Beobachtung einer Hegemonie egalitärer Normen mit der Feststellung von gesellschaftlichen *Teilzwängen* und dezidiert *antiherrschaftlichen Einstellungen* der Individuen. Jedoch ist in diesen verdienstvollen Bemühungen die Beantwortung der Frage zu kurz gekommen, wie in *staatsfeindlichen Gesellschaften*, in denen dynamische Machtbalancen sich immer in Richtung auf gleichheitliche Strukturen bewegen, egalitäre Normen so vermittelt werden, dass sie für die Individuen handlungsleitend wirken können. Die Analyse der Architektur bietet eine wirkungsvolle Möglichkeit, eine spezifische Ausprägung menschlicher Sozialcharaktere genauer ins Visier zu nehmen: Gemeint ist der „primitive" *Anarchist*.

1. Zur theoretischen Marginalisierung „primitiver" Architektur

Die egalisierende Funktion von Architektur in „primitiven" Gesellschaften ist bisher wissenschaftlich kaum behandelt worden. Schon gar nicht systematisch. Die vereinzelte Beschäftigung mit egalitären architektonischen Erzeugnissen erfolgte allenfalls als eine Auseinandersetzung mit neuzeitlich-utopischen Entwürfen und deren Verwirklichungsversuchen. In diesen Fällen ist der politische Effekt planerisch-konzeptionell gewollt und schriftsprachlich dokumentiert.[73] Dünn gesät sind dagegen Studien, die sich mit den politischen Aspekten jener Gesellschaften befassen, die vor allem Gegenstand ethnologischer Beobachtung wurden. Und auch dort, wo man die sozialen und politischen Funktionen „primitiver" Architektur ausnahmsweise einer genaueren Betrachtung für Wert befindet, geraten in erster Linie deren hierarchiestützenden Komponenten in

73 Vgl. Conrads/Sperlich 1983: 19; sowie Vogt 1974.

den herrschaftsgewöhnten Blick der Wissenschaft.[74] Die hier konstatierte *Verdrängung egalitärer Architektur*[75] hängt mit der Geschichte des kunst- und architekturhistorischen Diskurses zusammen, der durch einen zu engen Architekturbegriff, das positivistisch verengte Interesse an Formen[76] und Materialien[77] und das evolutionistische Verständnis von Architekturgeschichte[78] geprägt ist. Hinzu kommen die Unterschätzung der Kulturfähigkeit von „primitiven" Gesellschaften sowie eine ideologische Abwehrhaltung gegen herrschaftsfreie Formen der Vergemeinschaftung, die mit deren Verdrängung aus dem sozialwissenschaftlichen Diskurs korrespondiert (vgl. Kap. 1). In diesem Sinne meint der Kunst-Brockhaus unter dem Stichwort Architektur noch 1983 lapidar: Nomadische Völker haben keine Architektur.[79]

---

74 Diese Unterschätzung gleichheitlicher symbolischer Formen kennzeichnet sogar noch Guidonis (1976) verdienstvolle Studie zur „primitiven" Architektur, die anders als die meisten Architekturgeschichten den Eigenwert wilden Bauens durchaus überzeugend herauszustellen vermag.

75 Vgl. dazu Herta Haselbergers kritische Bemerkung zum Stand der Forschung zur „primitiven" Architektur Westafrikas (1964: 7). Erst 1992 erfährt „primitive" Architektur eine angemessene Würdigung in einem umfangreichen Nachschlagewerk der „Weltarchitektur" (vgl. Persner/Honour/Fleming 1992).

76 In dieser Manier verfährt Thomas T. Watermans (1924) Aufzählung indianischer Behausungen.

77 „Die aus der Antike in die abendländische Kunstgeschichte überkommene Auffassung von „Architektur" setzt bis in die 2.H. des 20 Jhs. in Zweifel, ob die Bautraditionen von Stammesgesellschaften gleichwertig neben die Monumente der altorientalischen, antiken, christlichen oder islamischen Architektur zu stellen sind" (Fiedermutz-Laun 1992: 707). Und auch dort, wo nicht allein herrschaftsrepräsentative Monumentalbauten untersucht werden, bleibt in dieser Tradition der Begriff Architektur „im Allgemeinen auf Stein-, Ziegel-, Fachwerk- und größere Holzbauten (mit behauenem Holz) beschränkt, also auf Materialien von längerer Lebensdauer und auf Formen, die ein erhebliches materialbeherrschendes und gestaltendes Vermögen erfordern" (Glück 1956: 65).

78 Als Beispiel für viele andere vgl. Waterman (1931).

79 Weitere Beispiele für die Nichtbeachtung „primitiver" Architektur sind: Gympel 1996; Koch 1994; Müller/Vogel 1987; Stierlin 1994. Auch in marxistischen Architekturgeschichten, die immerhin das weltgeschichtliche Stadium ausbeutungsfreier klassenloser Gesellschaften in den Begriff der Urgesellschaft zu fassen

Solche Einschätzungen korrespondieren mit dem Versuch, die kulturellen und politischen Besonderheiten „primitiver" Gesellschaften aus zivilisatorischen Defiziten und einer größeren „Naturnähe" der *Wilden* heraus zu erklären. Sie müssen ihr Ziel verfehlen, da „primitive" Kulturen eine Eigenlogik gegenüber allen ökologischen Faktoren behaupten, die sich z.B. in den von Claude Lévi-Strauss (1992) herausgearbeiteten hochgradig „künstlichen" und komplizierten Verwandtschaftsinstitutionalisierungen zeigt. Immer erweist sich die Architektur als Instrument und Ausdruck des sozialen Lebens trotz ökologischer Beschränkungen und nicht wegen dieser. Zwar vermögen die natürlichen Nahrungsressourcen und die Techniken ihrer Ausschöpfung die Größe der Gemeinschaften mitzubestimmen. Aber soziale Regeln ordnen, wer mit wem wo und wie zusammenlebt. Die soziale und politische Organisation nimmt Einfluss auf die Größe und Raumaufteilung innerhalb der Behausungen und zwischen den Wohneinheiten. Die Architektur fungiert über ihre schutzgewährende Funktion hinaus als symbolische Vermittlungsinstanz sozialer Regelsysteme.

Will man sich der politischen Funktion architektonischer Formen nähern, erscheint ihre immanente Analyse daher wenig sinnvoll. „Ob eine Säule nur als bauliches Stützglied, als mythische Himmelsstütze oder als militärisches Siegesdenkmal zu verstehen ist, ob die Mauer um ein Gebäude etwa zu Verteidigungszwecken, zur Festlegung des Grundbesitzes oder zur Umgrenzung eines sakralen Raumes dient, das hängt also nicht nur von der Gestalt, Plazierung usw. der Säule bzw. der Mauer ab, sondern auch von den Ansichten der jeweiligen Gesellschaft" (Vajda 1992: 794). „Primitive" und moderne Spielarten architektonischen Schaffens sind nur angemessen zu verstehen, wenn das Begreifen von einem impliziten oder expliziten Wissen über die institutionelle Funkti-

---

wußten, wird diese Epoche lediglich als *Grundlage* „für mannigfache Bauverfahren, Gebäudetypen und architektonische Ideen" gesehen. Zwar wird richtig konstatiert: „Die Bedeutung des Studiums der Architektur der Urgesellschaft liegt vor allem darin, dass es die Befähigung zum Bauen sowie die Baumethoden einer von Ausbeutung freien Menschheit erkennen läßt" (Major 1984: 60). Die Analyse solcher Architektur beschränkt sich aber leider vor allem auf sehr interpretationsbedürftige archäologische Funde. Erkenntnisse zu rezenten herrschaftsfreien Gesellschaften finden kaum Verwendung (mit Ausnahme der durch die Marx/Engelssche Rezeption geheiligten Irokesenstudien Morgans).

on der betreffenden Erscheinung begleitet wird. Ein anderes Licht fällt dann vielleicht auf die vermeintliche Dürftigkeit „primitiver“ Behausungen, die besonders für nomadisierende Gesellschaften typisch ist.

Erst die unbeständige Bauweise nämlich macht jene Mobilität möglich, die für nomadisch oder halbnomadisch lebende und wirtschaftende Gemeinschaften einen libertären Grundwert darstellen. Einerseits besteht die Möglichkeit, jederzeit soziale und politische Bindungen aufzulösen und sich einer anderen Gruppe anzuschließen.[80] Andererseits kann den Herrschaftszumutungen einer Zentralinstanz durch diese Flexibilität leicht ausgewichen werden. Die „primitive“ Leichtbauweise zeigt sich somit als eine Technik und ein Symbol auf Unabhängigkeit zielender Sozialformen.[81] Nomaden sperren sich gegen die zentrale Erfassung auch im modernen Staat. Ihre Heranziehung zum Wehrdienst oder zur Steuerzahlung ließ beispielsweise die Regierung Malis in den achtziger Jahren ein Programm entwickeln, das die Wanderung von Peul-Hirten mit amerikanischer Satellitentechnologie zu kontrollieren suchte (Chesi 1995: 47).

2. Kennzeichen egalitären Bauens

Egalisierende Effekte kann „primitive“ Architektur auf vielerlei Weise erzeugen. Worauf beruht nun diese Egalität? In welchen Formen kann sie sich äußern? In diesem Kapitel soll keine erschöpfende Antwort auf diese Fragen gegeben werden. Es ist jedoch möglich, zumindest einige Aspekte der institutionellen Eigenstabilisierung egalitärer Gesellschaften durch architektonische Mittel zusammenzutragen.

---

80 Eine große Fluktuationstendenz konnte sowohl für wildbeutende als auch für bodenbauende und nomadisierende segmentäre Gesellschaften beobachtet werden (vgl. zur Rolle der Fluktuation als Konfliktlösungsmechanismus in nichtstaatlichen Gesellschaften: Woodburn 1982: 435 f, Wesel 1985: 161, Roberts 1981: 87, zu segmentären Prozessen Sigrist 1994).

81 Besucht man die Blackfeet-Reservation in Montana, sieht man dort noch heute in den Sommermonaten auf manchen indianischen Ranches Tipis aufgestellt, die als Symbol der traditionell ungebundenen Lebensweise fungieren. Auch auf Powwows spielt das Tipi (neben dem Wohnmobil) zuweilen eine solche Rolle (vgl. Roberts 1992: 94). Beverly Hungry Wolf berichtet von traditionellen Tipi-Kreisen bei Sonnentanzfeiern der Gegenwart (Hungry Wolf 1997: 95).

Die Siedlungsplanung ist dort Ausdruck geteilter egalitärer Werte, die nach dem Konsensprinzip in Form gebracht werden (vgl. Fraser 1968: 8). Die Zeilendörfer am Sepik (Neuguinea) entspringen etwa dem Bedürfnis, allen Häusern auf dem Flussdamm den gleichen Zugang zum Fluss zu ermöglichen (vgl. Behrmann 1918: 335). Egalitäres Bauen steht somit in krassem Gegensatz zu Baustilen herrschaftlich verfasster traditionaler Gesellschaften und den meisten modernen urbanen Projekten, denn es beruht weder auf dem Repräsentationsbedürfnis von herrschaftlichen Eliten noch auf zentraler Raumplanung durch den funktionalen Sachverstand von Technokraten. Vielmehr zeichnet es sich dadurch aus, dass der Mensch das Maß der Dinge ist. Form und Umfang sind in dieser Architektur weitgehend bestimmt von der leiblichen Dimension der erwachsenen Menschen (vgl. Glück 1956: 65), wofür die Häuser der Fali ein gutes Beispiel geben. Die Vermessung des Hauses entspricht bei ihnen nämlich menschlichen Dimensionen, die verwendeten Maßeinheiten den Körpermaßen, „dem Abstand zwischen Ellbogen und Mittelfinger, zwischen Nabel und Fußsohle, Mittelfinger und offener Hand. Der Mensch in seiner ganzen Größe ist eines der Maße, die die Räume bestimmen" (Chesi 1995: 105).[82] Damit ist ein Unterschied benannt zu allen jenen Architekturen, die den Menschen verkleinern, ihm den Eindruck einer überwältigenden Zwangsmacht aufdrängen wollen, wie es für die Repräsentationsbauten der Herrschaft typisch ist. Eine besonders extreme frühe Variante solchen Bauens liefert das Beispiel der ägyptischen Hochkultur. Die Kennzeichen ihres Monumentalbaustils fasst Jan Assmann (1991: 140) zusammen: Der ägyptische Steinbau diente der Verwirklichung einer Architektur, die sich in drei Richtungen der Formensprache des lebensweltlichen Nutzbaus in einer sehr scharf betonten Weise entge-

82 Für die afrikanischen Bauformen konstatierte Glück, dass deren Unterschiede sich vor allem im Grundriß und in der Dachform äußern. „Dagegen scheint es zwei generelle Dimensionsschwellen zu geben, die nur schwer überschritten werden können: einmal die kritische Grundflächengrenze von zwanzig überbauten Quadratmetern und zum anderen die Firsthöhe, die im Durchschnitt zwischen 4 bis 6 Metern liegt. Diese quantitative Eigentümlichkeit bedingte ihrerseits wieder die prinzipielle Einräumigkeit, sowie den Verzicht auf den Stockwerkbau. Wo immer das Bedürfnis nach mehreren Räumen auftauchte, da wurde es horizontal gelöst durch das Gehöft" (80).

genstellte: „(a) durch ihre alles menschliche Maß übersteigende Größe, (b) durch ihren allem menschlichen Nutzen entzogenen Symbolcharakter und (c) durch ihre aller menschlichen Vergänglichkeit entzogene Dauerhaftigkeit".

Anders als in hochkulturellen Herrschaftsinstitutionen ist in egalitären Gesellschaften dann auch der Zugang zum Planen und Bauen egalitär, was Michael D. Levin (1971: 143) auf die griffige Formel brachte: „Jeder Mensch in einer afrikanischen Gesellschaft ist ein Architekt" (vgl. auch Rapoport 1969: 3). In diesen Zusammenhang gehört die Beobachtung, dass soziale und politische Beziehungen dort nicht von oben verordnet werden können. Vielmehr sind die einzelnen Mitglieder und Haushaltsgruppen autonom in der Wahl ihrer Bezugsgruppen und politischen Verbündeten.[83] Dieser Sachverhalt zeigt sich auch in der jeweiligen Siedlungsstruktur. Schon die Ausrichtung der Eingangsöffnungen „primitiver" Behausungen kann, z.B. in den unbeständigen Lagern von Wildbeutern, sozialen und politischen Beziehungen zwischen Bewohnern einer egalitären Siedlung symbolischen Ausdruck verschaffen. Für diesen Ordnungszusammenhang hat also schon die Ausrichtung der Hüttenöffnung politische Relevanz: Sie „richtet sich wie ein Mund zu den befreundeten Familiengruppen und bildet so im wesentlichen eine Person nach, die den fremden und feindlichen Individuen den Rücken kehrt und sich in Richtung der Gesprächspartner öffnet" (43). Die Ebene der politischen Integration wird in vielen egalitären Ordnungen zudem eigens architektonisch symbolisiert. Ein prominentes Beispiel liefert das Langhaussymbol der irokesischen Stämmeföderation.

Für egalitäre Gesellschaften ist, wie viele Autoren gleichsinnig bemerkten, das Vorhandensein eines einheitlichen Haustypus charakteristisch (vgl. z.B. Rapoport 1969: 11). Entsprechend den nur graduellen Rangunterschieden sind auch die architektonischen Abweichungen vom Gleichmaß nur sehr beschränkt. „Die Dörfer waren deshalb eine Anordnung mehr oder weniger gleichartiger Gebäude" (Denyer 1978: 21). Beispiele sind die Bakosi (Levin 1971: 143), andere segmentäre Gesellschaften Westsudans wie die Somab, Lobi und Dagari (vgl. Ha-

83 Diese Autonomie bedeutet jedoch nicht Unabhängigkeit von gesellschaftlichen Normen, etwa verwandtschaftlichen Meidungsregeln.

selberger 1964: 21 f) sowie die von M. Fortes beschriebenen Tallensi. „Alle Gehöfte der Tallensi haben dieselbe architektonische Struktur, so wie auch alle ihre häuslichen Familien dieselbe Grundstruktur aufweisen“ (zitiert nach Sigrist 1994: 243).[84] Die herrschaftliche Dekonstruktion „primitiver“ Anarchien äußert sich dann nicht zuletzt in Sonderbauformen, die sich vom ansonsten gleichheitlich bleibenden Stil abheben.

Aber auch im Rahmen egalitärer Einheitsbauweise werden individuelle Besonderheiten symbolisch sichtbar. Gleiche Bauformen und Abmessungen bedingen insofern nicht „Uniformität“, sondern vielmehr eine egalitäre Folie, vor der sich durchaus ein Spielraum für individuelle Entfaltungsmöglichkeiten bietet. Das belegen beispielsweise die kunstvollen Tipibemalungen nordamerikanischer Plainsindianer. Einerseits stehen die nach visionären Eindrücken gestalteten Bilder stark unter dem Eindruck gesellschaftlich tradierter Formprinzipien: „Die Visionsmalerei, die auf die individuelle Erfahrung Bezug nimmt, wurde von konventionellen Designs eingerahmt und wiedergegeben“ (Brasser 1995: 11). Andererseits sind die Designs der jeweils individuelle Ausdruck einer Konzeption von spiritueller Macht, die mit dem Ritualkomplex des „Medizinbündels“ zusammengehört. Dieser setzt sich aus rituellem Zubehör und anderen heiligen Objekten, Gesichtsfarben und Liedern zusammen, „die vom ersten Eigentümer durch eine Vision oder einen Traum erworben wurden, so, wie es in seiner Herkunftsgeschichte beschrieben ist“ (9). Am Beispiel der visionären Tipibemalung zeigt sich, wie in egalitären Gesellschaften eine strikte Überlieferung von Normen, in diesem Fall solche der *richtigen* Ausmalung von Visionserlebnissen, ohne die Hintergrundsicherung durch eine autoritäre Zwangsgewalt möglich ist. Der betreffende Visionär sucht stets die Beratung und Rückversicherung mit Personen, von de-

84 In seinem wahrscheinlich nicht publiziertem Referat auf dem 7. Internationalen Anthropologiekongress in Moskau, *Tallensi Clans and Totemism*, brachte Fortes die verschiedenen Farben („einige haben graue Außenwände und einige haben rote Wände“) und Dachbedeckungen ansonsten gleichförmiger Tallensigehöfte mit totemistischen Regulierungen in Zusammenhang, die entsprechend dem segmentären Organisationsprinzip „für jede Person das wichtige Identitäts-Differential familiärer, abstammungsmäßiger, territorialer, ideologischer, oder wie auch immer geprägter, permanenter struktureller Gruppen innerhalb eines homogenen Systems organisieren“.

nen er aufgrund ihres Alters und ihrer Erfahrenheit annimmt, dass sie die Werte und Normen des Stammes am besten kennen. Dabei ist er an ihre Vorschläge nicht gebunden, wird sie aber in der Regel befolgen, um sich vor der Stammesöffentlichkeit nicht zu blamieren (Abb. 1).

Abb. 1: Bemaltes Tipi; Foto von Thomas Wagner: Blackfeet Reservation, Browning, Montana, USA 1996

3. Anthropomorphe Symbolik

Mit den Beispielen integrierender Körpersymbolik kommt ein weiterer Aspekt des Leitmotivs „der Mensch als Maßstab der Architektur" zur Geltung. Körpersymbolik wird neben dem Monumentalbaustil oft benutzt, um die Legitimität von Herrschaftsformen zu naturalisieren. Hierzu dient etwa das Bild, dass der „Gesellschaftskörper" immer ein (gekröntes) Haupt benötige. Ähnliche anthropomorphe Analogien legitimieren zuweilen aber auch gleichheitliche Strukturen, indem sie die egalitäre soziale Ordnung symbolisch objektivieren. Hierfür wird dann oftmals auch die umgebende Landschaft anthropomorphisierend mit sozialer Bedeutsamkeit versehen und wandelt sich hierdurch zum symbolischen Bezugssystem für staatsfeindliche Ordnungen. Im *anthropomorphen Territorium* kommen das soziale Ganze des Stammes, der Gruppe oder des Klans in der Form des Ahnenkörpers zum Ausdruck (vgl. Guidoni 1976: 31). Nomadische Gesellschaften wie die australischen Wildbeuter belegen eine Landschaft derart mit Bedeutungen, dass sie als rückwirkendes Spiegelbild die soziale und politische Ordnung stabilisiert. Hierzu dienen Mythen und die Einrichtung heiliger Stätten an hervorstechenden landschaftlichen Merkmalen (24). So werden alle Naturphänomene durch die rituelle Nachahmung der Gründerheldentaten der „Traumzeit“ in das verwandtschaftlich organisierte Sozialsystem einbezogen.

Über die Semantisierung der Landschaft hinaus finden sich anthropomorphe Deutungsschemata auch in den Siedlungsanlagen selbst. Das wohl bekannteste Beispiel sind die afrikanischen Dogon, deren politische Struktur egalitäre Verhältnisse unter den Männern aufweist. Die typische Gestalt des Dorfes sowie des Hauses folgt dem Bild einer auf dem Rücken liegenden menschlichen Gestalt, die durch acht Steine gekennzeichnet wird, welche die Nachkommen des am Boden liegenden Urahnen darstellen, vier Frauen und vier Männer, ein neunter steht für den Kopf (vgl. Chesi 1995: 171). Die am Boden liegende Figur wird wie folgt aufgeteilt. Die Esse des Schmiedes, die *toguna* (das Rathaus) und der Dorfplatz im Norden bilden den Kopf der Gestalt. „Die Häuser der Frauen liegen im Osten und Westen und sind die Hände, die *ginnas* (Familienhäuser) in der Mitte der Anlage verkörpern die Brüste, der Ölstein und der Gründungsaltar das weibliche und männliche Geschlecht, wogegen die Altäre im Süden als die Füße verstanden werden“ (ebd.: 172). Auch die in vier Stämme (Bossoum, Bori-Peske, Kangou und Tinguelin) gegliederten Fali mit ihren weitgehend unabhängigen Familieneinheiten orientieren die Anlage eines Gehöftes am Diagramm der Menschengestalt, „die aber nicht wie jene der Dogon auf dem Rücken liegen muss, sondern verschiedene Schräg- und Seitenlagen einnehmen kann“ (ebd.: 103). Das auf Gleichgewichtszustände zielende Weltbild lässt jede Teilung eine Reihe von Schwingungen auslösen, die durch Gegenschwingungen neutralisiert werden. Menschen, Gruppen, die Teilstämme, Häuser und architektonische Details sind mit einer typischen Schwingung verbunden, die bei jeder Rotation eine Gegenbewegung erfährt, was insgesamt als neutralisierte Stabilität erfahren wird. Diese Dynamik wird geschlechtlich unterteilt, was sich in der Hausgestalt widerspiegelt, wo der gemauerte zylindrische Teil als weiblich, der Dachstuhl und die Bedeckung als männlich angesehen werden. „Ihre Drehungen sind gegenläufig und halten in ihrem Zentrum eine Spannung, die man als Wesen jeder physischen und metaphysischen Existenz betrachtet“ (ebd.: 102). Die Architektur der Fali spiegelt somit die Struktur egalitärer Machtbalancen, die so typisch sind für die politische Dynamik herrschaftsfreier Gesellschaften.

4. Grundmodelle staatsfeindlichen Bauens

Die enge Verknüpfung von egalitärer Architektur und symbolischer Dimension ist also nicht zu übersehen und wird auch in den folgenden Abschnitten dieses Kapitels immer wieder bestätigt werden. Raumordnungskonzepte egalitärer Gesellschaften fordern ein Architekturverständnis, das sich sowohl von der Bindung an Monumente der Herrschaftsrepräsentation als auch von der Fixierung auf bestimmte Materialien lösen kann. Hierfür gibt es bereits Ansätze, die jedoch weder hinreichend genutzt noch für die spezifischen Bedingungen egalitärer Institutionengefüge weiterentwickelt wurden. Da ist zunächst Lewis H. Morgans (1965) allerdings noch ganz evolutionistischen Vorstellungen des 19. Jahrhunderts verhaftete Pionierarbeit zur kommunistischen Wohnform nordamerikanischer Indianergesellschaften. Anschlussfähiger für institutionenanalytische Überlegungen erweist sich jedoch das zeitgenössische Postulat Enrico Guidonis (1976: 9), den Architekturbegriff „auf die Gesamtheit der räumlichen Tätigkeiten und auf ihre Interpretation im ‚Innern‘ der untersuchten Gesellschaft im Verhältnis zu den anderen (ökonomischen, rituellen usw.) Aktivitäten“ anzuwenden.[85] Guidonis Zusammenschau „primitiver“ Architektur gehört zu den überaus raren Versuchen, auch deren sozialen Implikationen gerecht zu werden.

Die folgende Analyse versteht sich als ein erster Versuch, einige Grundtypen egalitären Bauens herauszuarbeiten. Dem Anspruch auf Vollständigkeit kann dabei nicht entsprochen werden. So bleiben etwa

85 In die gleiche Richtung geht übrigens auch schon Carl A. Schmitz’ (1955: 12) Bestimmung der Grundformen der Platzabsteckung von 1955. Neben die Benutzung künstlicher Formen und Materialien tritt die Verwendung des menschlichen Körpers und die Einbeziehung von Naturgegebenheiten in den Bereich architektonischen Wirkens.

Straßen- und Haufendörfer, wie sie aus dem afrikanischen Areal bekannt sind, aus dieser Untersuchung ausgeklammert. Die Rolle der verschiedenen Haus*formen* wie Wetterschirm, Kuppelhütte, zylindrisches Kugeldachhaus, rechteckiges Satteldachhaus wird ebensowenig analysiert. Für alle Modelle egalitärer Architektur treffen die im vorangegangenen Abschnitt herausgearbeiteten Charakteristika zu. Unübersehbar ist zum Beispiel schon für den oberflächlichen Beobachter, dass in ihnen einerseits jeweils ein Haustypus universell ist (vgl. auch Rapoport 1969: 4), der Gebrauch eines einheitlichen Baustils andererseits gleichwohl individuellem Ausdruck und zielgruppenspezifischen Normierungen Raum zu geben vermag. Immer korrespondiert die Architektur mit den jeweiligen Systemen der religiösen Weltdeutung, die ihrerseits einen wichtigen Beitrag zur Stabilität egalitärer Ordnungen leisten. Stets ist der egalitäre Zugang der Gesellschaftsmitglieder zur Theorie und Praxis einer Architektur festzustellen, die sich am menschlichen Maß orientiert.

Die Kreissiedlung

Wenn in diesem Kapitel die egalisierenden Funktionen „primitiven" Bauens in den Mittelpunkt der Betrachtung rücken, dann soll der politisch-ideologische Aspekt nicht verabsolutiert werden, sondern immer die Überlegung präsent bleiben, dass besonders im Fall der Architektur eine Mehrwertigkeit der meisten Symbole wahrscheinlich ist. Der Kreis kann daher beispielsweise zugleich ein Symbol für die Egalität einer Gesellschaft wie auch von deren kultischer Verehrung der Sonne sein. Um die politische Funktion der Architektur zuallererst freilegen zu können, beschränke ich meine Darstellung aber weitgehend auf die Analyse des egalitären Aspektes. Die Legitimität eines solchen Verfahrens wird nicht zuletzt durch den oft übersehenen Zusammenhang gestützt, dass die immer wieder betonte „Ganzheitlichkeit" „primitiver" Symbolsysteme gerade auch in ihren egalitären Aspekten jene Bereiche des sozialen Weltbezugs einbegreift, die in wissenschaftlichen Analysen in der Regel unter der Kategorie „Religion" verstanden werden. So können die kreisförmigen Tipi-Lager der Lakota zwar schon für sich als „repräsentativ für die Einheit und gesellschaftliche Solidarität" begriffen werden. Sie sind aber zugleich eine Ausdrucksform von *cangleska wakan*, dem *sacred hoop*. Der Kreis findet sich ebensosehr in den

Grundrissen jedweder Art heiliger Räume. „Kleine Ringe, aus einem Weidenrahmen gemacht, dem ein die vier Winde repräsentierendes Kreuz beigefügt wurde, werden als Haarschmuck getragen oder bei heiligen oder säkularen Tänzen in der Hand gehalten. Man findet sie auch als Designmotiv auf Gegenständen aus Perlen oder Federn. Die Aufstellung bei einigen Tanzarten, z.B. beim Rundtanz, symbolisiert ebenfalls diese Einheit" (Powers 1982: 183).

Das runde Lager, die kreisförmige Siedlungsstruktur ist eine besonders offensichtliche architektonische Ausdrucksmöglichkeit gesellschaftlicher Egalität.[86] Zu einem zentralen Platz, der für gemeinschaftliche Veranstaltungen jedweder Art offen steht, haben alle Wohneinheiten gleichmäßigen Zutritt. Jede ist vom gesellschaftlichen Mittelpunkt, dem Ort, der das politische Zentrum bildet, gleichweit entfernt. Der Raum des Politischen ist somit einerseits allen Bewohnern zugänglich. Andererseits bleibt die zentrale Machtposition in der Regel auch symbolisch unbesetzt. Die egalitäre Rundform findet sich in vielen Gartenbaukulturen Südamerikas, z.B. bei den Gé-Völkern. Die Wichtigkeit des Kreisdorfes für die Bororo-Indianer hat bereits Lévi-Strauss beschrieben (vgl. Abb. 2), allerdings nicht hinsichtlich seiner egalitären Implikationen, sondern unter dem Gesichtspunkt der religiös motivierten Hälftentrennung.[87] Die Mitte des Platzes wird hier von einem gemeinschaftlichen Männerhaus besetzt, ebenso wie in den kreisförmig oder oval angelegten autonomen Dörfern der nach matrilinearen Abstammungsregeln integrierten Makonde Tansanias (vgl. Grohs 1994: 13).[88]

---

86 Runde Siedlungsmuster, z.B. solche mit kreisförmigem Platz, sind allerdings nicht auf egalitäre Gesellschaften beschränkt. Das zeigt das Beispiel der königlichen Zulu-„Städte". Der Kreis kann auch in stark hierarchisierten Ordnungen Verwendung finden. Das Haus des Herrschers wird dann in der Kreisstruktur besonders hervorgehoben. Trotz der runden Form wird der Bereich des Königs im Kraal eigens abgegrenzt. Die Behausungen für ihn und seinen Harem sind durch Zäune und Wachen von den übrigen Bewohnern der Siedlung abgeschlossen (Biermann 1971: 99). – Aber womöglich ist die Kreisstruktur hier ein *Relikt* vormonarchischer Zustände.

87 Die meisten Untersuchungen dualer Organisationsformen und komplementärer Hälftentrennung befassen sich nicht mit deren politischen Implikationen. Dabei lassen sich der *Respekt* und die *Reziprozität* mühelos als die zugrundeliegenden Prinzipien dieses Institutionentyps herausarbeiten.

88 Vgl. für die Funktion des Männerhauses den entsprechenden Abschnitt dieses Kapitels.

Mit Hälftentrennung, aber Tanzplatz statt Männerhaus, präsentieren sich die Dörfer der Kreen-Akorore (vgl. Garve/Puttkamer 1995: 46).

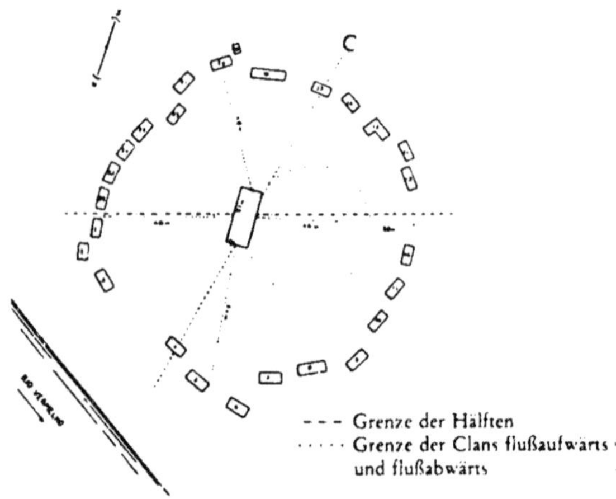

Abb. 2: Grundriss eines Bororo-Dorfes; aus: Lévi-Strauss 1989: 211

Besonders häufig tritt die Rundsiedlung bei nomadischen Wildbeutern auf. Die afrikanischen Mbuti errichten ihr Lager unfern eines Wasserlaufs auf einer Lichtung, deren Mitte frei bleibt und den repräsentativen Funktionen der gesamten Gruppe dient. „Dieser zentrale freie Platz verleiht der Lageranlage eine, wenn auch unregelmäßige, ringförmige Struktur" (Guidoni 1976: 43). Bei den malaiischen Semang wird das Lager auf einer Waldlichtung angelegt und umfasst eine Gruppe mehr oder weniger komplexer, kreisförmig oder oval um einen Platz angeordneter Unterkünfte (43). Die in Westbrasilien beheimateten, jagenden und sammelnden sowie zeitweise Gartenbau betreibenden *Nambikwara* schließen sich während der Winterzeit in nahe einem Fluss auf einem Hügel gelegenen Siedlungen zusammen, die aus rundlichen, halbkreis- oder ringförmig um einen Platz angeordneten Familienhütten bestehen. Die ebenfalls halbnomadischen südamerikanischen *Yanomami* bewohnen halbständige Lager. Ihr *Sciapuno* besteht aus einem rundlichen Platz, der von einer mehr oder weniger durchgehenden Wand aus enormen Windschirmen mit einer einzigen rechteckigen, nach außen geneigten Dachfläche umgeben ist. „Jede Unterkunft beherbergt mehrere Familien. Der als heilig angesehene und in seiner Gesamtheit der Gruppe gehörende zentrale Platz dient allen sozialen Funktionen und kann zu Verteidigungszwecken oder bei Änderung der Mitgliederanzahl erweitert oder verkleinert werden“ (52). Die aus der Ethnographie bekannten Versionen des Sciapuno unterscheiden sich hinsichtlich der Symbolisierung der Häuptlingsfunktion. Neben gänzlich egalitären Anordnungen der Wetterdächer (vgl. Abb. 3) gibt es solche, die das Dach des Häuptlings hervorheben (vgl. Abb. 4). Besonders deutlich wird diese Unterscheidung bei der einzeln im Rund stehenden Häuptlingshütte (Abb. 5; vgl. Klotz 1991: 25 ff).

Der ringförmig von annähernd gleichen Wohneinheiten umschlossene leere Platz erscheint in allen oben beschriebenen Beispielen als der Versammlungspunkt einer Gesellschaft der Gleichen. Wenn ein Mbuti vor seiner eigenen Hütte zu einer Rede ansetzt, dann hat diese Rede nicht mehr Gewicht als die der übrigen Lagergenossen. Tritt jemand auf den mittigen Platz, erhebt er dagegen den Anspruch, für die ganze Gruppe zu sprechen (Frazer 1968: 13). Er fungiert dann als Gruppensprecher und stellt eigene Interessen hintenan. Das räumliche Zentrum der Siedlung erscheint somit auch als politisches, das aber nur gelegentlich aktualisiert wird. Denn keine einzelne Person kann das Recht auf politische Durchsetzung dauerhaft für sich allein beanspruchen, und die Funktion des Gruppensprechers ist eine außeralltägliche. Werden einzelne Behausungen deutlich hervorgehoben, ist das ein

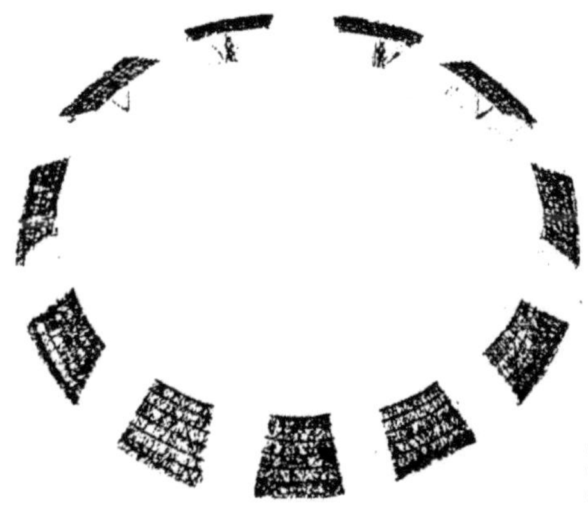

Abb. 3: Schema eines Sciapuno mit getrennt stehenden Wetterdächern; aus: Klotz 1991.

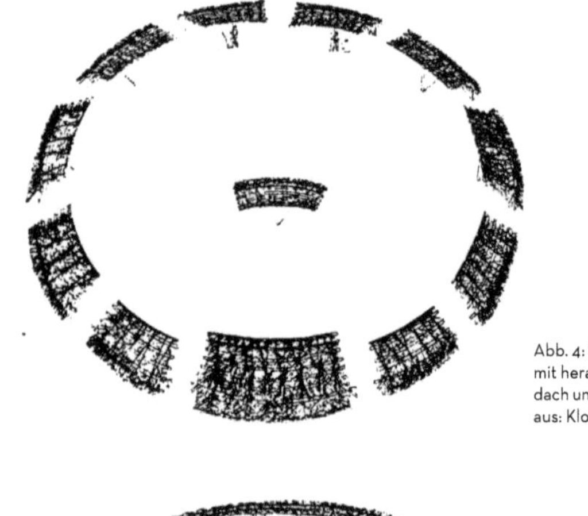

Abb. 4: Schema eines Sciapuno mit herausgehobenem Häuptlingsdach und zentralem Unterstand; aus: Klotz 1991.

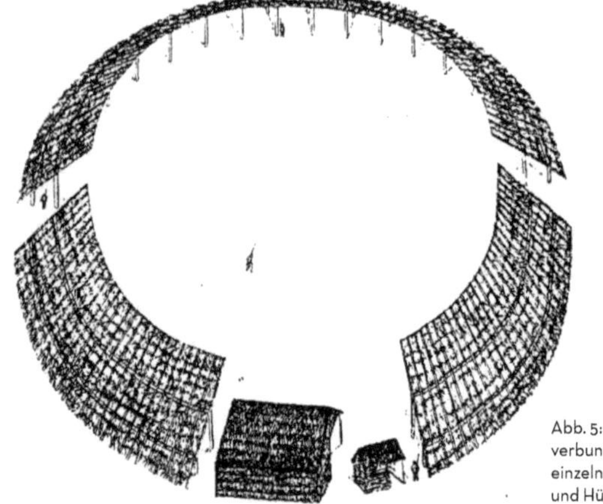

Abb. 5: Schema eines Sciapuno mit verbundenen Wetterdächern und einzeln stehender Häuptlingshütte und Hühnerstall; aus: Klotz 1991.

Indiz für eine gesellschaftliche Sonderrolle oder eine Rangabstufung, die aber keineswegs schon mit einer Herrschaftsfunktion einhergehen muss. Es kann sich etwa um die Behausung eines religiösen Funktionärs handeln, der zu den anderen Siedlungsbewohnern mitnichten in einer Befehls-Gehorsamsbeziehung stehen muss.[89] Solche sozialen

89 Vgl. für die Bewertung der politischen Rolle der Schamanen Haude/Wagner 1996: 410-420.

Unterschiede, welche die gleichheitliche Struktur nicht grundsätzlich in Frage stellen, können z.B. dadurch symbolisiert werden, dass, wie bei den Mandan-Indianern, mehrere Ringe von Erdhütten um den Gemeinschaftsplatz gelegt sind. Der innerste Ring ist in diesem Fall von religiösen Spezialisten bewohnt (Nabokov/Easton 1989: 128).

Auch bei den traditionalen Plainsindianern gab es innerhalb der kreisrunden allsommerlichen Tipi-Lager privilegierte Positionen, etwa an der Südseite nahe der heiligen östlichen Öffnung (Fraser 1968: 21). Die Tipi-Ringe bildeten sich anlässlich großer Versammlungen politischen, religiösen und sozialen Charakters, bei denen alle Bands des jeweiligen Stammes zusammenfanden. Hier sind jedoch Unterschiede zwischen den einzelnen Stämmen feststellbar. Manche Tipi-Ringe bilden zugleich eine gesellschaftliche Hälftentrennung ab wie die der Cheyenne, Omaha, Ponka, Osage, Kansas, Iowa, Oto und Misouri. Die Cheyenne kannten zudem einen Stammesrat aus 44 Friedenshäuptlingen, dem zu bestimmten Anlässen, etwa der Ernennung von neuen Häuptlingen, ein großes Rats-Tipi in der Mitte des Lagers errichtet wurde. Zeitweilig war also auch hier das politische Zentrum besetzt. Später bekam das Sonnentanzhaus diesen zentralen Platz zugewiesen. Bei den Blackfeet war jede Stammesuntergruppe während der Vorbereitung und Durchführung der Zeremonie für einen Pfahl dieser sakralen Hütte verantwortlich. Alle Bands hatten so gemeinsam und gleichmäßig Teil am Ablauf des gemeinschaftsstiftenden Ritualkomplexes (Ewers 1958: 177), wodurch eine religiöse Machtballung in Form eines Organisationsmonopols verhindert wurde.

Die Kreis-Symbolik ist eine besonders anschauliche Spielart architektonischer Egalitätssymbolisierung. Sie dient daher zuweilen auch in herrschaftlich verfassten Gesellschaften der Behauptung von Egalität derjenigen, die auf der Kreislinie positioniert sind; das zeigt sich bei der mythischen Tafelrunde ebensowohl wie bei modernen kreisförmigen Plenarsälen in Parlamenten oder Gotteshäusern; vor allem jedoch an den jüngst in Mode gewesenen (terminologisch oder tatsächlich runden) „Runden Tischen". Bei diesen Beispielen zeigt sich zugleich, dass der Symbolgehalt des Kreises neben der Egalitätsverbürgung für die Mitglieder den weiteren wichtigen Aspekt beinhaltet, sich gegenüber den Nicht-Mitgliedern abzugrenzen. Egalitär ist selbstverständlich keine Gesellschaft, in der sich ein „Zirkel" von den „Leuten da draußen" abschließt; egalitär ist jedoch die Gesellschaft, die sich *als Ganze* durch Kreisformen symbolischen Ausdruck gibt. Die kreisförmige Siedlung symbolisiert in diesem Sinne den gleichen Zugang aller Gesellschaftsmitglieder zum Ort der kollektiven Macht, der entweder symbolisch unbesetzt bleibt oder durch ein Versammlungshaus die Beteiligung aller Gleichen (oft allerdings nur der Männer) symbolisiert wird.

Die gestreute Gehöftsiedlung

Verglichen mit den egalitären Kreissiedlungen erzeugen die für weite Teile Westafrikas typischen Gehöftsiedlungen einen recht unübersichtlichen und unstrukturierten Eindruck.[90] Die soziale und politische Struktur der segmentären Gesellschaften[91] Afrikas beruht auf einem patrilinearen Abstammungssystem und weist außer den Ungleichheiten des Alters und Geschlechts kaum dauerhafte soziale Hierarchien auf. Jeder Mann kann irgendwann der Vorsteher seiner Abstammungsgruppe werden. Vorausgesetzt, er lebt lange genug. Politische, wirtschaftliche und religiöse Macht sind weit gestreut - ebenso wie die Gehöfte (vgl. Abb. 6), wodurch „der gleichartige Rang aller Gehöftherren zum Ausdruck" kommt (Haselberger 1964: 21 f).

Typisch für diese egalitären Siedlungsstrukturen sind die subsistenzwirtschaftenden Gehöfte der Mossi, Nabdam und Tallensi.[92] Entsprechend ihrem *fraktalen* Charakter (vgl. Kap. 3) entsprechen die Wohneinheiten „Regulierter Anarchien" sich selbst organisierenden

90 Als Gründe für diese Form der Besiedlung werden neben den wirtschaftlichen Notwendigkeiten, der geringen Ertragsfähigkeit der Böden, die einen gewissen Mindestabstand zwischen den Gehöften erzwingt, die „große Unabhängigkeitsliebe und sogar Streitsucht" der westafrikanischen Gesellschaften genannt (Haselberger 1964: 17).

91 Segmentäre Gesellschaften können als ein Subtypus herrschaftsfreier Gesellschaften beschrieben werden, bei dem die „unilineare Deszendenzgruppe" (UDG) der wichtigste Integrationsfaktor ist (vgl. Sigrist 1994).

92 Das kolonial verordnete Häuptlingstum der Tallensi kann nicht als repräsentativ für die auch in der Architektur deutlich sichtbaren gleichheitlichen Strukturen bezeichnet werden (vgl. Sigrist 1994: XIII), und für die Mossi lassen sich architektonische Differenzen zwischen einer überlagernden fremdethnischen Herrscherschicht und der egalitären Altschicht herausstellen. Hier interessiert nur diese „Altschicht".

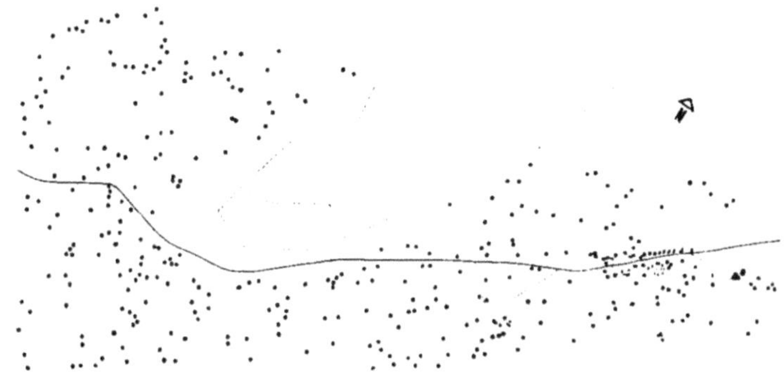

Abb. 6.: Verteilung von Gehöften; aus: Archer 1971: 47.

Gesellschaften im Kleinen. Sie sind gleichsam autonome Lebens- und Arbeitszusammenhänge, die selbstähnliche Sprösslinge abspalten können, wenn es sozial oder politisch erforderlich wird. Eben das führt zu einer weiten Streuung der einzelnen Gehöfte. Die der Nabdam verteilen sich gleichmäßig über den Bereich des bewohnbaren Savannengürtels. Sobald ein männlicher Vorstand stirbt, löst sich der in einem Gehöft ansässige Familienverband auf. Der älteste Sohn bleibt im „Vaterhaus", während seine Brüder neue Gehöfte bauen (Archer 1971: 47).[93] Deren Errichtung ist die gemeinschaftliche Leistung der zukünftigen Bewohner und ihrer Verwandtschaft. Dabei sind die Aufgaben entlang der Geschlechterlinie geteilt. Die Männer bauen die Mauern und die Dächer, während die Frauen für die abschließende Oberflächengestaltung zuständig sind.

---

93 Die Gehöfte der Tallensi verteilen sich weniger gleichmäßig über die Landschaft. Sie drängen sich zu Füßen von Hügeln und breiten sich von dort mit abnehmender Dichte weiter aus. Das hat zwei Gründe. Zum einen befinden sich die für den politisch-sozialen Zusammenhang wichtigen Ahnenschreine auf den Hügeln. Zum anderen bieten die Gegebenheiten des Hügelbereichs ackerbauliche Vorteile. Die höher verlaufenden Böden haben nämlich einen besseren Wasserabfluß während der feuchten Zeit, während die darunter gelegenen das Opfer von Überschwemmungen und Versumpfung werden können. Wann immer es möglich ist, werden neue Gehöfte in der Nähe des Lineage-Ältesten angelegt. Aber wenn die Bodennutzung es nicht mehr zuläßt, führt dies zu einer Erschließung neuer Bewirtschaftungsflächen abseits der angestammten Verwandtschaftsgruppe (vgl. Prussin 1969: 53).

Ahnenschreine symbolisieren sowohl die große Unabhängigkeit der Gehöfte als auch ihre gleichzeitige Verbundenheit zum Lineagesystem, das die gesamte Gesellschaft integriert, zentrale Getreidespeicher bei den Nabdam (Archer 1971: 49) und Mossi (Fiedermutz-Laun 1983: 148) ausschließlich die Autonomie der bäuerlichen Einheiten. Tallensische Wohnstätten sind eine Materialisation ihrer Idee von Sippe. „*Yir*“ kann dementsprechend austauschbar als „Haus“ oder „Familie“ übersetzt werden.[94] Zudem wird die kultische Erdverbundenheit der Tallensi an der Art sichtbar, wie jedes Gehöft sich aus der Erde aufzurichten scheint (vgl. Prussin 1969: 60f). Der Zugang ist durch einen schattenspendenden Baum gekennzeichnet. Der offene Raum zwischen Baum und Gehöfteingang dient für Versammlungen jedweder Art. Vor dem Eingang befinden sich die Ahnenschreine, die spirituellen Wächter des Gehöfts. Der Torweg ins Innere symbolisiert ökonomische Unabhängigkeit. Wenn die Großfamilie des Gehöfts aus mehreren Wirtschaftseinheiten besteht, wird dies durch separate Wege dargestellt. Direkt hinter dem Eingang befindet sich der Bereich für das Vieh, der sich optisch kaum von den für die Menschen reservierten Teilen unterscheidet. Der Raum des Gehöftgründers schließt sich dem Torweg an. Er wird kaum benutzt und ist eher ein Symbol für die Kontinuität und die Stellung des Ältesten innerhalb der Abstammungsgruppe als eine Wohnung. Männer- und Frauensphäre sind durch eine hüfthohe Mauer voneinander getrennt, wobei das Vieh dem männlichen Bereich zugeordnet ist. Die Untereinheiten der Frauen variieren in der Größe je nach Status der Bewohnerin.

Ist für viele segmentäre Gesellschaften Afrikas eine tendenzielle Unterordnung der Frauen festzustellen, so ändert sich das Bild in Richtung auf ein symmetrisches Geschlechterverhältnis bei den ebenfalls nach genealogischen Abstammungsprinzipien organisierten Irokesen.

---

94 Übrigens genau wie im Abendland, wo aber die politische Konnotation charakteristischerweise herrschaftsbezogen ist: Von lat. *domus* (Haus; Familie) leitet sich *dominus* ([Haus-] Herr; Gebieter) ab.

Das irokesische Langhaus als egalitäres Wohnmodell und föderative Leitidee

Ho-de-no-sau-nee („die Leute vom Langhaus") – bereits in dieser Selbstbezeichnung des unter dem Namen *Liga der Irokesen* bekannt gewordenen Stämmebundes tritt die Wichtigkeit architektonischer Symbolik für eine besonders bemerkenswerte Variante eines staatslosen Institutionengefüges hervor. Zeichnen sich die gerade beschriebenen afrikanischen Gehöfte durch eine dezentrale Siedlungsweise aus, so sind die Gemeinschaften der nordamerikanischen Irokesenföderation im Gegensatz dazu in Dörfern konzentriert, die sich durch wehrhafte Palisaden nach außen abschließen. Doch auch hier trägt die spezifische Architektur zur symbolischen Stützung einer Gesellschaftsform ohne politische Herrschaft bei.

Eine mit haushaltlichem „Kommunismus" verbundene einheitliche Bauweise hatte bereits Lewis H. Morgan für Langhaussiedlungen als charakteristisch herausgestellt. Er beschreibt das Wohnmodell des Langhauses, manchmal auch „Big House"[95] genannt, in seinen sozialen Bezügen und diskutiert es in Zusammenhang mit anderen Formen von Gemeinschaftshäusern.[96] Für die bis zu 4000 Personen (vgl. Nabokov/Easton 1989: 81) fassenden Siedlungen war das Langhaus aber nicht nur das gemeinschaftliche Zuhause eines matrilinearen und matrilokalen Sippenverbandes mit weiblichem Vorstand, sondern zugleich das Symbol eines für das republikanische Nordamerika maßstabgebenden politischen Bundes, der ohne institutionalisierte Befehls- und Gehorsamsbeziehungen auskam (vgl. Abb. 7).[97]

---

95 Nicht gemeint ist hier mit der Bezeichnung „Big House" jener spezifische Baustil, für den die Häuptlingstümer der Nordwestküste Nordamerikas bekannt sind.

96 Sein wichtigstes Ergebnis läßt sich in zwei Sätze fassen. Morgan findet in den Häusern und Hütten der Makah (116), Ojibwa (117), Mandan (135 f), Pimas (138) und Irokesen (126f.) eine haushaltliche Gemeinwirtschaft vor, die stets mehrere Familiengruppen unter einem Dach vereinigt und sich zuweilen auf alle Einwohner eines Dorfes oder Lagers erstreckt. „Hunger und Entbehrung an einem Ende eines indianischen Dorfes, während am anderen Ende Überfluss herrschte, waren unbekannt" (105).

97 Der Einfluß der irokesischen Diplomatie auf die Formierung der Vereinigten Staaten ist nicht unbeträchtlich gewesen. Inwieweit das indianische Föderationsmodell Eingang in die republikanische Verfassung gefunden hat, bleibt aber umstritten (vgl. für diese Diskussion: Barreiro 1992 u. Weatherford 1995).

Abb. 7: Nach archäologischen Befunden rekonstruierte irokesische Siedlung Ska-Nah-Doht; Foto von Thomas Wagner: bei London, Ontario, Kanada 1996.

Erstaunliche Parallelen zur irokesischen Sozialstruktur bis hin zum Langhaus als Wohnmodell weisen die in einer völlig anderen Weltregion angesiedelten, ebenfalls matrilinear und matrilokal integrierten Khasi-Stämme Ostindiens auf. So kennen die Naga Langhäuser, die eine Länge von 100 m erreichen. Diese Häuser sind, wie bei den Irokesen, in Frauenbesitz. Das Langhaus fungierte bei den Irokesen als vorherrschendes Symbol sozialer Solidarität. Eine wichtige Rolle spielt es schon im Schöpfungsmythos der Indianer. „Bevor es die Menschheit gab, existierte nur eine Himmelswelt, die von den Blüten eines alle ernährenden Großen Baumes erleuchtet wurde. Diese Sphäre wurde von den ‚älteren Brüdern' bevölkert, den Prototypen der Menschen und Tiere, die später auf der Erde erscheinen sollten. Sie lebten in langen, mit Baumrinde bedeckten Häusern, die nach einer Ost-West-Achse ausgerichtet waren. In jeder Behausung waren diese mythologischen Bewohner als Verwandtschafts-Clan nach der weiblichen Abstammungslinie miteinander verbunden. Einzelfamilien besaßen Schlafstellen entlang beider Seiten des Mittelgangs; und die Feuerstellen fürs Kochen wurden jeweils von den Familien benutzt, die sich gegenüber befanden“ (ebd.: 76). Wichtiger noch für das Verständnis der politischen Struktur des Stämmebundes ist die Funktion des Langhauses im institutionellen Gründungsmythos der Föderation. „Bei der berühmten Ratsversammlung, die angeblich ihre neue Liga begründete, beschlossen die Stammesvertreter einstimmig: ‚Es soll ein Langhaus gebaut werden.‘ Und seither sprachen die Irokesen von ihrem Gebiet immer metaphorisch als von einem gigantischen Langhaus“ (ebd.: 85). Die Haussymbolik ging auch in die rhetorischen Figuren ein, derer sich die irokesische Sprache der Diplomatie bediente. Der Stamm der Onondaga war für das Mittelfeuer verantwortlich, das der Ligaratsversammlung diente. Die Seneca im Westen und die Mohawk im Osten waren die Hüter der Tore. „Die kleineren Oneida- und Cayuga-Nationen waren die ‚jüngeren Brüder‘. Alle wurden von einem gemeinsamen Dach gestützt“ (Wright 1992: 140). Die irokesischen Führer, die Sachems, wurden als Stützbalken dieses Hauses bezeichnet (Nabokov/Easton 1989: 85). „Die Bereitschaft der Liga, unbegrenzt neue Mitglieder gleichberechtigt zu adoptieren, wird durch die Beschaffenheit der Langhäuser symbolisiert. Die Breitseite dieser Häuser kann abgenommen werden, um neue Familien und Feuerstellen anzugliedern“ (vgl. Schumacher 1972: 61). Wenn es auch als Wohnmodell schon im frühen 19. Jahrhundert aufgegeben wurde, konnte das irokesische Langhaus seine Funktion als integrierendes politisches Symbol auf den Reservaten der Six Nations in Kanada und den USA zumindest bei jenen zahlreichen Traditionalisten bewahren, die nach wie vor am „Great Law of Peace“ festhalten und gegenüber Amerikanern und Kanadiern zuweilen erfolgreich ihre nationale Souveränität behaupten (vgl. Barreiro 1992).

Gemeinschafts- und Versammlungshäuser

Wurde bisher im Fall der Rund-, Gehöft- und Langhaussiedlungen das Augenmerk auf die egalitären Aspekte der gesamten Siedlungsanlage gelegt, soll nun ein besonderer Haus*typ* näher untersucht werden: das Gemeinschaftshaus. Gemeinschaftshaus, Langhaus, Big-House - diese Bezeichnungen können Verschiedenes meinen, werden aber zum Teil auch synonym verwendet. Viele Wohneinheiten „primitiver“ Gesellschaften beherbergen mehrere Familien oder eine größere Verwandtschaftsgruppe. Oft wurde das einzelstehende, von einer gesamten „Dorf"-Bevölkerung bewohnte Gemeinschaftshaus beschrieben (z. B. das bis zu 100 Personen fassende Haus der südamerikanischen Tukana, vgl. Garve/Puttkamer 1995: 130). Es erscheint dann als „Wohnsitzmodell der ‚kommunistischen' Gesellschaft, in der die Unausgeglichenheiten und Privilegien unter den Familien beseitigt sind und eine paritätische, auf der gerechten Aufteilung der Feldarbeit und jeder weiteren Tätigkeit basierende Zusammenarbeit herrscht". „Die substantielle wirtschaftliche Gleichstellung unter den Familien drückt sich im Fehlen einer direkten Beziehung zwischen der Kleinfamilie und der Produktion und in der Beschränkung des Privateigentums aus" (Guidoni 1976: 100).

Unter Gemeinschaftshaus soll *hier* aber in erster Linie jener gesonderte Haustyp gemeint sein, der in Dorfanlagen als gesellschaftlicher Versammlungsraum für politische, religiöse oder soziale Zwecke dient. Im Falle der Langhaussiedlungen der Irokesen besteht, wie oben gezeigt wurde, die gesamte Dorfanlage aus Gemeinschaftsbauten, jedoch heben sich hiervon eigens religiösen und politischen Versammlungszwecken dienende Gebäude ab, die sich äußerlich nur in ihrer Größe von den Wohngebäuden unterscheiden (vgl. Wallace 1972: 22). Das Gemeinschaftshaus kann als spirituelles Zentrum den Zusammenhalt einer Dorfgemeinschaft symbolisch verstärken. Bei den Lamet dient das Versammlungshaus als Tempel des Dorfgeistes. Die Kooperation einer Dorfgemeinschaft, die außerhäusliche herrschaftliche Integration nicht kennt, wird so durch ein symbolisches Kult-Zentrum befördert (Izikowitz 1943: 53 f). Die sakralen Gemeinschafts- und Versammlungshäuser der Clans und Dörfer der *Bakosi*, *esam* und *njeh*, entsprachen der allgemein in dieser Gesellschaft üblichen einheitlichen Bauform. Diese Häuser befanden sich in der Treuhänderschaft des wenig Autorität besitzenden Dorfhäuptlings, wurden aber von Männergesellschaften und Ältestenrat genutzt und kontrolliert (147).

Die Rolle des Gemeinschaftshauses als politischer Versammlungsort ist je nach Art der politischen Entscheidungsstrukturen verschieden, erscheint aber besonders typisch für egalitäre Gesellschaften; z.B. in Melanesien: Dort beruht das Versammlungshaus auf zwei Grundlagen. Das sind die Autonomie oder zumindest eine weitgehende Selbständigkeit des jeweiligen politischen Verbandes und die Beteiligung eines mehr oder minder großen Personenkreises an dessen Leitung (Schlesier 1953: 138). Ein charakteristisches Beispiel sind die politischen Verhältnisse auf dem Truk-Archipel, wo die vollkommene Selbständigkeit als politische Verbände auftretender Clans mit einer geringen Macht des Clanoberhauptes und der Anteilnahme der gesamten Bevölkerung am öffentlichen Leben einhergeht. „Diese Feststellung hat ebenso Gültigkeit für die im Süden Truks gelegenen Inseln Nama und Losap, sowie für die Gruppe Lukunor“ (134).

Das Männerhaus: Männerherrschaft oder Geschlechtersymmetrie?

Das gemeinschaftliche Versammlungshaus wird in Gesellschaften, die Frauen den Zugang zum öffentlichen Raum beschränken, als Männerhaus[98] bezeichnet. Bei den Dogon hat das Gebäude ein Strohdach und ist zu den Seiten hin offen. Hier werden Entscheidungen während der meist informellen Besprechungen nach dem Konsensprinzip getroffen (Pern 1982: 130). Eine solche symbolisch gestützte Sphärentrennung zwischen öffentlichem männlichen und privatem weiblichen Bereich ist jedoch nicht notwendig Ausdruck eines hierarchischen Geschlechterverhältnisses zugunsten der Männer. Im Modell der *geschlechtssymmetrischen* Gesellschaft, das aus Debatten der neueren feministisch orientierten Anthropologie bekannt ist, erscheint die Macht in „primitiven“ Gesellschaften polyzentrisch zwischen Frauen und Männern verteilt und fließt in verschiedenen institutionalisierten sozialen Kontaktstellen zusammen. Diese Institutionen stellen eine Machtbalance ohne einseitiges Dominanzverhältnis her. „Der Vorrang der Männer in der politischen Repräsentation bedeutet nicht notwendig,

98 Überzeugend hat Erhard Schlesier 1953 die undifferenzierte Verwendung des Begriffs Männerhaus für das Areal Mikronesiens angegriffen. Seine Auswertung des ethnographischen Materials ließ ihn folgende Haustypen unterscheiden, die in der vorgängigen Forschung alle gelegentlich als Männerhaus bezeichnet worden waren: Versammlungshaus, Junggesellenhaus, Männerarbeitshaus, Tanz- und Festhaus sowie Kulthaus. Die jeweiligen Haustypen konnten auch nicht alle in allen Gesellschaften Mikronesiens vorgefunden werden, die ihrerseits unterschiedliche politische Institutionen aufwiesen, von der herrschaftsfreien Clangesellschaft mit Häuptlingstum ohne Befehlsgewalt bis hin zu Formen zentralisierter Staatsgewalt.

dass sie herrschen. Ebensowenig führt eine starke wirtschaftliche Position der Frauen zu Frauenherrschaft" (Lenz 1990: 57). Macht von Frauen oder Männern zeigt sich durch Kontrolle oder eigenständige Verfügung über die Produktionsprozesse, den Besitz an Produktionsmitteln und die Verfügung über das Produkt, die Reproduktion der Nachkommen, die Sexualität und den eigenen Körper, die politische Autorität und eigenständige hochbewertete Positionen in den symbolischen Ordnungen und den rituellen und religiösen Aktivitäten zu ihrer Aufrechterhaltung. Frauen oder Männer können das eine oder andere dieser *Machtfelder*[99] stärker bestimmen, ohne dass dies notwendig zu einer Asymmetrie des gesamten Geschlechterverhältnisses führt, da ein stärkeres Gewicht von Personen des jeweils anderen Geschlechts auf einem oder mehreren der übrigen Machtfelder ausgleichend wirken kann. Das Vorhandensein eines männlich dominierten Gemeinschaftshauses und die Besetzung der politischen Repräsentationssphäre durch die Männer langt also allein nicht hin, eine „primitive" Gesellschaft als von Männern beherrscht darzustellen. Vielmehr muss für jeden Einzelfall genau geprüft werden, ob sich männliche und weibliche Machtsphären ausbalancieren oder ob die einen die anderen dominieren.

Nach dem Konzept der geschlechtssymmetrischen Gesellschaft ist es längst nicht ausgemacht, dass für den Fall der von Lévi-Strauss erforschten südamerikanischen Bororo zurecht eine gesamtgesellschaftliche Männerdominanz behauptet werden kann. Der öffentliche Ort der Macht ist von allen Männern des Dorfes gemeinschaftlich besetzt. Männer werden dem öffentlichen und Frauen dem häuslichen Bereich des sozialen Lebens zugeordnet. Allerdings ist es nicht nur so, dass Frauen der Zutritt zum Männerhaus strengstens untersagt bleibt, auch die Männer unterliegen bestimmten Beschränkungen, die darin begründet sind, dass ihre Ehefrauen, die stets der gegenüberliegenden Hälfte des Dorfes angehören, die Hütten besitzen, in denen das Ehepaar einen gemeinsamen Haushalt hat. „Ein verheirateter Mann fühlt sich also in den Familienhütten nie zu Hause: Das Haus, in dem er geboren wurde und mit dem sich seine Kindheitseindrücke verbinden, liegt auf der anderen Seite: Es ist das Haus seiner

99 Vgl. zur Definition von „Macht" Kap. 2; insbesondere Fn. 4 zu Ilse Lenz.

Mutter und seiner Schwestern, das nun von deren Gatten bewohnt wird. Dennoch kann er dorthin zurückkehren, wann immer er will: Er wird stets willkommen sein. Und wenn ihm die Atmosphäre des ehelichen Domizils zu drückend erscheint (wenn zum Beispiel seine Schwäger zu Besuch kommen), kann er zum Schlafen ins Männerhaus gehen" (Lévi-Strauss 1989: 213). Das Männerhaus der Bororo hat also eine wesentliche Funktion darin, die häusliche Entwurzelung der Männer auszugleichen (vgl. Garve-Puttkamer 1995: 80). Es ermöglicht damit eine institutionelle Kompensation der weiblich dominierten häuslichen Macht durch einen Ort der Männergemeinschaft. Auch in den segmentären Gemeinwesen des Hochlands von Neuguinea ist das durch geschlechtsspezifische Gebäudefunktionen symbolisierte Prinzip der Geschlechtertrennung *allein* kein eindeutiger Beleg für eine Männerherrschaft. Justin Stagl (1974) berichtet davon, wie Vertreterinnen der Frauen dort das Recht hätten, „das Männerhaus zu betreten, ja sogar dort zu wohnen". Er folgert aus diesem Umstand jedoch, dass die Männer die Existenz solcher bevorrechteten Frauen dulden, „um die weibliche öffentliche Meinung mit ihrer Hilfe auszuloten und beeinflussen zu können" (251). Diese Hypothese ist um die Pointe verkürzt, dass Selbiges auch für die Frauengruppen anzunehmen ist und es zudem Orte der weiblichen Öffentlichkeit gibt, die Männern nicht zugänglich sind, etwa die Menstruationshütte.

5. Architektonischer Wandel durch Herrschaftsüberlagerung

Die Besonderheiten egalitärer Raumkonzepte treten dann besonders deutlich hervor, wenn man sie mit ihren herrschaftlichen Widerparten kontrastiert. Exogene wie endogene Faktoren können eine herrschaftliche Überformung egalitärer Institutionengefüge bewirken, was dann in der Architektur deutliche Spuren hinterlässt. Eben dies ist ein deutliches Zeichen für die politische Relevanz egalitärer Architektur, deren Funktion sich im Falle einer herrschaftlichen Überlagerung drastisch ändern kann. So wurde das demokratische Versammlungshaus Melanesiens zum Instrument hierarchischer Herrschaftsdelegation und Befehlsübermittlung. Auf dem Atoll Ifaluk behält jedes Dorf sein „Versammlungshaus", das nunmehr jedoch nicht die Autonomie der politischen Einheit und Beteiligung eines größeren Personenkreises an den Entscheidungsprozessen verkörpert, sondern dazu dient, dass ein Oberhäuptling aller Inseln seine Befehle an die Bevölkerung direkt erteilen kann (vgl. Schlesier 1953: 139f).

Handelt es sich bei dem gerade beschriebenen Beispiel herrschaftlicher Überformung um einen Fall der institutionellen *Zwecktransformation*[100] eines beibehaltenen Gebäudetyps, so erweist sich im Fall der Bororo die Veränderung der Siedlungsordnung nicht nur als Begleiterscheinung, sondern auch als destruktiver Katalysator der kolonialen Herrschaft. Lévi-Strauss' Schilderung der Zerstörung der Bororo-Kultur durch Missionare vermag die Wichtigkeit der symbolischen Dimension der Siedlungsstruktur für die Selbststabilisierung einer egalitären Gesellschaft gut zu veranschaulichen.

Die Missionare setzten in ihrem Christianisierungsvorhaben bei der Raumordnung an. „Die kreisförmige Anordnung der Hütten rings um das Männerhaus ist für das soziale Leben und den Kultus von so großer Bedeutung, dass die Salesianer-Missionare in der Gegend des Rio das Garcas sehr schnell begriffen haben, dass das sicherste Mittel, die Bororo zu bekehren, darin besteht, sie dazu zu bringen, ihr Dorf gegen ein anders einzutauschen, in dem die Häuser in parallelen Reihen angeordnet sind. Da die Eingeborenen nun in bezug auf die Himmelsrichtungen desorientiert und des Plans beraubt sind, der Grundlage ihres Wissens ist, verlieren sie schnell den Sinn für die Traditionen, so als wäre ihr soziales und religiöses System [...] zu kompliziert, um des Schemas entraten zu können, das durch den Plan des Dorfs offenbar wird und dessen Umrisse ihre alltäglichen Gesten immer aufs neue auffrischen" (Lévi-Strauss 1989: 212). Lévi-Strauss' auf die Bekehrung und die Zerstörung des traditionellen Weltbildes gemünzte Aussage lässt sich auch auf die politische Situation übertragen: Der Wegfall der egalitären Siedlungsstruktur, die eine symbolische Stützung der gleichheitlichen Machtverhältnisse bedeutete, macht die koloniale Implementierung des neuen hierarchischen Ordnungsmusters um so leichter.

Auch bei den afrikanischen Mossi ist der Vorgang der herrschaftlichen Überformung einer ehemals egalitären Gesellschaft

100 Vgl. zur jeder institutionellen Form gegebenen Möglichkeit der Zwecktransformation: Gehlen 1986b, 38f.

baustilistisch belegbar. Hier lässt sich der deutliche Gegensatz zwischen einer hierarchisierten Erobererschicht und der überlagerten egalitären Gesellschaft an den differierenden Gehöftstrukturen festmachen, „die eine voneinander sehr verschiedene Ausprägung erfahren, obwohl die Hausform die gleiche ist" (Fiedermutz-Laun 1983: 148). Die egalitären Gehöfte werden von einer polygamen Familiengruppe bewohnt, die eine rituelle und wirtschaftliche Einheit bildet. Die Häuser umlagern kreisförmig einen Binnenhof und sind dabei durch eine Lehmmauer verbunden. Die Gehöfte der herrschenden Schicht sind überwiegend größer und weisen zudem spezifische Merkmale auf, die vor allem die männliche Dominanz architektonisch stützen. So bekommt das Haus des Gehöftherrn einen zentralen Platz gegenüber dem Eingang reserviert. Er ist das Zentrum des Gehöfts. In den Wohneinheiten der „Altschicht", in der die hohe Stellung der Frauen sich auch dadurch manifestierte, dass ihr Wohnbereich unmittelbar in den Binnenhof mündete, konnten Frauen mit den Männern am sozialen Leben unter dem Schattendach vor dem Gehöft teilnehmen. Sie benutzten auch den gleichen Eingang. Dagegen stand der Mann in der Erobererschicht nicht nur im Mittelpunkt, sondern der Lebensbereich der Frauen wurde schon räumlich stark eingeschränkt. Die Wohnbereiche der Frauen wurden mit einer hohen Mauer von der sozialen Umwelt abgetrennt. Die Frauen hatten einen separaten Eingang, durften den Haupteingang sowie den sozialen Bereich des Außenhofes nicht benutzen (148, 150).

Entsprechend der gängigen Praxis der indirekten Regierung durch die britische Kolonialbürokratie bekamen auch die Nabdam *Herrscher* verordnet, welche die vormals egalitäre Gehöftstruktur veränderten. Auch hier wurden die Gehöfte der Häuptlinge größer und ihre Wohnhäuser waren im Kontrast zur einheitlichen runden Bauform dem rechteckigen europäischen Modell angeglichen (Archer 1971: 50). Ähnliche Repressionen zwangen den Kirdi Nordkameruns neue Bauformen auf. Sie wurden genötigt, ihre Bergdörfer zu verlassen, um an den Ausläufern des Mandaragebirges neue Siedlungen zu beziehen. Hieraus wurden sehr bald Slums. In solchen Projekten verband sich nach Aussage Chesis (1995: 48) Hilfsbereitschaft und Dummheit. „Es war der Wunsch, alles verwalten, besteuern und integrieren zu können, aus jedem Mann einen Soldaten und aus jeder Frau ein volkserhaltendes und volksvermehrendes Gebärwerkzeug zu machen." Aus ähnlichen Motiven verfuhr der Staat Togo, als er den streusiedelnden Somba/Tamberma den Bau ihrer traditionellen burgähnlichen Gehöfte verbot (vgl. ebd.: 80).

Neben den gerade beschriebenen exogenen Faktoren (Überlagerung und Kolonisierung) der herrschaftlichen Modifizierung ehemals egalitärer Architekturen gibt es auch Fälle, wo das architektonische Gleichmaß durch endogene Prozesse überschritten wurde. Sigrist (1994) hat in seiner Monographie über staatsferne segmentäre Gesellschaften Afrikas, die er dem Typus der „Regulierten Anarchie" zurechnet, auf Beispiele verwiesen, wo die einheitliche Bauweise durch herausgehobene Rollenträger (bei Sigrist: *Instanzen*) aufgebrochen wurde. Der Tiv-Historiker Akiga erwähne, dass ein besonderer Haustyp, *dwer*, erst mit den Titelhäuptlingen kam. „Während die traditionellen Lugbarahütten klein und rund sind, ließen die Gründer des *Yakan*-Kultes große viereckige Häuser als Tempel (*jo yakan*) errichten" (Sigrist 1994: 244). Auch die etwa 20 Meter hohen Lehmkegel der Nuerpropheten finden Erwähnung. „Die aufgezählten Fälle von Normwandel bedeuten nicht das Verschwinden der alten Norm, Normwandel führt hier zu einer hierarchieorientierten Normdifferenzierung. Für die Zentralinstanz wird eine Sondernorm geschaffen, jedoch gilt die alte Norm für die gemeinen Mitglieder weiter" (ebd.: 244).

6. Einige Thesen zur Theorie egalitärer Architektur

Architektonische Normen tragen zur institutionellen Festigung egalitärer Institutionengefüge bei, indem wesentliche Ordnungsmerkmale durch sie eine symbolische Form erhalten. Die Eigenheiten „primitiver" Anarchien erfahren durch die stoffliche Verkörperung der gesellschaftlich wichtigen sozialen Regelsysteme eine institutionelle Verstärkung. Diesem Sachverhalt wird bislang architekturgeschichtlich und kulturanthropologisch zu wenig Bedeutung beigemessen. Immer noch behindert ein zu enger Architekturbegriff die Beschäftigung mit „primitiven" Varianten. Gefordert ist dagegen eine weite Auffassung von Architektur, die auf eurozentrische und evolutionistische Scheuklappen verzichtet. Erst dadurch kann deutlich werden, wie vielfältig und kreativ die „primitiven" Lösungen für die Realisierung einer Gesellschaft der Gleichen auch im architektonischen Bereich sind. Nach diesen Grundsatzüberlegungen werden nun die wichtigsten Ergebnisse der Studie thesenartig zusammengefasst.

- Die Unbeständigkeit „primitiver“ Behausungen ist eine Bedingung nomadischer Unabhängigkeit und egalitärer Autonomie, da sie einen raschen Wohnort- und Bezugsgruppenwechsel ermöglicht.
- Es hat sich herausgestellt, dass in „primitiven“ Gesellschaften der Zugang zum Planen und Bauen egalitär ist.
- Der Mensch ist hier das Maß aller Dinge im Vergleich zur repräsentativen Herrschaftsarchitektur, die ihn kleinmachen will.
- Die Architekturen stehen in engem Zusammenhang zu religiösen Weltdeutungssystemen, welche ihrerseits die staatsfeindlichen Institutionalisierungen, z.B. die verwandtschaftlichen Ordnungsprinzipien, stützen.
- Egalitäre Architektur verfügt zumeist über einen einheitlichen Haustyp.
- Vier Grundmodelle egalitären Bauens wurden vorgestellt:
  - In den Kreissiedlungen ist der egalitäre Zugang zum Raum des Politischen durch die Kreisform symbolisiert.
  - Für die Gehöftsiedlungen konnte die symbolische Verstärkung ihrer staatsfeindlichen Autonomie bei gleichzeitiger Bindung an verwandtschaftliche Organisationsprinzipien nachgewiesen werden.
  - Die irokesische Liga wird als anarchistische Stämmeföderation durch ihre Langhaussymbolik dargestellt.
  - Das Gemeinschafts- oder Versammlungshaus ist ein typisches Symbol für den Ort „primitiver“ Demokratie und in geschlechtergetrennten Gesellschaften häufig eine männliche Machtressource, die aber nicht notwendig eine Männerherrschaft impliziert.
- Als Konsequenzen von Herrschaftsüberformungen in der Gestalt von Überlagerung und Kolonisierung werden zuweilen ursprünglich egalisierende Komponenten der primitiven Architektur modifiziert und für Zwecke der Herrschaftslegitimation instrumentalisiert.

Thomas Wagner

„Anarchistische Gleichmacher“

Institutionelle Aspekte des Spiels in egalitären Gesellschaften[101]

Spiele, insbesondere Kinderspiele, werden oft als natürlich-ursprüngliche Variante sozialen Verhaltens aufgefasst - fern von allem Ernst und starren institutionellen Formen. Verbreitet ist auch die Meinung, Kinderspiele zeugten von der Naturhaftigkeit hierarchischer Ordnungsprinzipien. Denn auch in Kinderspielen würden Herrschaftspositionen verteilt, gebe es stets Gewinner und Verlierer, Starke und Schwache. Eine originelle Version der Verbindung von Herrschaft und Spiel, welche die beiden eben genannten Einschätzungen zu kombinieren weiß, ist die anarchisch-konservative Gesellschaftsutopie Friedrich Georg Jüngers. Hier gehen freie spielerische Betätigung mit hierarchisch-herrschaftlichen Ordnungsmustern eine geradezu paradoxe Verbindung ein.[102]

Das Nachdenken über die gesellschaftstheoretischen Aspekte der Spiele führte andernorts zu entgegengesetzten Schlüssen. Christian Sigrist (1984: 121 f) beispielsweise sah in der universalen Verbreitung des Spiels einen anthropologischen Beleg für das allen Menschen ei-

---

101 Für konstruktive Kritik an einer früheren Version dieses Textes danke ich Karl-Siegbert Rehberg.

102 In seiner „Welt des Spiels“ treten an die Stelle von „Riesenstaaten“ eine Fülle kleiner und sehr verschiedenartiger Herrschaften von „Sonnenkönigen“, „die geliebt werden könnten, da sie ein Minimum an Zwang ausüben“ (1953: 236), dort „sind weder demokratische noch despotische Regierungen möglich. Sie würde, schon weil Symmetrie und Rhythmus in ihr zunehmen, streng hierarchisch sein, zugleich aber von einer uns unvorstellbaren Freiheit“ (231).

gene Gleichheitsbewusstsein. Am Beispiel spielerischer Betätigung könne demonstriert werden, wie egalitäre Bedürfnisse und Kriterien in grundlegende menschliche Verhaltensweisen eingebaut seien und evolutionäre Transformationen wie z.B. herrschaftliche Überformungen überstehen können.

Das bisher zum Spiel Gesagte bewegt sich noch auf der Ebene anthropologischer Grundannahmen. Auf dieser Stufe der Argumentation lassen sich, passend zum zugrundeliegenden konservativen oder progressiven Menschenbild, ebenso gut hierarchisierende wie egalisierende Züge des Spiels behaupten. Für Beides gibt es Belege genug. Ein soziologisches Verständnis des Spiels ist damit aber noch nicht geleistet. Gerade die Erkenntnisse der *Philosophischen Anthropologie* legen aber seine Analyse als soziales Phänomen nahe. Ihr zufolge ist der Mensch ein nicht durch Instinkte festgelegtes, sondern zukunftsoffenes Wesen und damit freigestellt für die Einrichtung egalitärer wie herrschaftlicher Sozialformen. Er muss sein Leben selbst in die Hand nehmen, sich mit objektiven Gegebenheiten selbsttätig und kreativ auseinandersetzen, wozu auch die selbstgeschaffenen hierarchischen oder egalitären Institutionalisierungen und Institutionen gehören. Auch die Spiele gehören zu dieser zweiten künstlichen Natur und sind damit einer institutionellen Analyse zugänglich. Soziale Spiele können geradezu als das Modell der Ordnungsgenerierung analysiert werden, da sie konstitutiv mit der Kreation von bindenden Regeln verbunden sind. Bei ihnen tritt das für institutionelle Ordnungen typische Kriterium der Dauer zumeist im Modus der „Wiederholbarkeit“ auf. Die Stichhaltigkeit von zwei Thesen soll mit diesem Beitrag zur soziologischen Spieltheorie belegt werden.[103] Erstens können Spiele in egalitären Gesellschaften dazu

---

103 Soziologische Spieltheorie ist dabei nicht zu verwechseln mit jenen Berechnungen und Schätzungen strategischen Handelns, wie sie die von John v. Neumann angeregte mathematische Spieltheorie variantenreich durchzuspielen vermag. Die Ignorierung dieser elaborierten Disziplin ist im Rahmen dieser Arbeit legitim, weil der mich interessierende Aspekt „primitiven“ Spielens, wie nämlich egalitäre und herrschaftsfreie Strukturen spielerisch zu stabilisieren sind, für die mathematische Spieltheorie überkomplex ist. Primär ist dies eine institutionenanalytische Fragestellung, das heißt eine, die in der Lage ist, das Zusammenhandeln von Menschen und seine makrosozialen Folgen auf der Ebene von Vermittlungsinstanzen kultureller Sinnproduktion zu thematisieren.

beitragen, gleichheitliche Strukturen zu stabilisieren. Dabei kommen zweitens soziale Mechanismen zur Geltung, die sich besonders gut mit institutionenanalytischen Kategorien beschreiben lassen. Einer umfassenderen systematisch-vergleichenden Auswertung der Rolle insbesondere des „primitiven“ Spiels bei der Stabilisierung egalitärer und demokratischer Strukturen soll hierdurch der Boden bereitet werden.

1. Zur Institutionalität des Spiels

Schon der bemerkenswerte Sachverhalt, dass grundlegende Überlegungen zur Theorie des sozialen Handelns, an die institutionelle Analysen anschließen wollen, am Modell des Spiels vollzogen wurden, ist für die Angemessenheit der institutionenanalytischen Perspektive ein gewichtiger Beleg. So entwickelte George Herbert Mead (1995: 192 ff) sein Modell der Genese personaler Identität anhand des Beispiels kindlicher Spielformen. Er beschreibt zunächst das noch allein vollzogene Spiel („play“), die spielerische Interaktion des Kindes mit einem imaginären Partner, wobei das Kind beide Teile mimt. Am Beispiel des Wettkampfes schildert er dann die Fähigkeit zum „game“, zur Teilnahme an Gruppenspielen.[104] Arnold Gehlen (1986a: 208 f) stützt sich auf Meads Theorie, wenn er im Rahmen seiner anthropologischen Überlegungen, die ihn schließlich zu einer konservativen Theorie der Institutionen führten, die Theorie des Spiels als vierte Sprachwurzel konzipiert und am Beispiel des Spiels die Herausbildung des Eigengeltunganspruchs von Institutionen[105] sowie deren Zwecktransformation erläutert, die

---

104 „Dazu genügt nicht mehr die Antizipation des Verhaltens eines einzelnen Partners; jetzt muß das Verhalten aller anderen Partner zur Richtschnur des Handelns werden können. Diese Anderen sind dabei aber keineswegs unzusammenhängende Teile, sondern Funktionsinhaber in arbeitsteilig zielgerichteten Gruppen. Der Handelnde muß sich an einem für alle Handelnden gültigen Ziel orientieren, das Mead, auf dessen psychische Grundlagen zielend, den ‚generalized other‘ (‚generalisierten Anderen‘) nennt. Die Verhaltenserwartungen dieses generalisierten Anderen sind im Fall des Gruppenspiels die Spielregeln, im allgemeinen die Normen und Werte“ (Joas 1992b: 253 f).

105 „Während des Spieles schlägt die ganze Struktur im vollen Sinne zum Selbstzweck um, die Institution erreicht einen hohen Grad von Eigenwertsättigung, und diese ist ganz unabtrennbar von dem Normgehalt, der Regelbestimmtheit, die dem Verhalten zuwächst. Und gerade, weil die Institution sich zum Selbstzweck heraus-

durch die Abstraktionsleistung der Trennung von Motiv und Zweck in Verbindung mit dem Autonomwerden der Normierungen möglich wird.[106] Die hierdurch mögliche erstarrende Transformation von Spielen in zweckhaft-ritualisierte Institutionen kann eine „rituelle Ästhetik im Dienste der Politik" hervorbringen, die es theoretisch und praktisch aufzulösen gilt. Das forderte Diethart Kerbs (1970, 40), der vor allem die staatlichen Inszenierungen des Faschismus vor Augen hatte. Kerbs ideologiekritischer Ansatz der Spiel- und Ritualanalyse konvergiert mit den Intentionen der hier vertretenen kritischen Institutionenanalyse, soll jedoch um zwei Aspekte erweitert werden.

Die Perspektive der wertenden Gegenüberstellung von Ritual und Spiel, bei der dem „erstarrten" Ritual der negative Part im Dienste vertikaler Herrschaftssicherung zufällt, ist aus der Sicht der kritischen Institutionenanalyse noch zu eng. Denn sie will auch Institutionalisierungen von Gesellschaften begreifen, die nach horizontalen Prinzipien organisiert sind. Insbesondere hier können institutionalisierte Rituale nicht nur für Herrschaftsstrukturen legitimatorische Funktionen übernehmen, sondern auch für egalitäre Formen des Zusammenlebens. Zudem lässt sich gerade in „primitiven" Gesellschaften, aber *nicht nur in ihnen*, ein enger Zusammenhang von Spielen und Ritualen bemerken, der sich darin äußern kann, dass Spiele einen Ritualcharakter annehmen können.[107] Damit hängt zusammen, dass auch scheinbar zweckfreie Spiele legitimatorische Funktionen übernehmen können, und sei es, indem bestimmende Ordnungsstrukturen, zum Beispiel im Kinderspiel, nachahmend verdoppelt werden.

---

hebt, kann die ‚Trennung von Motiv und Zweck' eintreten; die allerverschiedensten Motive finden jetzt den Spielraum ihrer Entfaltung: Bewegungsfreude, Kampfeslust, Prestigeinteressen, Geselligkeit usw. können sich ausleben" (Gehlen 1986b, 38).

106 „Gewisse Spiele werden zu Massenaufführungen, zu nationalen Demonstrationen mit Fahnen, zu großen kommerziellen Unternehmungen und Profitchancen oder zu echten soziologischen Bedürfnissen der Industriegesellschaft, weil die Freizeit konsumiert werden muß. Der ursprünglich menschlich tief begründete Reiz eines gegenseitigen Verhaltens, das an irgendeiner Sachaufgabe in die Sollfigur umschlägt, ohne doch Arbeit zu sein, wird zur Randbedingung. Zugleich hört notwendig dann die Fähigkeit zum Erfinden neuer Spiele auf" (Gehlen 1986b, 38).

107 Ein bekanntes Beispiel für rituelle Spiele in frühen Hochkulturen sind die Ballspiele der Maya. Vgl. Leyenaar/van Bussel 1994.

Neben dieser strukturstützenden und in diesem Sinne konservativen Funktion des Spiels, tritt in der „Kreativität des Handelns“ (Joas), die in spontanem Spielen besonders deutlich zum Ausdruck kommt, durchaus utopisches Potential zu Tage. Das Spiel kann daher in herrschaftlichen Verhältnissen emanzipatorisch eine einübende Vorwegnahme gesellschaftlicher Freiheiten ermöglichen (z. B. im Karneval). In egalitären Gesellschaften hingegen vermag es deren gleichheitliche Normen alltäglich zum Ausdruck zu bringen. Zudem können auch hier Handlungsalternativen durchgespielt werden, die dazu beitragen, eine Erstarrung des institutionellen Gefüges zu verhindern. Nicht ohne Grund konnte daher das Spiel, insbesondere das Kinderspiel, auch als „Gegeninstitution“ (Rehberg 1973: 222) bezeichnet werden, was aber gerade nicht heißen soll, dass ihm alle Bestandteile des Institutionellen fehlen würden. Vielmehr sind, wie oben schon gezeigt, gerade auch Abstraktheit und Selbstwertgeltung sowie symbolische Darstellung und die Funktion als Vermittlungsinstanz kultureller Sinnproduktion gemeinsame Kennzeichen sowohl von Spielen als auch anderer Formen von Institutionalität.

Wie weit die Übereinstimmungen zwischen Spielen und anderen Institutionalisierungen gehen, vermag ein Rückblick auf klassische kulturanthropologische Positionen aufschlussreich zu zeigen. In den Spiel-Bestimmungen von Johan Huizinga, Roger Caillois und Georg Friedrich Jünger sind die Kategorien der institutionellen Fiktion[108], Eigenzeit und -Raum[109], die Transzendierung des bloß Nützlichen, die Eigenabgrenzung und die normenbezogene Vergemeinschaftung durch Spielregeln enthalten (vgl. Caillois 1964: 13).

Implizit ist die Institutionalität des Spiels schon in Huizingas (1994) oft zitierter Definition erkennbar. Er nennt es eine freie Handlung, „[...] an die kein materielles Interesse geknüpft ist und mit der kein Nutzen erworben wird, die sich innerhalb einer eigens bestimmten Zeit und eines eigens bestimmten Raums vollzieht, die nach bestimmten Regeln ordnungsgemäß verläuft und Gemeinschaftsverbände ins Leben ruft, die ihrerseits sich gern mit einem Geheimnis umgeben oder durch Ver-

108 Das Spiel erscheint bei Caillois als „eine *fikive* Betätigung, die von einem spezifischen Bewußtsein einer zweiten Wirklichkeit oder einer in bezug auf das gewöhnliche Leben freien Unwirklichkeit begleitet wird“ (1964: 16).

109 Vgl. für die zeitlichen Grenzen Jünger (1953: 92ff), für die räumlichen ebd. (95ff).

kleidung als anders von der gewöhnlichen Welt abheben" (22).[110] Roger Caillois machte diese weitgehende Übereinstimmung von Kennzeichen des Spiels und der allgemeinen Bestimmung von Institutionalität nach beiden Richtungen explizit. Einerseits erklärt er die Regeln als untrennbar vom Spiel, sobald dieses einen institutionellen Charakter gewinne. „Sie sind es, die es zu einem fruchtbaren und entscheidenden Werkzeug der Kultur machen" (1964: 36). Andererseits funktioniere jede Institution zum Teil wie ein Spiel, „so dass sie sich auch wie ein Spiel darstellt, dessen Einführung nötig war, da es auf neuen Prinzipien beruhte und ein altes Spiel verjagen mußte" (75).[111]

Der Nachweis ihrer institutionellen Aspekte könnte in der Weise missverstanden werden, als ob nun alle Spiele „Institutionen"[112] seien. Das wäre nun allerdings eine unzulässige Übertreibung. Es gibt nämlich Spielformen verschiedener Regelungsdichte, „und in genau umgekehrter Proportionalität dazu sind in ihnen spontane Neuregelungen zugelassen, aus der Situation geborene Veränderungen sonst grundlegender Bestandteile" (Rehberg 1973: 223). „Spiel und Institution sind also nicht ganz Verschiedenes, sondern realisieren verschiedene Tendenzen der Regelung, die an den Grenzpolen ‚Beliebigkeit' und ‚Not-

110 Huizingas weite Fassung des Spielbegriffs, die Kampf (auch Krieg), Recht, Dichtung, Musik, Kult, Fest und Tanz als Spiel oder spielähnlich betrachtet, hat Anlass zur Kritik gegeben (vgl. zu dieser Kritik Flitner 1994: 234). Der Vorwurf einer Überdehnung ist nicht ganz von der Hand zu weisen. Jedoch ermöglicht gerade eine breite sozialanthropologische Fundierung des Spiels die Chance, das Wechselverhältnis von Ordnung und Spontaneität, sowie das Wirken institutioneller Vorgaben als Möglichkeitsbedingung von freiem Handeln aufzuzeigen. Auch die in diesem Aufsatz behandelten Beispiele gehen über ein enges Spielverständnis hinaus. Die Berücksichtigung etwa von Tänzen oder bestimmten ritualisierten Handlungsformen kann aber ihre Berechtigung auch daraus ableiten, dass wirklich überzeugende und hinreichend konventionalisierte Definitionen weder für Spiele noch für Tänze und Rituale vorzuliegen scheinen. So werden Rituale in einem jüngeren ethnologischen Wörterbuch als von Spielen lediglich durch ihren nicht-kompetitiven Charakter unterschieden, „sie können die Form des Tanzes annehmen, sind aber nicht notwendig in allen Teilen rhythmisiert" (Kramer 1987: 181).

111 Caillois beschreibt damit einen Spezialfall institutioneller Selbstbegründung: Das legitimierende Neuerungsversprechen, was vor allem für neuzeitliche revolutionäre und nachrevolutionäre Institutionen typisch ist.

112 Vgl. für eine idealtypische Definition von „Institution" die entsprechenden Ausführung in der Einleitung dieses Buches.

wendigkeit' die extreme Spannweite von Regelungen sichtbar machen" (224). Spielen eignet also gegenüber starreren Formen des Institutionellen die Tendenz, durch die oft den Spielreiz steigernde Verfügbarkeit des Regelsystems auf die Kontingenz und damit Veränderbarkeit von Ordnungsmustern hinweisen zu können. In diesem Sinne sind Spiele „Gegeninstitutionen". Bestimmte Spielformen können insofern vielleicht als Modelle für demokratische Institutionen dienen.

Das Verhältnis von Spiel, instrumentalisiertem Ritual und jeweiliger gesellschaftlicher Makrostruktur ist, wie die obigen Ausführungen belegen, außerordentlich komplex. Einer institutionellen Analyse zugänglich sind alle drei Phänomene jedoch aufgrund ihrer Regelhaftigkeit und der Notwendigkeit, diese auch symbolisch darzustellen. Alle sozialen Spiele sind stets regelgebunden. Eben deshalb konnte das Spiel zum universalen Modell normierten sozialen Handelns stilisiert werden. Das schließt die fallweise Veränderung von Regeln, das Einspielen von neuen Gewohnheiten, die „Kreativität des Spielhandelns" mit ein, ist geradezu deren Möglichkeitsbedingung. Eine Spielbeziehung kann nur dann gelingen, wenn die Regeln befolgt oder anerkennend umgangen werden (Caillois 1964: 13; Jünger 1953: 98 ff).[113]

Nachdem in dem vorangegangenen ersten Abschnitt das Verhältnis von Spiel und institutioneller Analyse bereits generell behandelt wurde, folgt nun eine eingehendere Analyse der institutionellen Aspekte des Spiels in egalitären Gesellschaften. Auf den Einfluss von Herrschaftsüberlagerungen auf das egalitäre Spiel herrschaftsfreier Gesellschaften wird kurz eingegangen, bevor die Ergebnisse zusammengefasst und als Ansätze zu einer Theorie des egalitären Spiels präsentiert werden.

2. Spiele und Egalität

Eben weil es Unterschiede zwischen den Menschen gibt, müssen gleichheitliche und herrschaftsfreie Strukturen kulturell erzeugt werden.

113 Die starke Verpflichtungssuggestion von Spielregeln zeigt sich daran, dass ihre Missachtung nicht einmal dem Tyrannen zugetraut wird. So erklärt sich die schockhafte Wirkung einer Begebenheit, die Binjamin Wilkomirski (1995: 19 f) aus dem Alltag eines KZs erzählt. Ein spielendes Kind, das einen Lagerwärter zum Mitmachen motiviert, wähnt sich zunächst sicher, wodurch die spielbeendende Misshandlung noch brutaler zur Geltung kommt.

Das gilt für den „herrschaftsfreien Diskurs“ wie für das Spiel - auch schon für Kinderspiele, von denen manche traditionelle Formen wie Schaukeln, Rundlauf, Kreisel schlagen, Drachen steigen lassen, Stelzen laufen usw. nicht unplausibel als *Survivals* von Kultbestandteilen interpretiert werden konnten (Jensen 1960: 71).[114] Schon durch und durch konkurrenzdurchsetzte Wettspiele zeigen, dass einerseits prinzipielle Gleichheit eine notwendige Bedingung gelungener spielerischer Interaktion ist (vgl. Caillois 1964: 21) und andererseits diese Gleichheit der Ausgangschancen oft erst hergestellt werden muss, indem z.B. Vorgaben gemacht werden. So erhält der schwächere Läufer in einem Wettkampf einen Vorsprung, der den Ausgang des Spiels offenlässt (vgl. Jünger 1953: 123). „In der Spielsituation herrscht allgemein die Tendenz, soziale Unterschiede in der Interaktion *nicht* wirksam werden zu lassen. Dieser Nivellierungseffekt enthält durchaus ein emanzipatorisches Moment: Die Spielteilnehmer können sich losgelöst von den normierten Alltagssituationen unter neuen Perspektiven wahrnehmen, kennenlernen und beurteilen“ (Denker/Ballstaedt 1976: 57).

Mit der Herstellung von gleichen Ausgangschancen ist eine *institutionelle Abstraktionsleistung* benannt, die als eine Voraussetzung für gelungenes Spielen fungiert. Von den alltagsweltlich dominierenden Ungleichheitsstrukturen wird abstrahiert, um das Spielen, was somit zugleich eine spezifische Eigenwertigkeit erhält, überhaupt erst möglich zu machen. Das Spiel schließt sich gegenüber der äußeren Wirklichkeit ab, bekommt durch eigene Regeln einen gewissermaßen autonomen Wirklichkeitscharakter. Es treten nun „Regeln der Irrelevanz“ anstelle all jener Regelungen in Kraft, die mit dem Spielgeschehen nicht konstitutiv verbunden sind (vgl. Erving Goffman 1973: 22). Die „künstliche“ Erzeugung von gleichen Ausgangsbedingungen zeigt, dass gleichheitliche Strukturen, wie alle erfolgreich durchgesetzten dauerhaften gesellschaftlichen Ordnungsmuster, immer an institutionelle Abstraktionsleistungen anknüpfen müssen.

---

114 Damit ist nicht gesagt, dass der Kult als die Ursprungskategorie allen Spiels aufgefasst werden muss, aber eine, auch genetische, Nähe zu starreren Formen des Institutionellen ist damit wahrscheinlich gemacht. Kulte und kultische Spiele zeichnen sich gegenüber Spielen etwa durch eine größere Festgelegtheit der Regeln sowie des Ausgangs aus. Dagegen verweist die Spontaneität vielen Spielens auf seine enge Verwurzelung in den nicht festgelegten kreativen, stets über bestimmte institutionelle Verwirklichungsformen hinausweisenden Potentialen menschlichen Handelns.

Aus dem theoretischen Nachweis, dass allem Spiel bereits egalitäre Aspekte zugrundeliegen, kann nun allerdings keine universale empirische Egalisierungsfunktion abgeleitet werden. Dies leisten Spiele vor allem in egalitären Gemeinwesen. In herrschaftlich verfassten archaischen Gesellschaften können sie sogar herrschaftslegitimierende Funktionen übernehmen. So dass im Kreiselkampfspiel bei den afrikanischen Ganda die anhaltende Rotation des Kreisels und die Beseitigung des Gegners aus dem Spiel zum Symbol für die Vitalität des neuen Königs werden konnte (vgl. Paul 1971: 246f, 256f; vgl. auch das altrömische „Brot und Spiele").

Die Annahme, dass ein Zusammenhang zwischen Spielformen und spezifischen kulturellen Ordnungsmustern naheliegt, ist in der kulturanthropologisch ausgerichteten Spieleforschung nicht neu (vgl. Caillois 1964: 76f). Geläufig ist auch die Vermutung, dass in „primitiven" Gesellschaften bestimmte Formen des Spiels dominieren. Dabei kommt es in älteren Darstellungen nicht selten zur Reproduktion rassistischer Stereotypen, in denen sich die Vorstellung vom traditionellen Afrikaner auf das Bild vom orgiastisch tanzenden „Neger" reduziert.[115] Auch die ansonsten anregende Darstellung von Caillois ist nicht frei von krudem Evolutionismus, wenn er „primitive" Gemeinschaftsformen als „Gesellschaften des Tohuwabohu" bezeichnet, deren Zusammenhalt nur auf die Institutionalisierung rauschhafter Masken-Feste gründe (1964: 99).[116] Nicht minder fehl geht die seit der frühen Entwicklungspsychologie vertretene evolutionistische Auffassung, anhand der Entwicklung modernen Kinderspiels ließen sich Stadien der Menschheitsgeschichte rekonstruieren (vgl. Hall, Adolescence – nach Millar 1973: 17).[117]

---

115 Carl Hagemann ist der zweifelhafte Verdienst zuzusprechen, in seiner Schilderung der „Negertänze in Deutsch-Ostafrika" (1919: 13ff) auf knappen 11 Seiten nahezu alle geläufigen rassistischen Etikettierungen zu versammeln. Die Bantu erscheinen auf ihre elementaren Triebe reduziert, als geil, faul, stumpfsinnig, maßlos grausam, ungenial, ohne Ideale - aber rhythmusbegabt.

116 Diesen durch bewusstlose Ekstase (102) stabilisierten Sozialformen werden dann die zivilisierten „Gesellschaften mit Buchführung" gegenüberstellt (96), denen es gelungen sei, „den infernalischen Kreis zu durchbrechen, in dem die Verbindung von Verstellung und Rausch sie eingeschlossen hielt" (160f).

117 „Das Kind durchlebt noch einmal die Entwicklungsphasen der menschlichen Rasse, wie der Embryo diejenige der entwicklungsgeschichtlichen Vorfahren durchlebt.

Solcher Gebrauch immer noch gängiger evolutionistischer Stereotypen korrespondiert ebensowenig mit den Absichten dieser aus institutionenanalytischer Perspektive durchgeführten Untersuchung des egalitären Spiels wie die vielfältigen Versuche, die Existenz von egalitären Institutionalisierungen auf isolierte Faktoren wie z.B. den Stand der Technologie oder ökonomische Erfordernisse zurückzuführen. Von „Primitiven“, lautet verkürzt die dem zugrunde liegende Meinung, lasse sich für modern-komplexe Gesellschaften nicht viel lernen, da mittlerweile ein höheres Niveau der Menschheitsentwicklung erreicht sei. Nur die gleichberechtigte gesellschaftliche Kooperation ermögliche demnach den „Naturvölkern“, angesichts harter Umweltbedingungen zu überleben (vgl. Sutton-Smith 1978: 197). Dieses Anpassungsargument kann das Vorherrschen von kooperativen Spielen bei jenen egalitären Gesellschaften nicht erklären, für die Sahlins (1972) den Begriff der frühen *Überflussgesellschaft*[118] prägte. Die von ihm untersuchten australischen Eingeborenen gehören sogar zu jenen Gesellschaften mit den „härtesten“ Umweltbedingungen. Ebensowenig trägt es zur Klärung der Frage bei, warum in ökonomisch „fortgeschritteneren“ Bodenbaukulturen kooperative und Gleichheit stabilisierende Spielformen ihren Stellenwert nicht verlieren. Schon die Vielfalt von kooperativen und egalitären Spielen lässt deren Reduktion auf ökologische Anpassungsleistungen unzureichend erscheinen.

Die Verbreitung von egalitären Spielen lässt sich besser aus den politischen Regulationen als aus den ökologischen Bedingungen „primitiver“ Gesellschaften erklären, denn die Akteure „primitiver“ Anarchien verhalten sich aktiv egalitär, d.h. die Vermeidung politischer Hierarchie und der Abbau von ökonomischer Ungleichheit wird vom institutiona-

---

Die Erfahrungen der Vorfahren werden weitergegeben, und das Kind wiederholt im Spiel die Interessen und Beschäftigungen in der gleichen Reihenfolge, wie sie sich beim prähistorischen und primitiven Menschen finden“ (Millar 1973: 17). Der dieser Wiederholungstheorie zugrundeliegende Evolutionsgedanke, dass kulturell erworbene Eigenschaften vererbt werden können, lässt sich auch aus Sicht der Genetik nicht aufrechterhalten. Kinder sind keine Wilden in Miniaturausgabe (18).

118 Selbst Niklas Luhmann (1997: 636) greift den Begriff der Überflussgesellschaft auf, wenn er sich neuerdings nicht erklären kann, was die Menschen dazu brachte, von der Wildbeuterökonomie, „einem Leben in Überfluß in ein Leben mit Arbeit und Risiko“, also zur landwirtschaftlichen Produktion zu wechseln.

lisierten und verinnerlichten *Gleichheitsbewusstsein* gefordert. Anliegen dieses Kapitels ist es daher, jene Aspekte „primitiven" Spiels hervorzuheben, die dazu beitragen, egalitäre und herrschaftsfreie Strukturen der entsprechenden Gesellschaften zu stabilisieren. Schon aus dem Grunde, dass nicht alle in der Forschung als „primitiv" bezeichneten Gesellschaften in gleichem Maße durch egalitäre Strukturen gekennzeichnet sind, nicht wenige weisen sogar staatliche Merkmale[119] auf, fallen manche Spieltypen unter den Tisch. Bei herrschaftlich verfassten Gesellschaften entstehen Probleme der Herrschaftslegitimation, bei egalitären Gesellschaften dagegen die Notwendigkeit, herrschaftsfreie Verhältnisse institutionell zu legitimieren. Spiele *können* prinzipiell beiden Erfordernissen genüge tun. Für die unten vorgenommene Aufzählung von kooperativen Spielen und Spielen ohne Sieger ist jedoch charakteristisch, dass sie zur Akzeptanz egalitärer Strukturen beitragen. Damit soll nicht unterstellt werden, in egalitären Institutionengefügen gebe es *nur* diese, die egalitären Aspekte fördernden Spiele. Noch weniger kann angenommen werden, dass in Staatsgesellschaften egalitäre Spielformen gänzlich verschwinden. Bei ihnen ist von herrschaftlichen institutionellen Überlagerungen auszugehen, die zunächst herrschaftskritische Sub- und Volkskulturen nicht völlig zum Verschwinden bringen. Spiele können dann vielleicht zur Tradierung einer gewissen Widerstandskultur, jedoch auch zur herrschaftsstabilisierenden Kanalisierung, beitragen, indem vorherrschende Normen jeweils in spielerischer Betätigung in Frage gestellt werden (z. B. im Karneval oder bei „Ritualen der Rebellion").

3. Zur Kategorisierung des Spiels

Spiele sind auf mancherlei Weise definiert und eingeteilt worden. Auf diese Übung wird hier verzichtet. Die geläufigen Einteilungen sind jedoch symptomatisch für die Vernachlässigung der egalitären Aspekte „primitiven" Spielens. Nicht selten wurde bemerkt, dass die Beobach-

---

119 Abweichend vom hier vorgenommenen Gebrauch des Begriffs setzt Clastres „Primitivität" mit „Staatslosigkeit" gleich. Diese Auffassung konnte sich bisher aber weder innerhalb der politischen Anthropologie noch für den Alltagsgebrauch des Begriffes durchsetzen.

tung, Beschreibung und vergleichende Untersuchung der Spiele in der Ethnologie vernachlässigt wurde (vgl. Fischer 1961: 141 u. Cooper 1949: 503 u. 522). Umso enttäuschender ist es, dass einige jener wenigen Studien, die sich überhaupt mit Spielen befassen, entweder reine Spielesammlungen sind, in denen der soziale Bezug zumeist völlig ausgeblendet bleibt, oder ausgerechnet „Spiele ohne Sieger" explizit aus der Systematik ausgrenzen. Dieser Sachverhalt schmälert etwa den Erkenntniswert der von der Forschergruppe um Roberts durchgeführten interkulturellen Untersuchung von Spielen zahlreicher Stammeskulturen für die Einschätzung von deren egalitätsstabilisierender Rolle. Nur drei Kategorien wurden zugrundegelegt: Geschicklichkeitsspiele, Glücksspiele und Strategiespiele. Ihre enge Spieldefinition beinhaltet neben Organisation, zwei oder mehr Parteien und der Zustimmung zu Regeln: das Wettbewerbsprinzip und Regeln zur Bestimmung des Siegers (vgl. Sutton-Smith 1978: 17; Roberts/Sutton-Smith 1962: 166; vgl. Roberts u. a. 1975: 132). Die *Nicht*thematisierung der egalitären Aspekte des Spiels hat in der kulturwissenschaftlichen Tradition der Spielforschung prominente Ahnherren. Friedrich Georg Jünger etwa, der neben den Glücksspielen auch noch Geschicklichkeits- und vorahmend-nachahmende Spiele kennt (1953: 15 f). Und auch Roger Caillois zerbricht sich über egalitäres Spiel nicht den Kopf: Er trennt die wettkampforientierten (*Agon*) von den Glücksspielen (*Alea*), denen, die auf Verkleidung gründen (*Mimicry*), und den Rauschspielen (*Ilinx*).[120]

Welches Einteilungsprinzip am besten genommen wird, kann für die Zielsetzung *dieses* Kapitels dahingestellt bleiben: Prinzipiell gilt, dass nahezu alle Spielformen (eine bemerkenswerte Ausnahme sind Strategiespiele) in egalitären Gesellschaften gesellschaftsstabilisierende Aufgaben erfüllen *können*. Diese Funktion des Spielens liegt also quer zu den gängigen Klassifikationen. Um die Spannbreite egalitären Spielens zu verdeutlichen, sei darauf verwiesen, dass rauschhafte Gemeinschaftserlebnisse und Wettkämpfe ohne Sieger ebenso in Frage kommen wie das lernende Einspielen egalitären Verhaltens[121] (vgl. Turnbull 1982: 134; vgl. für die G/wi: Silberbauer 1972: 315).

---

120 Aus diesen Typen lassen sich immer auch Mischformen herleiten (Jünger 1953: 24).

121 Das kann z.B. in autonomen Kindergruppen geschehen, wie sie von Florence Weiss (1993: 124) für die Iatmul-Kinder in Papua-Neuguinea beschrieben werden.

4. Spiele in egalitären Gesellschaften

Die Spieleforschung konnte einen Zusammenhang von *strategischen Spielen* mit einem hohen gesellschaftlichen Komplexitätsgrad und einer damit verbundenen Gehorsamssozialisation aufdecken. Die Angehörigen einer solchen Gesellschaft haben gelernt, „wann und wie sie zu gehorchen bzw. den Gehorsam zu verweigern haben und, was äußerst wichtig ist, wann sie zu befehlen und Befehle zu befolgen haben" (Roberts u.a. 1975: 133f). In „primitiven" Gesellschaften sind strategische Spiele dagegen unbekannt.[122] Neben diesem Fehlen einer ganzen Spielekategorie lassen sich weitere Spezifika von Spielen in egalitären Gesellschaften aufzeigen. Die Unvereinbarkeit von traditional-egalitärem und modern-hierarchischem Spielverständnis veranschaulicht die Erzählung eines Angehörigen der herrschaftsfreien Mentawaier (Westküste Sumatras), der eine Begebenheit mit einem holländischen Offizier der Kolonialzeit wiedergibt: „Nur einmal waren wir nicht mit ihm zufrieden. Er sagte, wir sollten alle an die Küste kommen und Pfeil und Bogen mitbringen. Dort hatten sie alles schön verziert und warteten auf uns auf einem großen Platz. Wir bekamen zu essen und zu trinken, und dann legten sie eine Kokosnuß hin und sagten, wir sollten darauf schießen. Das taten wir auch, und wenn jemand traf, dann schrien sie, wie wenn wir einen Affen getroffen hätten und nicht eine Kokosnuß. Zum Schluß bekamen wir unseren Lohn und durften wieder nach Hause gehen. Nur was nach unseren Gedanken nicht stimmte, das war, dass wir nicht alle gleich viel bekamen. Ein paar bekamen eine ganze Menge, und ein paar bekamen überhaupt nichts. So waren wir alle im Herzen ein bißchen zornig. Aber was sollten wir

---

122 Roberts u.a. (1975: 133f) sprechen davon, dass Gesellschaften mit geringer politischer Integration und einfacher sozialer Schichtung keine strategischen Spiele kennen. Gesellschaften ohne Schichtung bleiben dagegen leider unerwähnt. Da diese in ihrer Untersuchung nicht eigens aufgeführt werden, ist es naheliegend, dass die Autoren sie einfach unter die oben genannten subsumieren. Unklar bleibt zudem, was die Autoren unter geringer politischer Integration verstehen. Zu vermuten ist jedoch, dass sie das evolutionistische Missverständnis der gängigen Sozialwissenschaft teilen und politische Integration mit der Existenz einer Herrschaftsinstanz gleichsetzen. Dass dies ein empirisch nicht zu haltendes Vorurteil ist, wurde mittlerweile hinreichend belegt (vgl. Kap. 1).

machen? Sie sind eben so, wie sie sind" (Eichberg 1983: 39).[123] Den bogenschießenden Mentawaier ist die hierarchische Honorierung von Leistungsergebnissen fremd. „Stattdessen begegnet man einem ‚anderen Sport', im Rahmen anderer sozialer Muster, ohne Sieger und ohne Häuptlinge, bzw. positiv: mit einer eigenen sozialen Zeit und einem eigenen sozialen Raum, Abbild einer gewissermaßen anarchischen Ordnung, der das koloniale Wett- und Preisschießen zutreffend als ein ‚Durcheinander' erscheint" (41). Dieses Chaos entsteht dadurch, dass die im Spiel zeitweilig außer Kraft gesetzte egalitäre Ordnung nach „primitiver" Vorstellung wiederhergestellt gehört. Dauerhafte Hierarchie ist in diesem Weltbild, das ein ausgeprägtes Gleichheitsbewusstsein enthält, nicht normal, sondern ein Ausdruck von Unordnung, die Verwirrung hervorruft.

Am Beispiel des mentawaischen Kreiselspiels kann die leistungsfremde kooperative Ordnung des anarchistischen Spiels verdeutlicht werden. Paarweise treten die jungen Männer auf die Spielfläche zwischen den Pfahlbauten. „Nachdem der erste den zapfenförmigen Kreisel geworfen hat, versucht der zweite diesen mit seinem Kreisel zu treffen und fortzuschlagen. Derjenige Spieler, dessen Kreisel danach ‚tot' ist, d.h. aus dem Feld geschlagen wurde, wird beim nächsten Mal die Vorlage geben, derjenige, dessen Kreisel ‚lebt', d.h. weitertanzt, wird wieder den entscheidenden Wurf tun dürfen. Das punktuelle Ergebnis wird laut belacht. Und während man die weggesprungenen Kreisel unter den Pfahlbauten im Gebüsch oder in Wassergräben sucht, treten zwei andere Spieler an das Spielfeld und nach diesen wieder zwei andere, in zwangloser Reihenfolge" (Eichberg[124] 1983: 40). Ein ähnliches Kreiselspiel kannten auch die Wotut (Ost-Neuguinea): „Zwei Gruppen saßen sich gegenüber. Jeweils zwei Kontrahenten wirbelten ihre Kreisel (mit ganzen Handflächen gedreht) gegeneinander. Wessen Kreisel

123 Eichberg entnimmt diese Erzählung einer Mitteilung Reimar Schefolds (Amsterdam).

124 Inwieweit Henning Eichbergs Überlegungen zum anderen Sport in „primitiven" Gesellschaften Schützenhilfe für seine neurechte Ideologie zu geben vermögen, kann hier nicht erörtert werden. Das von ihm benutzte ethnographische Material muss jedenfalls nicht notwendig zu ethnopluralistischen Schlüssen verführen. Vgl. zu Eichbergs Positionierung innerhalb des neofaschistischen Diskurses: Mecklenburg 1996: 454f.

weggeschleudert wurde, schied aus und sein Gegner suchte sich ein anderes Gegenüber. Das Spiel war zu Ende, wenn alle Kreisel einer Partei einmal weggeschleudert worden waren" (Fischer 1961: 148).

Die für die oben geschilderten Spiele festzustellende *institutionelle Eigenzeit* unterscheidet sich gravierend von der des modernen Leistungssports. Es gibt keinen Spannungsbogen, der auf die Objektivierung eines Leistungsergebnisses ausgerichtet ist. Die Zeitkonfiguration besteht aus einer Sequenz von je einzelnen Zeit- und Spannungspartikeln, aus einem Wechselspiel von Anspannung, Lachen und Suchen. Was zählt, ist nicht das Ziel, der Gewinn oder Triumph, sondern der Prozess des Spielens selbst.

In Spielen egalitärer Gesellschaften wird das Konkurrenzprinzip manchmal gänzlich vermieden. In anderen Fällen erfolgen Wettkämpfe nur in eingeschränktem oder egalitär modifiziertem Rahmen. Das heißt, man bemüht sich, die Gleichheit unter den Teilnehmern immer wieder herzustellen. Alle diese Spieltypen repräsentieren spezifische Umgangsformen mit dem Spannungsverhältnis von Macht und egalitären Normen in gleichheitlichen und herrschaftsfreien Gesellschaften, worauf im Schlussteil dieses Kapitels noch näher eingegangen wird.

Zu „Spielen ohne Sieger" gehören solche Wettkampfspiele, bei denen auf die Ermittlung eines Siegers verzichtet wird. Sie verhindern durch ihr Regelwerk, dass sich dauerhafte Asymmetrien zwischen den Spielern einschleichen können. Bei manchen Spielen ist selbst der Ausgang festgelegt. Das Kreiselspiel Taketak der Tangu (Neuguinea) soll unentschieden enden. Ein drehender Kreisel wird in ein Feld von im Boden steckenden Stäben geworfen. Zwei Mannschaften versuchen mit ihrem Kreisel möglichst viele Stäbe zu berühren, wobei das Endergebnis eben feststeht. Die Spieler müssen deshalb mit einer großen Geschicklichkeit agieren, denn es gilt zuweilen, den Kreisel mitten zwischen die Stäbe zu werfen, ohne einen einzigen zu berühren (Orlick o.J.: 173). Marshall Sahlins (1981) erwähnt das Beispiel der Gahuka-Gama auf Neuguinea, deren Fußballspiele immer genau solange dauerten, wie es notwendig war, um ein Unentschieden zu erzielen. Dementsprechend endeten auch die ersten Fußballspiele der Kinder der Asmat (Neuguinea) stets in einem Patt (172 [nach Sowada 1968]). Die Kanu-Regattas der Asmat-Klans nahmen gewöhnlich den Ausgang, dass die Ruderer das gegenüberliegende Ufer des Flusses fast gleichzeitig erreichten. Als einmal während eines solchen Rennens ein Kanu zwei Längen vor den anderen ans Ziel gelangte, löste dieser Regelbruch eine solche Bestürzung aus, dass von da an kein Kanu-Wettstreit mehr stattfinden konnte (172).

Neben Wettspielen sind für viele „primitive" Gesellschaften auch ausgesprochen kooperative Spiele bekannt, die ohne die Entgegensetzung zweier konkurrierender Gruppen auskommen und vor allem egalitäre Gemeinschaftserlebnisse erzeugen, deren prägender Charakter für die Ausbildung eines antiautoritären und gemeinschaftsbezogenen Charakters eine ethnopsychoanalytische Untersuchung verdienen würde. Zu den kooperativen Spielen zählen solche, in denen die lustvolle Einpassung in die Gruppe den Spielinhalt ausmacht. Pillma, ein Ballspiel, in dem die Teilnehmer einen Kreis bilden und versuchen, den Ball in der Luft zu halten, ist bei den Araucanianern und anderen südamerikanischen Stämmen verbreitet (Cooper 1949: 508).[125] Zu diesen synchronisierenden Spielen gehören solche der Arapesh-Kinder. „In einem Spiel hocken sich alle Kinder hin, halten sich an der Hüfte des vor ihnen sitzenden Kindes fest, und stellen sich vor, sie seien eine große Schlange. In einem kooperativen Rollenspiel (genannt ‚Wir fällen die Sagopalme'), wird ein Kind (die Palme) auf den Armen der anderen getragen" (zitiert nach Orlick o.J.: 172). Auch das „Lindwurm"-Spiel der !Ko-Kinder gehört hierher. Sie reihen sich hintereinander auf den Knien sitzend auf. „Das erste Kind des ‚Wurmes' führt nun die Kinder an, indem es auf den Knien rutscht und dabei eine Spur im Sand hinterläßt, aus der die anderen nicht herausrutschen dürfen" (Sbrzesny 1976: 79f). Die Führungsposition kann dabei abgewechselt werden. Sbrzesny gibt eine Reihe von anschaulichen Spielbeschreibungen, die Einblick verschaffen in die sozialen Bindewirkungen von Spielen in der wildbeutenden afrikanischen Gesellschaft der !Ko-Buschleute. „Im harmonischen Zusammenspiel, etwa beim Tanz, wird die Gruppe zu einer übergeordneten Einheit. Solche ‚Synchronisationsrituale' werden bereits sehr früh geübt. [...] Es kommt im Grunde bei allen Synchronisationsritualen darauf an, dass man den oder die Partner dazu braucht,

125 Varianten dieses Spiels bilden sich als Ableitungen aus dem Volleyball häufig spontan und zwangslos an den Orten modernen Freizeitvergnügens wie Parks und Stränden.

weil jeder einen Part spielt, ohne den der andere nicht mitspielen oder fortsetzen kann. Tanzt eine Frau am Holzstamm, dann muß eine oder müssen mehrere andere ihr den Rhythmus klatschen. Wirft eine Frau den Melonenball, dann hat das ebenfalls zur Voraussetzung, dass andere den Rhythmus geben. Gleiches gilt für den Heuschreckentanz und für viele andere Spielformen. Hierbei nimmt einer oder einige wenige die Leistungen der anderen in Anspruch. Die Spiele folgen aber einer Reih-um-Regel, bei der die Person, die getanzt hat, wieder in der Reihenfolge zum Kreis der ‚Gebenden' zurückkehrt und damit einer anderen Person das Tanzen zum Rhythmus ermöglicht. Beim Tanz klatschen die einen, die anderen tanzen, und jeder Tänzer muß auf den anderen abgestimmt handeln, sonst ‚tanzt er aus der Reihe' und stört die Harmonie. Im Einklang handeln bindet" (264). Der kooperativ-synchronische Tanz übt egalitär-gemeinschaftliches Zusammenhandeln ein und stellt es zugleich symbolisch dar, womit er institutionell zur Stärkung eben solcher Verhaltensweisen in den genannten Gesellschaften beiträgt.[126]

Synchronisierende und gemeinschaftsfördernde Effekte, wie sie gerade anschaulich beschrieben wurden, sind auch für manche Ballspiele anderer Wildbeutergruppen bekannt. Etwa für die Ballspiele/-tänze der San, die John Blacking erwähnt (1987: 8 f). Die Frauen der !Ko-Buschleute kennen den ballspielähnlichen Melonenspiel-Tanz. „Eine Frau mit einer kleineren Melone in der Hand eröffnet den Reigen. Sie tanzt zum scharf geklatschten Rhythmus und zum Gesang der anderen mit ein paar Schritten vorwärts aus der Riege heraus, wiegt sich dann im Takt an einer Stelle hin und her, tanzt mit einer, meist individuell variierten Schrittkombination nach rechts und links, wirft danach die

126 So wertvoll die von Sbrzesny gemachten Beobachtungen für eine Theorie des egalitären Spiels auch sind, Einiges, was sie aus ihnen ableitet, ist mitnichten schlüssig und eher geeignet, ein antidemokratisches Milieu zu bedienen als einer egalitären Gesellschaft gerecht zu werden. Dazu gehört gewiss ihre Einschätzung des Anteils biologischer Determinanten für das geschlechtsspezifische Verhalten von Männern und Frauen. Allein die Tatsache, dass Geschlechtsrollen in dieser egalitären Gesellschaft den Kindern nicht „aufgedrängt", sondern aus freiem Antrieb in Spielgruppen erlernt werden (vgl. 1976: 187 f), ist keineswegs ein triftiger Einwand gegen die Auffassung von der weitgehenden kulturellen Prägung der Geschlechtsrollen. Eine Orientierungsfunktion für die Sozialisation erfüllen die institutionalisierten Rollenmuster nämlich auch in einer Situation, der autoritäre Erziehung fremd ist.

Melone mit einer seitlichen Rückwärtsbewegung der ihr nachfolgenden Frau zu und reiht sich schließlich klatschend und singend wieder in die Riege ein. Die Nachfolgende muß die Melone fangen und wie die Vorgängerin weitergeben" (Sbrzesny 1976: 36).

In den oben beschriebenen kooperativen Spielen tritt neben die Entstehung einer eigenen Zeitordnung, die sich vom zielorientierten Leistungssport oder Wettkampf abhebt, der Mechanismus der Habitusformierung durch Synchronisation besonders hervor. Die Eingliederung der Individuen in die egalitäre Gemeinschaft wird in tanzähnlichen Spielen immer wieder eingeübt und kann so zugleich Bindeeffekte und die Fähigkeit der Kooperation steigern helfen. Ein weiterer Aspekt, der die egalitäre Wertordnung stützt, ist die öffentliche Zurschaustellung vorbildlichen Verhaltens im Tanz.

Nach dem Spiel sollen alle, Sieger und Verlierer, wieder gleich behandelt werden. Besonders dann, wenn kurzfristig Einzelne auf Kosten der anderen hervortreten, wird es wichtig, dass die Gleichheit wiederhergestellt wird, um Ungleichheitsstrukturen nicht auf Dauer zu stellen.[127] Nicht Ungleichheit, sondern die immer wieder zu erreichende Gleichheit, der soziale Friede, wird institutionell gesichert. Das kann in Form einer Verbrüderungszeremonie geschehen, die im Speerspiel in Tikopia (Polynesien) eine Wiederherstellung der sozialen Gleichheit ermöglicht: „Es ist Brauch, dass die Sieger nach einem solchen Ereignis in ihren Garten gehen, grüne Kokosnüsse pflücken, die sie mitnehmen und unter den Verlierern verteilen. Beide Parteien setzen sich nieder, essen, trinken und erfrischen sich" (Firth 1976: 106). Es gilt, das „Gesicht" der Verlierer, deren Ebenbürtigkeit wiederherzustellen.

Von einer äußerst diskreten Schätzung des Erfolgs kann beim kultischen Wettlauf der Pueblo-Indianer geredet werden. Zwar wurde ein Sieg festgestellt. Dem Gewinner brachte er jedoch keinen Ruhm ein. Wiederholte Sieger wurden vom Wettkampf ausgeschlossen (Eichberg 1986: 14). Wenngleich in den traditionellen athletischen Wettbewerben

---

127 Das Prinzip des Wiederherstellens der Gleichheit ist nicht nur in egalitären Gesellschaften anzutreffen. Innerhalb ständischer Herrschaftsformen wurde es vielfach tradiert. So etwa in Form des „Fair Play". Nun ist dem egalitären Prinzip jedoch ein hierarchiestützender Aspekt hinzugefügt: das der Abgrenzung gegenüber den Gepflogenheiten als niedriger aufgefasster Schichten. Gleichheit wird *hier* zur Ideologie.

vieler indianischer Stammesgesellschaften Siegen und Verlieren eine wichtige Rolle spielte[128], waren diese Veranstaltungen nicht so streng reguliert und standardisiert wie die des modernen Sports. Das betrifft gleichermaßen die Maße der Spielfelder und Rennstrecken, die Ausrüstung, Zeiteinteilung, Punktzählung sowie die Teilnehmerzahl in Mannschaftsspielen (Oxendine 1995: 15). Die Höhe des Sieges spielte eine geringe Rolle, und so wurden Vergleiche zwischen Spielausgängen und Statistiken in der Regel nicht angestellt, womit ein Rekordstreben ausgeschaltet war (15 f).[129] Den Mannschaftsspielen der Indianer wird nachgesagt, dass in ihnen ein ausgesprochener Hang zur antiautoritärer Kooperation vorherrschte: „Beim traditionellen indianischen Sport wurde keiner Einzelperson die volle Autorität oder Verantwortung für die Führung und Leitung des Teams übertragen."

Orlick (o.J.: 40) ergänzt für die modernen Wettkämpfe der Eskimos und Indianer Nordamerikas: „Als Mitte der sechziger Jahre Skilanglauf-Wettkämpfe zum ersten Mal im Hohen Norden abgehalten wurden, warteten – so die Berichte – die schnellsten Läufer vor der Ziellinie, bis die anderen aufgeholt hatten. Einige Jahre später sagte einer der Skiläufer zu mir: ‚Wenn er (ein bestimmter Spitzenläufer) gewinnt, dann sind wir es alle gewesen. Wenn er aufsteigen möchte, so möchte er auch, dass wir alle mit ihm gehen.' Ihnen war offensichtlich klar, wie man etwas leisten muß; dazu gehört es, den Sieg zu teilen, bescheiden

128 Beide Geschlechter partizipierten mit gleicher Begeisterung an vielen Sportarten. Manche waren reserviert für Frauen, andere für Männer. Endlich gab es auch solche, in denen Frauen und Männer zusammen spielten (vgl. zur Rolle der Frauen bei Ballspielen, Cheska: Ball games).

129 Das ausgesprochen hohe Verständnis von Fairness äußerte sich darin, dass auch in durchaus rauhen und gewaltsamen Spielformen die Selbstregulation der Teilnehmer zumeist funktionierte und die Autorität der Schiedsrichter, die immer hochgeschätzte ältere Männer waren, niemals in Frage gestellt wurde (Oxendine 1995: 17). Jedes Individuum sah sich verantwortlich für den fairen Ablauf eines Spiels (18), was ein hohes Maß an Selbstzwang und Disziplin indiziert, die auch ohne Drohung einer äußeren Zwangsgewalt einen geordneten Spielablauf gewährleisteten. In dem am weitesten verbreiteten Ballspiel in Nordamerika, Lacrosse, variierte die Größe der Teams erheblich - zwischen 50 und mehreren 100 (37). Jedoch wurde immer darauf geachtet, dass die Mannschaftsstärke gleich war. Obwohl das Spiel sehr hart war und es häufig zu Verletzungen kam, wurde das Verhalten der Spieler zumeist als außerordentlich fair beschrieben (47).

zu sein und sich nicht über andere zu setzen." Selbst noch im Rahmen modernen individualisierten Hochleistungssports kommen also die gemeinschaftsbezogenen egalitären Werte von Eskimos und Indianern zum Tragen: „Eskimos und Indianer, die sich als Ski-Langläufer auf nationalen und internationalen Wettkämpfen hervorgetan haben, sind sehr darauf bedacht, sich nicht über ihre Stammesgenossen erhaben zu dünken, denn Ablehnung wäre ihnen sicher. Sie bleiben bescheiden und teilen ihre Siege mit dem Volk und freuen sich gerade dadurch im Stillen ihrer Leistungen, so wie dies die Jäger in vergangenen Zeiten taten. Solange sie ihr Volk vertreten und nicht nur sich selbst, werden sie akzeptiert, respektiert und sind eine Quelle des Stolzes."

Ein weiterer Mechanismus, das Konkurrenzprinzip in egalitären Gesellschaften institutionell zu mildern, hängt mit dem Gedanken des Ausgleichs zwischen den Hälften bei jenen Gesellschaften zusammen, in denen duale Integrationsformen institutionalisiert sind. Für das in die gesellschaftlichen Dualorganisationen eingepasste Klotzrennen der Timbira Brasiliens stellt Hye-Kerkdal heraus, dass sich der Dualismus zweier Wettkampfgruppen nicht nur einem antagonistischen Gegenüberstehen, sondern auch in reziproken Hilfeleistungen äußert, „wodurch eine Art sozialer Ausgleich herbeigeführt wird und sich Ansätze für neue Sozialbildungen ergeben können" (Hye-Kerkdal 1956: 508). „Die Holzklötze der Timbira haben ein beträchtliches Gewicht; manchmal wiegen sie 100 kg und auch mehr. Im vollen Lauf wird ein Holzklotz in jeder der beiden Wettkampfgruppen von der Schulter des Vorderen auf die Schulter des ihn einholenden Läufers gewechselt. Im rasenden Tempo wird eine Strecke von 5-12 km zurückgelegt, bis das Ziel, der Dorfplatz, erreicht ist. Dort angelangt, wird der Holzklotz auf den Boden geschleudert. Nach kurzer Rast auf dem Block und nach einer rasch durchgeführten Massage stürzen sich die Läufer in den Fluß, um ein Bad zu nehmen. Für diese ungeheure körperliche Leistung erhalten weder die siegende Wettkampfgruppe noch der beste Läufer eine sichtbare Anerkennung. Der Wettlauf ist auch hier nicht dazu da, um persönlichen oder Gruppenehrgeiz zu befriedigen, aber dennoch gibt jeder Läufer sein Bestes her" (514).

Das Ausgleichsprinzip weist zuweilen sogar noch über den Tod hinaus. „Bei den Beerdigungsriten der Fox-Indianer liefern die Lebenden der Hälfte der Toten ein letztes Spiel, das diese immer gewinnt. ‚Gewinnen' bedeutet im Symbolismus der Indianer ‚töten'. Den Toten wird also die Genugtuung gewährt, noch am Leben zu sein, während es die Lebenden sind, die sterben müssen" (Sahlins 1981: 79).

In den Spielen zwischen den Hälften dualer Gesellschaften wird die Spannung zwischen Konkurrenz und gewünschter Zusammenarbeit so institutionalisiert, dass der Wettstreit den egalitären Zusammenhalt nicht gefährdet, der auf gegenseitigen Reziprozitäts- und Tauschverpflichtungen beruht. Auch Claude Lévi-Strauss (1962; 1992) betonte, dass rituelle Spiele das auffälligste Merkmal der Beziehungen zwischen den Hälften, die doppelte Haltung der Rivalität und der Solidarität, widerspiegeln. Anzunehmen ist aber nicht nur eine Abbildfunktion, sondern auch eine egalitätsstabilisierende Rolle des institutionalisierten Spiels, der Wettläufe in Nordost- und Zentralbrasilien ebenso wie der Ballspiele in Australien, Nord- und Südamerika (128f).

Die egalitäre Milderung des Konkurrenzprinzips kann, wie die geschilderten Beispiele zeigen, auf recht verschiedene Weise geschehen. Ein hervorstechendes Motiv ist dabei die Wiederherstellung der Ebenbürtigkeit der vorübergehenden Gegner. Hierzu gehört manchmal der Verzicht auf eine Honorierung des Sieges. Das zwischen den Individuen und Gruppen anzutreffende Prinzip des Ausgleichs findet sich in Gesellschaften mit dualer Organisation auch zwischen den Gruppenhälften. Ein dauerhafter Leistungsvergleich wäre für egalitäre Gesellschaften untypisch. Der Beitrag des Individuums zum Erfolg der Gruppe wird regelmäßig höher bewertet als die individuelle Leistung. Hoch im Kurs stehen auch Fairness und Selbstkontrolle im Wettkampf, womit die im Vergleich zum modernen Sport geringe Bedeutung von Trainern und Schiedsrichtern zusammenhängt.

Symbolisierende Darstellung, Einübung und Wiederherstellung von gleichheitlichen Strukturen, verbunden mit der Möglichkeit des begrenzten Leistungsvergleichs von Individuen und Gruppen, können als Kennzeichen des egalitären Spiels bezeichnet werden. Wichtig ist dabei, dass das Konkurrenzprinzip durch die letztendliche Notwendigkeit der egalitären Nivellierung nicht in reiner Form auftritt, sondern auf solche Ausdrucksformen eingeschränkt bleibt, die den Zusammenhalt der egalitären Gesellschaft nicht gefährden.

Spiele weisen ebenso wie andere abgrenzbare institutionelle Formen einen jeweiligen Eigencharakter auf, der durch ihren historischen

Bestand angesichts elementarer sozialstruktureller Veränderungen ebenso dokumentiert wird wie durch ihre kreativen Impulse zur Beibehaltung egalitärer Traditionen unter neuen herrschaftlichen Rahmenbedingungen. Wie sich ein konkurrenzorientierter Wettkampf durch die egalitäre Einstellung der Spieler selbst noch in der Situation der kolonialen Unterwerfung zu einem entspannten kooperativen wandelt, beschreibt Karl G. Heider anschaulich am Beispiel der egalitären neuguineischen Dani. Sie bekamen von der indonesischen Regierung ein Programm aufgedrückt, das sie zu ordentlichen Indonesiern machen sollte. Zu diesem Programm gehörte auch die Einführung eines Spiels, das von den Adressaten seiner Wettkampfkomponenten weitgehend beraubt wurde. So wurden die Gegenüberstellung von zwei konkurrierenden Mannschaften und die Punktzählung aufgegeben sowie die Regeln, je nach Bedürfnislage, sehr flexibel gehandhabt (Heider o.J.: 78). Ähnlich scheint es sich bei dem Spiel der Wotut (Neuguinea) mit europäischen Murmeln zu verhalten, dem heute mit Begeisterung von Männern, Frauen und Kindern besonders am Sonntag gefrönt wird. Es hat nämlich eine ganz ähnliche Form angenommen wie das traditionelle Kreiselspiel, welches durch einen Verzicht auf Gewinnerermittlung und eine Konzentration auf den gemeinschaftlichen Spielablauf gekennzeichnet ist (Fischer 1961: 148).

Nicht immer gelingt es den „primitiven Anarchisten" unter neuen hierarchischen Rahmenbedingungen, ihre gleichheitlichen Traditionen zu erhalten. Der hierarchisierende institutionelle Wandel betrifft häufig auch die überkommenen Spielformen. Die herrschaftliche Überformung äußert sich dann zuweilen in neuen Spielzielen. Die Bedeutung des Spielgewinns, verbunden mit autoritärer schiedsrichterlicher Entscheidung, nimmt zu. Das lässt sich am Beispiel der „Polynesier" verdeutlichen: „Den Kampfrichtern wird in solchen Ereignissen eine umfassende Rolle eingeräumt. Sie bestimmen die Punkte und entscheiden Streitigkeiten. Diese größere Rolle der ‚Autorität' gegenüber der reinen Fertigkeit im Beurteilen von Ergebnissen scheint eine verhältnismäßig neue Komponente zu sein. Statt wie die Indianer den Geist des Spiels zu deklamieren, brechen die Polynesier beim Sieg in triumphierenden Jubel aus" (Sutton-Smith 1978: 192).

5. Zusammenfassung

Egalitäre Gesellschaften und regulierte Anarchien, wie sie aus der ethnologischen Forschung und Theoriebildung seit Jahrzehnten bekannt sind, bedürfen eigener institutioneller Stabilisierungsmechanismen. In den anspruchsvollen vergleichenden Theorien zu diesen Typen herrschaftsfreier Vergemeinschaftung wird als gemeinsames Kennzeichen das Vorherrschen egalitärer Normen herausgestellt, die sich in gesellschaftlichen Teilzwängen und antiherrschaftlichen Affekten der Individuen manifestieren. Der wichtigen Frage, wie diese egalitären Normen den „primitiven" Akteuren institutionell vermittelt werden, wurde aber bisher wenig nachgegangen. Dabei müssen auch die Normen herrschaftsfreien Zusammenlebens in individuell vollziehbare Handlungsmuster umgesetzt werden, um das zu erzeugen, was Christian Sigrist (1994) gesellschaftliches Gleichheitsbewusstsein nannte. Egalitäre Verhaltensmuster müssen erlernt, wiederholend eingeübt und gegebenenfalls kreativ neuen Erfordernissen angepasst werden. Hierzu sind Institutionalisierungen in Form von sozialen Spielen als Vermittlungsinstanzen kultureller Sinnproduktion wichtige Agenturen.

Im Rahmen dieses Kapitels konnte auf keine systematische Auswertung des ethnographischen Materials zurückgegriffen werden. Gleichwohl lassen sich bereits Teilergebnisse und durch das empirische Material bekräftigte Hypothesen präsentieren. Spezifische institutionelle Zeit- und Raumgliederungen können helfen, den leistungsfremden und Solidarität fördernden Aspekten kooperativen Spiels Geltung zu verschaffen. Egalitäre Regelsysteme geben den Rahmen der Spiele vor. Dabei kann es zur Herausbildung von Spielen, sogar von Wettspielen, kommen, die überhaupt keine Sieger kennen. Auch in den mehr konkurrenzorientierten Spielen geht es darum, die egalitäre Ordnung nicht zu gefährden. Die Anerkennung des Anderen als potentiell Gleichen muss im oder nach dem Spiel immer wieder hergestellt werden.

Die Art und Weise, wie in egalitären Gesellschaften mit dem Konkurrenz- und Geltungsstreben einzelner Individuen umgegangen wird, lässt Spiele als Ventile erscheinen, durch die antisozialer Druck so abgelassen werden kann, dass er den gesellschaftlichen Zusammenhang nicht gefährdet, sondern die Struktur einer Gesellschaft der Gleichen stützen hilft. Das Verhältnis von Spiel und Macht bedarf einer genauen Betrachtung.[130]

Während die kooperativen Spielformen tendenziell die anpassende Einübung der Individuen in solidarische Normen und Verhaltensformen fördern, wird das Spannungsverhältnis von individuellem Machtstreben und egalitären Verhaltensstandards in Wettbewerbsspielen so kanalisiert, dass jenes Machtstreben die gleichheitliche Ordnung nicht gefährdet, sondern zu ihrer Stabilisierung beiträgt. Die Mechanismen der Wettstreit-Milderung zeigen, wo die symbolische Grenze für das Streben nach Prestige und Macht liegt. Spiele erweisen sich in beiden Varianten als institutionelle Formen des Umgangs mit Macht. Da die gegenseitige Leistungskonkurrenz auch produktive Momente aufzuweisen vermag, etwa durch die Steigerung der individuellen und kollektiven Fertigkeiten zum Handwerk, zur Jagd oder zur Kriegsführung, wird sie in einem bestimmten Rahmen gefördert. Dieser Rahmen muss dann allerdings dafür sorgen, dass die hierdurch unterstützten Machtaspirationen den gleichheitlichen Gruppenzusammenhang nicht gefährden. Daher die in verschiedenen Varianten immer wieder anzutreffenden Rituale der Wiederangleichung von Siegern und Verlierern und die gedämpfte Honorierung sportlichen Erfolgs.

Abschließend wird der Ertrag dieser Studie zu egalitären Aspekten des Spiels in „primitiven" Gesellschaften thesenartig zusammengefasst. Zunächst wurden grundlegende Überlegungen zur Theorie des sozialen Spiels angestellt.

– Dabei konnte nachgewiesen werden, dass für die Untersuchung von Spielen aufgrund ihrer „Institutionalität" eine institutionenanalytische Perspektive angebracht ist.

– Es zeigte sich, dass schon die fundamentale Struktur des Spiels egalisierende Züge aufweist, die auf institutionellen Abstraktionsleistungen beruhen. Die Installierung von Gleichheit, etwa im Sinne von gleichen Ausgangsbedingungen oder gleichen Siegchancen, ist nämlich eine notwendige Voraussetzung gelungener spieleri-

130 Wenn Macht nicht mit Herrschaft gleichgesetzt und Spiele nicht auf Wettkampfspiele reduziert würden, könnte für den Fall der „primitiven" Gesellschaften Sutton-Smith (1978) zugestimmt werden, der Spiele als „Sozialisationssystem[e] in bezug auf Konflikt und Macht" auffasste (107).

scher Interaktion. Daher ist den meisten Spielen schon strukturell ein emanzipatorisches Potential zuzusprechen. Trotzdem können Spiele auch für Herrschaftszwecke instrumentalisiert werden.

Nach dieser allgemeinen Diskussion des sozialen Spiels brachte die genauere Analyse der Wirkungsweise von Spielen in *egalitären* Gesellschaften folgende Resultate. Diese Spiele erweisen sich als *institutionelle Gleichmacher*, indem sie drei egalisierende Funktionen erfüllen:

Als „Spiele ohne Sieger" symbolisieren sie das angestrebte egalitäre gesellschaftliche Gleichgewicht.

Ihr sozialisierender Effekt beruht auf dem Einüben von kooperativen Verhaltensformen.

Konkurrenzorientierte Spiele sind zudem an das Prinzip der Wiederherstellung von Gleichheit gebunden.

Die Analyse des Spiels bekräftigt die in weiteren Forschungen noch zu bewährende Hypothese, dass die Gleichheit „primitiver" Gesellschaften in erster Linie auf solche institutionelle Leistungen zurückzuführen ist, die es ermöglichen, dass individuelles Machtstreben erfolgreich und produktiv im Sinne des angestrebten gesellschaftlichen Gleichheitsideals kanalisiert werden kann. Besonders anschaulich lässt sich dieser Zusammenhang am Beispiel von Glücksspielen demonstrieren, die ich im folgenden Kapitel untersuchen werde.

Thomas Wagner

Casino Egalité

Glücksspiele und Wetten in herrschaftsfreien Gesellschaften

1. Vorspiel[131]

Marshall McLuhan machte einst in einem weite Beachtung findenden Buch interessante Bemerkungen zur Rolle des Glücksspiels in modernen und „primitiven" Gesellschaften. In Stammesgesellschaften seien sie ein willkommener Tummelplatz für Unternehmergeist und Privatinitiative. Wogegen in eine individualistische Gesellschaft übertragen, dieselben Glücksspiele und Wetten die ganze soziale Ordnung zu bedrohen schienen. Glücksspiele trieben die Privatinitiative so weit, dass sie sich über die individualistische Gesellschaftsstruktur lustig machten: „Des Stammesmenschen Tugend ist des Kapitalisten Laster" (McLuhan 1995: 356).

Der von McLuhan geschilderten Beobachtung wird im Rahmen dieser Überlegungen auf den Grund gegangen. Die soziologische Analyse von Glücksspielen und Wetten belegt deren stabilisierenden Beitrag für herrschaftsfreie Gesellschaften. Diese Feststellung mag überraschen, denn passend zum industriegesellschaftlichen Arbeitsethos wurden Glücksspielen in der Moderne vor allem destruktive und anomische Wirkungen nachgesagt. Von Dostojewski als Romanfigur popularisiert, erscheint der stereotypisierte Spieler in der Regel als eine von ihrer unheilvollen Leidenschaft getriebene Person, die ihr eigenes und das Glück ihrer Angehörigen zu verspielen bereit ist.

---

131 Dieser Text ist inzwischen erschienen in: *Sociologia Internationalis* 2/1998.

Andererseits können öffentlich monopolisierte Kasinobetriebe und das Lotteriewesen auch für egalitäre Umverteilungszwecke genutzt werden und wollen sich dann und insofern dem öffentlichen Wohl durchaus als zuträglich erweisen.[132] In den Reservaten nordamerikanischer „First Nations" verspricht sich daher auch mancher Innovationswillige ausgerechnet von „Spielhöllen" einen Beitrag zur Linderung der misslichen ökonomischen Lage.[133] Wie dem auch sei: Aus der Perspektive des individuellen Spielers und seiner Angehörigen bringt das moderne Glücksspiel nur allzu oft eben jene desaströsen Effekte hervor, die Dostojewski eindringlich zu beschreiben wusste.[134] Anders präsentiert sich das Glücksspiel der „Primitiven". Sowohl als traditionaler Zeitvertreib als auch in der Variante einer von den Kolonisatoren übernommenen Neueinführung zeitigt es *hier* vor allem integrative Wirkungen. Das geschieht durch Mechanismen egalitärer Umverteilung und ist den-

---

132 Neuerdings sollen Bingo-Spiele sogar der Umwelt gut tun. Jedenfalls im Bundesland Niedersachsen, wo der gerade privatisierten „Toto-Lotto Niedersachsen GmbH" die bundesweit erste Genehmigung für eine Umweltlotterie erteilt wurde (vgl. Voges 1997: 6). Dass Glücksspielen in der BRD bislang nicht ohne erhebliche gesundheitliche Gefährdungen auskommt, belegt die eindrucksvolle Zahl von immerhin 100.000 beratungs- und behandlungsbedürftigen Glücksspielern und -spielerinnen für das Jahr 1993 (vgl. Meyer 1996: 13). Die maroden Landes- und Kommunalhaushalte lassen die Verwirklichung notwendiger Maßnahmen zum Spielerschutz als kaum wahrscheinlich erscheinen (vgl. Füchtenschneider 1996).

133 Die Legitimität von Casinos ist innerhalb der jeweiligen Reservatspolitik zuweilen heftig umstritten und führte mitunter bereits zu blutigen Auseinandersetzungen. Mancher indianische Traditionalist meint, dass Versuche, den Beelzebub der Modernisierung mit dem „Spielteufel" auszutreiben, durch die Adaptierung des hierzu nötigen Gewinnmaximierungsprinzips erst Recht die Reste der Stammestraditionen zu verspielen drohten. Besonders kontrovers und gewaltsam verliefen die Auseinandersetzungen Ende der achtziger Jahre auf den Reservaten der Mohawks beidseits der amerikanisch/kanadischen Grenze. Diese Machtkämpfe nehmen die Form von Kämpfen um die Bewahrung traditioneller Leitideen an. „Mohawks, die gegen die Casinos waren, wollten die Kontrolle über diese mythische Vergangenheit gewinnen, weil sie glaubten, nur der Glaube könne letztlich die Macht wiederherstellen, um den Verlust ihres Landes und ihres Wohlstands zu überwinden. Mohawks, die das Spielen befürworteten, stützten ihre Forderungen auf den Glauben, dass ein beständiger Geldfluss die einzige Waffe sei, die stark genug wäre, um Weiße fernzuhalten" (Hornung 1991: 5).

134 Vgl. die Aufsätze zu Spielsucht und deren Behandlungsmethoden bei Anna Fett (1996).

noch mit der Möglichkeit individuellen Prestigeerwerbs verbunden. Der „primitive" Spieler bleibt vor dem Damoklesschwert des dem Spiel geschuldeten Ruins in der Regel auch dann verschont, wenn er hohe Verluste beklagen muss. Diese sind in egalitären Gesellschaften aufgrund der hier institutionalisierten Teilzwänge nämlich nicht mit einer existenzbedrohenden ökonomischen Situation verbunden.

Zur Klärung dieser krass ins Auge stechenden Unterschiede von Wirkungen und Bewertung des Glücksspiels in „primitiven" und modernen Gesellschaften ist es nützlich, die geradezu gegensätzlichen politischen und ökonomischen Organisationsprinzipien dieser Institutionengefüge zu berücksichtigen. Denn: „Spiele sind Volkskunst, kollektive gesellschaftliche Reaktionen auf die Haupttriebkräfte oder Wirkungsweisen einer Kultur" (McLuhan 1995: 357). Herrschaftsfreie und egalitäre Gesellschaften zeichnen sich nun gegenüber staatlich verfassten dadurch aus, dass sie über spezifische Institutionen verfügen, die sowohl die Lösung von Konflikten als auch die Vermeidung von politischen wie ökonomischen Ungleichheitsstrukturen bewältigen. Ohne dass hierfür eine herrschaftliche Zentralinstanz oder eine juristische Bürokratie in Anspruch genommen werden kann, stabilisieren sie herrschaftsfreie Ordnungen, die bereits Max Weber (1980: 670) als Anarchien bezeichnete. Spiele, insbesondere auch Glücksspiele, haben an dieser „Gleichmacherei" einen gehörigen Anteil[135], der oft genug unterschätzt wird. Die in diesem Kapitel vorgestellten institutionellen Analysen sollen Einsichten in die Spezifika „primitiven" Glücksspiels bieten. Dabei kann bereits an die im vorigen Kapitel vorgetragenen ersten Ergebnisse einer Theorie des egalitären Spiels angeknüpft werden: Schon die fundamentale Struktur des Spiels weist egalisierende Züge auf, die auf institutionellen *Abstraktionsleistungen* beruhen. Gleichheit, etwa im Sinne von gleichen Ausgangsbedingungen, ist eine unverzichtbare Voraussetzung gelungenen Spiels. Insofern eignet ihm schon konstitutiv ein emanzipatorisches Potential. *„Spiele ohne Sieger"* symbo-

---

135 Der Beitrag vieler Spieltypen zur egalitären Ordnungsstabilisierung ist bisher noch kaum analysiert. Einer systematischen Untersuchung ihrer konfliktschlichtenden Potentiale harren z.B. noch verschiedene Formen rituellen indianischen Ballspiels, etwa das Hockeyspiel der südamerikanischen Mapuche-Huilliche (vgl. Cooper 1949: 515) oder das nordamerikanische Lacrosse.

lisieren das angestrebte egalitäre gesellschaftliche Machtgleichgewicht. *Kooperative Verhaltensformen* werden eingeübt und selbst konkurrenzorientierte Spiele sind eng mit dem Prinzip der *Wiederherstellung von Gleichheit* verknüpft.

Die Egalität „primitiver" Gesellschaften ist wesentlich auf solche institutionelle Leistungen zurückzuführen, die individuelles Machtstreben erfolgreich und produktiv im Sinne des angestrebten Gleichheitsideals kanalisieren. Beim Glücksspiel liegt der Spielanreiz wesentlich in dem Gewinnen und Verlieren von hohen Wetteinsätzen. Dieser Sachverhalt, der den egalitären Verhältnissen auf den ersten Blick eklatant zu widersprechen scheint, eignet sich gerade deshalb besonders gut, den Umgang egalitärer Gesellschaften mit der Bedrohung durch Ungleichheitsstrukturen zu verdeutlichen. Neben den im weiteren Verlauf dieses Kapitels noch ausführlich zur Sprache kommenden redistributiven Aspekten des Glücksspiels weist auch seine Rolle bei manchen ritualisierten Entscheidungsverfahren auf einen wichtigen Vorzug der institutionellen Analyse. Auch wenn die hinter dem Rücken der Akteure stattfindenden Prozesse der egalisierenden Umverteilung und der Spielcharakter des Gottesurteils den Beteiligten nicht immer als solche bewusst sind, lassen sie sich institutionenanalytisch beschreiben.

2. Zufallsentscheidungen

Glücksspiele dienen in egalitären Gesellschaften der herrschaftsfreien Ordnungsstabilisierung sowie der egalitären Umverteilung des ökonomischen Reichtums. Ein von Kulturwissenschaftlern (vgl. Jensen 1960: 73 f; Girard 1994: 461 f) immer wieder gerne bemühtes Beispiel soll dies verdeutlichen: Mit dem „*Huayru*"-Würfelspiel der *Canelos*-Indianer Ecuadors lassen sich nämlich gleich beide Funktionen belegen. Das rituell an Totenzeremonien gebundene Spiel nimmt während der nächtlichen Totenwache für den verstorbenen Hausherrn folgenden Lauf. Die geladenen männlichen Gäste stellen sich in zwei Reihen diesseits und jenseits der Leiche gegenüber. Der aus den Beinknochen eines Lamas geschnitzte Würfel wird vom ersten Mann der einen Partei über die Leiche hinweg zum ersten Mann der Gegenpartei geworfen, von dort wieder zurück zum zweiten Mann der ersten Partei und so weiter. Die Ermittlung des Gewinners erfolgt entsprechend den lokal verschiedenen Spielregeln. Gemeinsam ist allen diesen Varianten aber das Ergebnis. Das lebende Inventar des Verstorbenen wird nahezu vollständig als Spielgewinn verteilt, geschlachtet und unverzüglich gemeinsam verspeist. Verschont bleiben lediglich einige Tiere, die der Aufzucht dienen sollen (vgl. Jensen 1960: 73f, der sich auf eine Schilderung Karstens bezieht).[136] Neben dieser Funktion der Besitzumverteilung, die eben verhindert, dass einzelne Familien zuviel ökonomische Macht akkumulieren können, muss ein anderer Aspekt hervorgehoben werden. Die konfliktträchtige Entscheidung über das Erbe wird nämlich dem Zufallsprinzip überantwortet. Dadurch wird ein Streit über die Hinterlassenschaft vermieden (vgl. Girard 1994: 462). Ein Streit birgt immer die Gefahr einer gewaltsamen Austragung mit unkontrollierbaren Folgen und ungewissem Ausgang. Réne Girards Deutung, dass hieran anknüpfende gewaltsame Konflikte notwendig unkontrollierbar seien und ihrem Verlauf nach dem Zufall überlassen bleiben müssten, ist allerdings überzogen. Eine dichotome Gegenüberstellung von Spiel und Kampf verfehlt das Wesen beider. Vielmehr weisen gerade auch gewaltsame Auseinandersetzungen in „primitiven" Gesellschaften regelhafte, zuweilen geradezu spielerische Züge auf.[137] Die weitere Fol-

---

136 Auch von den Simigae-Indianern und anderen Ethnien Ecuadors und Perus sind ähnliche zeremonielle Spiele bekannt, bei denen der Besitz des Verstorbenen verteilt wurde (vgl. Cooper 1949: 519 sowie Karsten 1930).

137 Neben Johan Huizingas (1994: 101ff) einschlägigen Bemerkungen zum geordneten Kampf als Spiel gibt es viele ethnographische Belege dafür, dass die gewaltsame Konfliktaustragung in „primitiven" Gesellschaften auch ohne staatliches Gewaltmonopol und ohne Genfer Konvention in hohem Grade kontrolliert erfolgt. Sie erweisen sich auch dann durchweg als *regulierte* Anarchien; vgl. für die Zweikämpfe der Eskimos: Roberts 1981: 97; für die Ringkämpfe der Feuerland-Indianer: Gusinde 1931: 454. Für die rituellen Ringkämpfe der Karaya und anderer Stämme Zentralbrasiliens und für jene der philippinischen Ifugao vgl. Kamphausen 1972: 64f. Auch solche Kämpfe, die mit gefährlichen Waffen ausgetragen werden, sind in so hohem Maße reglementiert, dass sie selten einen tödlichen Ausgang nehmen (vgl. Gusindes Schilderung eines *Duells auf Pfeile* bei den Feuerlandindianern: 1931: 455f). Das gilt häufig auch noch für Auseinandersetzungen zwischen verfeindeten Gruppen, also den Krieg. Das primitive Kriegsrecht kennt Regeln, die von beiden Parteien eingehalten werden. Das geht von stellvertretenden Zweikämpfen, über kontrollierte graduelle Steigerungen der Kampfintensität bis hin zu Kampfpausen und Waffenstillständen, die zuweilen mit Hilfe von immunisierten Ältesten eingehalten werden (vgl. für die Hadza die Schilderung von Eibl-Eibesfeldt 1972: 176).

gerung Girards kann dagegen überzeugen. Einem Gewaltausbruch wird durch die geheiligte Zufallsentscheidung vorgebeugt. „Der Ritus will den Zufall spielen lassen, bevor die Gewalt Gelegenheit findet, sich zu entfesseln“ (ebd.).

Die Perspektive der institutionellen Analyse ermöglicht eine Verknüpfung der Interpretation der Innenperspektive von Akteuren und eine hiervon zu abstrahierende Beobachtung von Mechanismen, die den unmittelbar am Geschehen Beteiligten nicht als solche bewusst sein müssen. Die Angemessenheit der dadurch ermöglichten methodischen Verfremdung bewährt sich im Falle des Gottesurteils (Ordal). Während die Ritualteilnehmer dasselbe als Entscheidung einer höheren Macht auffassen mögen, lassen sich doch Strukturanalogien zum säkularisierten Glücksspiel herausarbeiten. In diesem Sinne kann gezeigt werden, dass ein *Heiligungsmechanismus* auch beim Gottesurteil herrschaftsfreier Gesellschaften für eine der Zufallsentscheidung zuzuschreibende verbindliche und unverfügbare Autorität sorgt. Auch hier bleibt der Ausgang dem Zufall überlassen, nimmt das Ritual die Gestalt eines Glücksspiels an. Wie schon im oben geschilderten Fall geht es damit aber seines oft zu unrecht unterstellten unernsten Charakters gänzlich verlustig. Die geheiligte Zufallsentscheidung lässt dann aus „Spiel“ zum Teil tödlichen „Ernst“ werden. Die Institution des Ordals ermöglicht, die Entscheidung eines Rechtsstreits oder die Aufklärung eines Verbrechens als den Schiedsspruch übernatürlicher Instanzen zu interpretieren. Diese Formulierung ist allerdings missverständlich, denn mit Zwangsgewalt ausgestattete Richter sind in den in diesem Buch behandelten Gesellschaften ja unbekannt. Wer sich einem Ordal unterzieht, riskiert Leben oder Gesundheit. Die Nuer kennen *math*, das Trinken. Es soll im Falle eines Totschlags den Schuldigen ermitteln. Wer sich für unschuldig erklärt, muss von der Milch einer Kuh des Getöteten trinken. Wird er dann aufgrund des nicht vollzogenen Tabubruchs *nicht* krank, gilt er als unschuldig. Ebenfalls praktiziert wird *kap tang*, das Halten des Speerschafts. Es handelt sich um einen Eid über einem symbolischen Grab. Wenn der Beschuldigte die Unwahrheit sagt, wird er krank oder stirbt (vgl. Wesel 1985: 259 f). Die Lele verlassen sich bei Hexereiverdacht auf das *ipome*, ein Giftordal. Der Verdächtige muss Gift trinken; bleibt er am Leben, ist seine Unschuld erwiesen (300). Auch die Apachen kannten das Ordal. „Eine solche Probe war zum Beispiel das Verzehren von Wapitifleisch (eine Hexe oder ein Hexer würde das Fleisch erbrechen, das für normale Leute ein Leckerbissen war) (Boyer 1982: 67).

Die Interpretation des Ordals als originär antiherrschaftlicher Entscheidungsmodus wird von Gedanken gestützt, die bereits Johan Huizinga (1994) zur Rechtspraxis des „Gottesurteils" in „primitiven" Gesellschaften äußerte. Er stellte nämlich die geläufige Auffassung in Frage, nach der die Götter durch den Ausfall der Probe oder des Wurfes anzeigten, auf welcher Seite die Wahrheit liege oder in welche Richtung ihre Schickung tendiere. Das sei eine Interpretation aus einem jüngeren geschichtlichen Stadium. Huizinga macht den Wettkampf selbst, das Spiel darum, wer ihn gewinnen wird und somit den Zufall selbst zum Kern dieser Institution. „Der Erfolg des Glücksspiels an und für sich ist heilige Entscheidung" (94). Dem entspricht die Auffassung Girards (1994: 465) von der Heiligkeit des Zufalls. Girard fasst Huizingas „Heiligung der Entscheidung als solcher"[138] genauer. Ihr liegt nämlich ein Konzept spiritueller Mächtigkeit zugrunde: die heilige Gewalt. „Der modernen Welt scheint das Thema des Zufalls mit dem Eingreifen einer Gottheit unvereinbar; für die Welt der Primitiven gilt das nicht. Der Zufall trägt alle Merkmale des Heiligen: einmal tut es den Menschen Gewalt an, einmal überhäuft es sie mit Wohltaten. Nichts ist willkürlicher als das Heilige; nichts ist diesem Wandel, diesen Schwankungen mehr ausgeliefert als die heiligen Heimsuchungen." Einiges spricht also dafür, dass die späteren „Gottesurteile" (z.B. des europäischen Mittelalters) in herrschaftsfreien – aber heiligen – Formen der Institutionalisierung von Rechtsstreiten wurzeln, die nach herrschaftlicher Überformung in der Form eines göttlichen Richterspruchs interpretiert werden konnten.

3. Traditionelle „Gleichmacher"

Wie oben bereits angedeutet, finden die Glücksspiele der „Primitiven" eine Hauptfunktion darin, den gesellschaftlich produzierten Reichtum egalitär zu verteilen. Häufig wurde daher in der ethnographischen Literatur auf ihre Rolle als Verminderer von Besitzunterschieden

138 Sozusagen eine „primitive" Variante der Luhmannschen „Legitimation durch Verfahren".

hingewiesen. Beim beliebten Wettspiel der afrikanischen Hadza bindet sich der egalisierende Distributionseffekt an einen Zeitvertreib der Männer (Woodburn 1982: 442–445). Während der Trockenzeit verbringen die mehr Zeit beim Spielen als beim Jagen. Ihr Glücksspiel wird mit Rindenscheiben gespielt und erfordert keinerlei besondere Fähigkeit. Der gebräuchliche Einsatz ist ein Pfeil mit Metall-Spitze. Die meisten Spieler verlieren irgendwann alle ihre Pfeile von dieser Sorte. Dann können sie kein großes Wild jagen. Da Pfeile ohne Metallspitze, die für das Jagen von Kleinwild benutzt werden, nicht zum Spieleinsatz kommen, ist die ökonomische Basis der Spieler niemals gefährdet (Woodburn 1968: 53f). Am Tag absolvieren die Männer mehrere 100 Spiele. Dadurch gelingt es in der Regel auch niemandem, seinen Gewinn länger als ein paar Wochen zu behalten (vgl. Luig 1995: 107). Durch die ständige Fluktuation der wertvollen Gegenstände werden individuelle Verpflichtungen und Abhängigkeitsbeziehungen auf Dauer verhindert.

Auch bei Indianern der nordamerikanischen Ostküste gingen Güterumverteilungen mit jenen Wetten einher, die regelmäßig Mannschaftsspiele begleiten (Sutton-Smith 1978: 191 f[Salter]). Das Wetten von Einsätzen war ein integraler Bestandteil der meisten sozialen Spiele nordamerikanischer Indianerstämme. Obwohl die Risikobereitschaft oftmals erheblich war, wurden die Spielgewinne jedoch immer wieder der Gemeinschaft zugeführt (Oxendine 1995: 31), was aufgrund der egalitären Werteordnung die destruktiven Tendenzen des Glücksspiels erheblich reduzierte: „Das Glücksspiel führte zu einer gewissen Besitzumverteilung, aber alles blieb innerhalb der Gemeinschaft. Es wurde darauf geachtet, dass kein Individuum oder keine Familie verarmte. Die Anhäufung großer Vermögen, ob durch Glücksspiele oder auf andere Weise, hatte für Indianer keine besondere Priorität“ (156). In den nach verwandtschaftlichen Prinzipien organisierten indianischen Gesellschaften wurden die Individuen stets von Freunden und Verwandten unterstützt, wenn sie vor dem ökonomischen Ruin standen. Eine weitere soziale Bremse destruktiver Spielfolgen war die soziale Missbilligung von allzu exzessivem Spielen und von zu hohen Einsätzen (auch wenn Lewis H. Morgan [1968: 282] von der Wettlust der Lacrosse-begeisterten Irokesen schilderte, sie mache vor dem Verlust der gesamten persönlichen Habe keinen Halt): „Personen, die solches

Verhalten an den Tag legten, verloren an Wertschätzung in der Gemeinschaft, und es wurde ihnen nicht erlaubt, wichtige Positionen einzunehmen" (Oxendine 1995: 143; vgl. für die Gros Ventre: Flannery/Cooper 1946: 416). Dem entspricht die Gepflogenheit, Spielschulden nicht zu erlauben (Oxendine 1995: 144; vgl. für die Gros Ventre: Flannery/Cooper 1946: 393; für die Yakima: Desmond 1952: 51).

Die sozialen Implikationen des Spielens und Wettens der Yakima-Indianer (Washington) wurden von Gerald R. Desmond anschaulich gemacht. Deren Glücks- und Wettspiele ermöglichten den individuellen Teilnehmern eine Möglichkeit, Prestige zu erlangen, ohne die gleichheitlichen Strukturen der Gesellschaft zu gefährden. Im Gegensatz zu den beliebten sportlichen Wettkämpfen, den Pferderennen und dem Knochenspiel (bone game), die jeweils eine große Gruppe der Gesellschaft von der erfolgreichen Teilnahme ausschlossen (Sportspiele begünstigten kräftige junge Menschen, Pferderennen die an Pferdebesitz wohlhabenden älteren Männer und das Knochenspiel jene, die einen guten Draht zu übernatürlichen Mächten hatten), waren der Zugang und die Erfolgschancen beim Glücksspiel verhältnismäßig gleich (vgl. Desmond 1952: 49).[139] Somit ermöglichte es die Partizipation aller Individuen an zugleich aufregender und erholsamer Geselligkeit. Negative Folgen des Wettens wurden durch verschiedene soziale Regulationen wirksam begrenzt. Dazu gehörte, dass nur Einsatz gegen Einsatz gewettet wurde, wobei die Einsätze etwa den gleichen Wert hatten. Dadurch stand jeweils nur eine Verdoppelung des Spieleinsatzes als Gewinn zur Aussicht. Nahezu alles konnte verwettet werden, aber es gab nicht die Möglichkeit, es auf Pump zu tun, was den möglichen Verlust begrenzte (26). Je intimer die Gruppe, desto „harmloser" waren die Wetten. So wurden soziale Konflikte aufgrund des Glücksspiels in den Kleingruppen vermieden. Mit größerer Distanz nahm die Heftigkeit allerdings zu. Zwischen verschiedenen Gruppen konnte ein Wettbewerb spannungsreicher verlaufen, wobei die Solidarität in der jeweiligen eigenen Bezugsgruppe gestärkt wurde (47). Ein weiteres Beispiel für die soziale Eindämmung negativer Spielfolgen sind die Eskimos von Port Burwell (Kanada). Die betätigen sich

139 Nur für schwangere Frauen und Trauernde waren Glücksspiele zeitweise tabu (Desmond 1952: 49).

in ihren Jagdlagern am Kreiselspiel, ein reines Glücksspiel, während das ebenfalls beliebte Kartenspiel nur in der festen Siedlung stattfindet. Das Kreiselspiel bedroht den sozialen Frieden der Jagdgefährten nämlich weniger als das Kartenspiel, das häufig soziale Spannungen erzeugt (Riches 1974: 26).[140]

4. Karten- und Würfelspiele in Australien und Papua Neuguinea

Es mag zunächst überraschen: Auch in solchen „primitiven" Gesellschaften, in denen Würfel- oder Kartenspiele erst im Rahmen der Kolonialherrschaft eingeführt wurden[141], funktionieren diese häufig verbotenen Geldspiele oft als Stabilisatoren und nicht als Zerstörer egalitärer Strukturen. Diese Bewertung bezieht sich auf ihren Beitrag zur gleichmäßigen Streuung des gesellschaftlichen Reichtums. Die redistributive Funktion der Spiele ist dabei eng verknüpft mit der Bedeutung, die egalitäre Normen in der jeweiligen Gesellschaft haben. Für australische Wildbeutergruppen konnte gezeigt werden, dass deren Glücksspiele aufgrund des institutionalisierten Teilzwangs in erster Linie dem Ausgleich von Einkommensunterschieden dienen. Zugleich ermöglichen sie den Spielern Prestigeerwerb. Damit fungiert dieser Zeitvertreib als Ersatz für die vormals prestigeträchtige Jagd (vgl. Zimmer 1987: 3). Im australischen Ngukurr (Roper River,

---

140 Eine andere Möglichkeit, konflikthaftes Konkurrenzverhalten aus wichtigen gesellschaftlichen Bezugsgruppen herauszuhalten, zeigt die Tradition der Pueblo-Indianer: Um ernsthafte gesellschaftliche Konflikte zu vermeiden, wurden deren traditionelle Wettkampfspiele nie zwischen zwei offiziellen Gruppen ausgetragen. Mannschaftsbildungen waren nur quer zu den wichtigsten Gemeinschaften möglich. Teilnehmer an Wettläufen und Kletterspielen wurden nach den Kategorien „verheiratet/ledig" bestimmt oder ausgezählt (Fox 1976: 192 f).

141 Donald C. Laycock gibt im Anschluss an seine Darstellung von drei in Neuguinea übernommenen Kartenspielen Hinweise auf die Adaptivität von Kartenspielen: „Alle drei hier beschriebenen Spiele basieren auf einfacher Addition und/oder einem Vergleich; weiter gehende Spiele, mit komplexeren Ebenen von Spielfarben, Trümpfen und Bauern, oder – wie beim Poker – mit sehr komplexen, hierarchischen Rangordnungen der Spielkarten in einer Hand, werden in frühen Phasen der kulturellen Anpassung meist nicht übernommen" (o. J. a.: 53).

Northern Territory) dominiert das Kartenspiel die Tage nach den im Zwei-Wochen-Turnus stattfindenden Lohnzahlungen. Obwohl es gelegentlich einen Hauptgewinner gibt, trägt das Spiel hauptsächlich zur Verteilung des Reichtums bei. Entweder spielt der Gewinner weiter und sorgt so dafür, dass das Geld schließlich wieder in den Spielkreislauf zurückfließt, oder er kauft Gebrauchsgüter, die anschließend aufgrund der Teilverpflichtung unter der großen Gruppe der Angehörigen und Freunde verteilt werden müssen (Bern 1987: 222). In den hierarchischeren Big-Men-Gesellschaften ist der nivellierende Aspekt geringer als in den bisher genannten Beispielen. Der Teilzwang wird hier überlagert von Normen der Zurschaustellung von Großzügigkeit sowie der Tauschverpflichtung. Für die meisten kartenspielenden „Primitiv"-Gesellschaften Neuguineas und Australiens hängt die Beliebtheit von Glücksspielen auch mit der Abwehr von ökonomischen Ungleichheitstendenzen zusammen, die der Kontakt mit der kapitalistischen Moderne hervorbringt. Die Übernahme und Modifikation von Würfel- und Kartenspielen zeigt deutlich, wie sich die „primitiven" Akteure bemühen, traditionale Gleichheitsstrukturen zu erhalten. Sie sind innovativ, indem neue Verteilungsmechanismen entwickelt werden, welche die alten Institutionen des Teilzwangs und der Reziprozität angesichts ihrer Gefährdungen durch die Geldwirtschaft wirksam zu ergänzen vermögen. Anhand ausgewählter Beispiele werden diese Vorgänge nun dargestellt.

Bei den bodenbauenden *Wape* Neuguineas sorgen eine Reihe von institutionellen Mechanismen dafür, dass Herrschaftsverhältnisse (Mitchel 1988: 642; 1978: 9) und ökonomische Machtgefälle zwischen Männern verhindert werden (6). Die Kontakte mit den Europäern seit den zwanziger Jahren führten zur Anstellung von Männern als Lohnarbeiter. Die ihnen gezahlten Löhne sind als einzige Geldquelle zugleich eine potentielle Gefahr für das Weiterbestehen egalitärer Strukturen (7). Das egalitäre „Ethos des Teilens" (*Sigrist*) ist jedoch solide institutionalisiert. Eine dauerhafte ökonomische Überlegenheit Einzelner wird durch die Zuführung des Geldes in das traditionelle verwandtschaftliche Austausch- und Verpflichtungssystem verhindert. Hinzu kommt der ausgleichende Effekt des erst seit den sechziger Jahren bekannten Würfelspiels „satu" (10f), welches aufgrund des größeren Umsatzes von Wetten das bereits nach dem Zweiten Weltkrieg eingeführte

Kartenspiel „laki" verdrängt hat (1988: 643). Das „satu"-Spiel ermöglicht in kurzer Zeit den Austausch von vielen kleinen Einsätzen zwischen einer großen Anzahl von Männern, was eine rasche Verteilung des neu erworbenen Geldes bewirkt, ohne das traditionale Tauschsystem zu stören (650). Obwohl die Spiellogik dem einzelnen Spieler die Chance eröffnet und seinen Wunsch bestärkt, den Mitspielern als Gewinner überlegen zu sein, wird im Durchschnitt die Ungleichheit nivelliert. Kein Mann könnte es ertragen, dass ein anderer ihm dauerhaft überlegen ist (1978: 12). Gewinnt jemand außergewöhnlich viel und will sich entfernen, wird er genötigt weiterzuspielen. Hier wirkt das institutionalisierte Gleichheitsbewusstsein und beeinflusst den Verlauf des Spiels. Das Spiel läuft ab wie folgt: Wer einen Einsatz machen will, legt sein Geld auf das Spielbrett und verkündet, dass er auf Nummer „Eins" oder „Vier" setzt. Der Ablauf ist trotz des Gebrauchs von drei Würfeln sehr einfach, da die Würfelseiten Eins, Zwei und Drei als „Eins", Vier, Fünf und Sechs als „Vier" gelesen werden. Jene Nummer „Eins" oder „Vier", die auf der oberen Fläche zweimal oder dreimal erscheint, gewinnt (1988: 643). Auch wenn es unmöglich ist, durch das „satu"-Spiel reich zu werden, und es eher zu einer Stabilisierung der egalitären Strukturen beiträgt, verschafft es auf der individuellen Ebene dem Spieler dennoch eine kurzfristige Befreiung vom strengen traditionellen Tauschsystem (645). Letztendlich sind das verwandtschaftlich-egalitär organisierte Tauschsystem und das Glücksspiel gegensätzliche, aber komplementäre institutionelle Arrangements, die im Zusammenwirken den Erhalt des egalitären Institutionengefüges der Wape angesichts des nähergekommenen modern-kapitalistischen Umfeldes ermöglichen (650).

Ganz ähnlich verhält es sich mit dem Kartenspiel der *Tiwi* Nordaustraliens. Jane Goodale beschrieb seine egalisierenden und traditionelle Werte stabilisierenden Auswirkungen. Das Kartenspiel ist eine weitere Möglichkeit des Subsistenzerwerbs, der ähnlich betrieben wird wie die frühere Jagd- und Sammeltätigkeit: „Ich argumentiere dahingehend, dass die Tiwi das Kartenspiel benutzen, um an Geld zu kommen, ganz so, wie sie auch Äxte aus Stahl, Angelhaken, Flinten, Motorboote und auch neue Erkenntnisse und Fähigkeiten nutzen, um die Effizienz der Subsistenzsicherung und des Lebens an Land oder auf dem Meer, das ihre Inseln umgibt, zu verbessern" (1987: 8). Die beiden Hauptspiele *paidkad* und *kuunkan* führen zu einer Umverteilung des unregelmäßigen Geldeinkommens auf alle Altersgruppen und beide Geschlechter. Die Frauen, welche ein geringeres Einkommen haben als die Männer, aber gleichwohl nach dem traditionellen Geschlechtsrollenbild die Hauptlast der Haushaltsversorgung zu tragen haben, partizipieren in weit größerem Ausmaß am Glücksspiel als die Männer, die zudem ihre Gewinne weit eher für persönliche Belange brauchen, als sie für Haushaltserfordernisse zur Verfügung zu stellen. Das Teilen der Gewinne in der engeren Verwandtschaftsgruppe erfolgt nach dem gleichen Muster wie das Teilen der Ausbeute einer früheren Jagd- und Sammeltätigkeit. Es ist einfach selbstverständlich. Um an dem Gewinn eines entfernteren Verwandten oder eines Fremden teilzuhaben, muss lediglich gefragt werden. „Indem man darum bittet zu teilen, bekundet man Ehre und Respekt demjenigen gegenüber, der Erfolg hatte und etwas abgeben kann“ (17).

Seit jüngster Zeit bedroht die ungleiche Verteilung von Geld den traditionalen sozialen Zusammenhalt unter den Süßkartoffel und Taro anbauenden *Gende*-Haushalten (Provinz Madang, Papua Neuguinea). Das von außen herangetragene Geld stört das relative Gleichgewicht sozialer Beziehungen in dieser Big-Men-Gesellschaft. Kartenspiele wie *tril-lip*, ein reines Glücksspiel mit gleichen Gewinnchancen für alle Teilnehmer, und das mehr Fertigkeiten erfordernde *seven* sind nicht eingebunden in das überkommene Austauschsystem. Sie ermöglichen den Spielern, unabhängig von Alters-, Geschlechts- und Familienzugehörigkeit mit jeder beliebigen anderen Person zu spielen, wodurch sich neue Möglichkeiten ergeben, ökonomische Ungleichheiten zu beheben. Spiele werden dementsprechend ausgewählt, Einsätze variiert und Spielbündnisse (*kampani*) von armen gegen reiche Spieler in den strategischeren Spielen eingegangen. Gewinne und Verluste werden dann geteilt. Verlierern wird von den Gewinnern aufgrund des fest institutionalisierten Reziprozitätsgebots immer die Chance gegeben, ihr Geld zurückzugewinnen (Zimmer 1986: 248 f).

Gewinner „investieren“ ihr Geld, indem sie Schweine oder Handelsgegenstände erwerben, z.B. um Tauschverhältnisse einzugehen, oder teilen Nahrung und Tabak mit Personen, die nicht ihrem Haushalt angehören. Damit werden Netzwerke von gegenseitigen Verpflichtungen und Prestige geknüpft, die dem traditionalen Tauschsystem entsprechen. Manche fallen allerdings dann durch dieses

Netzwerk, wenn sie ihre Tauschverpflichtungen nicht erfüllen können (258). Reichtum muss in dieser Gesellschaft in ständigem Fluss sein, damit ein ausgeglichenes Verhältnis der haushaltlichen Einkommen und Ausgaben möglich bleibt. Die periodischen und unsicheren Einkommen durch Lohnarbeit stören dieses regelmäßige Fließen. Sie erschweren langfristige Tauschbeziehungen und -strategien. Daher werden die Tauschbeziehungen möglichst breit gestreut.

Kartenspiele ermöglichen es zahlungsunfähigen armen Schuldnern, Teilen ihrer Tauschverpflichtungen gegenüber reichen Spielern doch noch nachzukommen. Indem die Verschuldeten nämlich schließlich doch noch gewinnen, entsteht eine Möglichkeit, das Tauschverhältnis aufrechtzuerhalten. „In einigen Fällen verpflichtet das den Schuldner lediglich zur Einladung des Gläubigers für ein Essen mit Reis und Fisch“ (261). Kartenspielen ermöglicht so die gesellschaftliche Kontrolle von Geld. Das wird von den Spielenden auch gewusst. Eine Gende-Frau beschreibt diesen Sachverhalt mit den Worten: „Wir leben im Busch und besitzen kein Geld, nur Schweine. Geld kommt [aus der Stadt] und will uns so kontrollieren, als seien wir Schweine. Aber wenn wir Karten spielen, dann kontrollieren wir das Geld. Das ist gut so“ (262).

Bei den karten- und würfelspielenden Jimi Valley-*Maring* aus dem westlichen Hochland Papua Neuguineas haben im Unterschied zu den Gende und Wape alle erwachsenen Männer einen verhältnismäßig gleichen Zugang zu Geld aufgrund der günstigen Bedingungen des Kaffee-Anbaus und seiner Vermarktung (Maclean 1984: 45). Daher fällt dem Umverteilungsaspekt für die Spielmotivation keine bedeutende Rolle zu. Vielmehr ist der Aspekt der Gewinnakkumulation, der z.B. den Erwerb eines kleinen Ladens ermöglicht, ein wichtiger Antrieb. Trotzdem bleibt der nivellierende Effekt insofern erhalten, als die Kapitalbildung durch das Weiterspielen der neuen Ladenbesitzer erheblich gebremst wird. Obwohl die Glücksspiele die Grenzen traditionaler Austauschsysteme durchlässig machen, bleiben sie schließlich noch in diese eingebunden: „Genau dies definiert das Glücksspiel als ‚Schenkung‘ und als direkte Antithese zum Prozess der ‚Kapital‘-Akkumulation“ (56 f.).

5. Das Glücksspiel als Integrationsmechanismus

Spiele fungieren in den oben beschriebenen Gesellschaften[142] schon insofern als sozialer Kitt im Rahmen modern-kapitalistischer Anomie-Drohung, als sie die Menschen regelmäßig und häufig zusammenbringen (Zimmer 1987: 1). Das geschieht meist im öffentlichen Raum mit Publikum, wo mit dem Spiel zugleich auch egalitäre Gemeinschaftlichkeit dargestellt wird (vgl. für die Maring: Maclean 1984: 46). Verlorengegangene Aufgaben und Bewährungsmöglichkeiten, die immer eine bedeutende Quelle von sozialem Prestige sind, werden zum Teil durch die Spiele ersetzt. Das gilt gleichermaßen für den spielerischen Jagdersatz bei den Aborigines wie für die spielenden Frauen der Tiwi (Melville Island im Norden Australiens), die ihre verlorengegangene Rolle als Hauptversorgerinnen der Familien durch das Kartenspiel aufrechtzuerhalten suchen (Zimmer 1987: 2). Hauptkennzeichen der gerade beschriebenen Spiele ist das Weiterwirken von starken Gleichheitsnormen, die auch die Spielstruktur noch beeinflussen. Immer sind die Gewinner verpflichtet weiterzuspielen, um den Verlierern die Chance einer Revanche einzuräumen. Die Einfachheit der Spiele verhindert eine langfristige individuelle Überlegenheit aufgrund von größerem Können[143]. Das bewirkt die Streuung der Einsätze beim häufigen Spielen. Bündnisse von schwachen gegen starke Spieler gleichen Gewinnchancen in solchen Spielen aus, bei denen Könnenshierarchien bestehen. Damit sind Faktoren benannt, die verhindern, dass sich dauerhafte Asymmetrien zwischen Spielern herausbilden.

Nicht immer gelingt es den „primitiven" Anarchisten, ihre gleichheitlichen Traditionen unter den neuen hierarchischen Rah-

---

142 Das Beispiel des Glücksspiels in Australien und Papua Neuguinea wirft die Anschlussfrage auf, inwiefern in anderen Arealen, beispielsweise in „primitiven" Gesellschaften Südamerikas, die kolonial eingeschleppten Glücksspiele ähnliche Effekte zeitigten. Eine Antwort hierauf vermöchte womöglich eine vergleichende Analyse des ethnographischen Materials zu vollbringen. Jedenfalls gibt es Hinweise auf die Übernahme europäischer Glücksspiele durch die indigene Bevölkerung (vgl. Cooper 1949: 512 f).

143 Friedrich Georg Jünger bemerkte, dass ein Glücksspiel um so mehr Glücksspiel sei, „je weniger es eine vorhandene Geschicklichkeit voraussetzt" (1953: 22). Emphatischer lässt sich mit Roger Caillois ergänzen: „*Alea* erscheint wie eine unverschämte und überlegene Verhöhnung jeder persönlichen Leistung" (1964: 25).

menbedingungen der Kolonialsituation zu erhalten. Der hierarchisierende institutionelle Wandel betrifft häufig auch die überkommenen Spielformen. Die herrschaftliche Überformung äußert sich dann zuweilen in neuen Spielzielen. Oft nimmt die Bedeutung des Spielgewinns zu. Sind die egalitären Strukturen einer Gesellschaft dann erst einmal weitgehend zerstört, kann die spielerische Zirkulation des Geldes im Rahmen einer kapitalistischen Wirtschaftsordnung auf armutsstabilisierende und modernisierungshemmende Funktionen reduziert erscheinen. Das schildert Robert Caillois am Beispiel des brasilianischen „Tierspiels“: „Das dem Spiel geopferte Geld kann nicht mehr dazu verwandt werden, ein Möbelstück, ein Haushaltsgerät, ein Werkzeug, ein Kleidungsstück oder irgendwelche zusätzliche Nahrung zu kaufen, alles Verwendungsmöglichkeiten, die zur Folge hätten, den Aufschwung der Landwirtschaft, des Handels oder der Industrie des Staates zu beschleunigen. Es ist dem baren Verlust anheimgegeben, aus der allgemeinen Zirkulation zugunsten einer ständigen und raschen Zirkulation in geschlossenem Kreise herausgezogen, denn selten werden die Gewinne diesem Teufelskreis entzogen. Sie werden dem Spiele wieder zugeführt mit Ausnahme eines etwa für eine unschuldige Schlemmerei zurückbehaltenen Teils“ (1964: 178 f).

6. Nachspiel: Das Glücksspiel als egalisierende Institution

Glücksspiele ermöglichen in primitiven Gesellschaften die egalisierende Umverteilung gesellschaftlichen Reichtums. Das kann als Hauptergebnis dieser Studie festgehalten werden. Ihre integrierende Funktion erschöpft sich aber nicht hierin. Hinzu tritt die Ermöglichung einer öffentlichen Sphäre der Gleichen, die vor allem durch lustbesetzte Gemeinschaftserlebnisse geprägt ist. Egalisierende Folgen des Spiels sind zumeist gewollt, müssen von den Akteuren aber nicht unbedingt direkt mit der genussbringenden Tätigkeit in Verbindung gebracht werden. Auch die hinter dem Rücken der Akteure stattfindenden Prozesse der egalisierenden Redistribution und damit der Verringerung ökonomischer Ungleichheitsstrukturen sind institutionentheoretisch beschreibbar. Es sind die gleichen Spiele, die einerseits den Akteuren kurzfristig Prestige- und Reichtumserwerb ermöglichen und andererseits tendenziell einen Ausgleich materiellen Reichtums befördern.

Gesellschaftliche Gleichheitsnormen und individuelles Geltungsstreben, die sich als institutionalisierte Leitvorstellungen also keinesfalls ausschließen müssen, werden durch Glücksspiele in ein produktives Spannungsverhältnis gebracht, das die egalitäre Gesellschaftsordnung zu stärken vermag.

Es ist bestechend, wie sehr in vielen der hier relevanten Gesellschaften Handlungserfolge und damit auch Spielerfolge nur bedingt den einzelnen Akteuren zugerechnet werden. Erfolg im Spiel wird in der Perspektive der „primitiven" Akteure nicht von deren Eigenmächtigkeit her verstanden, sondern auf das Einwirken spiritueller Mächte zurückgeführt, zu denen der Einzelne einen besonders „guten Draht" haben muss, damit seine Tätigkeit Unterstützung findet. Die Spieler fassen sich nicht als ihres Glückes Schmiede auf. Damit nehmen selbst sportliche Wettbewerbe, die zudem meist mit der Möglichkeit des Wetteinsatzes verbunden waren, Züge des Glücksspiels an. Andererseits ist „Glück" als handlungsrelevante Kategorie meist unbekannt. Erfolg bei Glücksspielen wird nämlich zumeist auf die Einwirkung von fremden oder eigenen spirituellen Mächten zurückgeführt (vgl. Macfarlan/Macfarlan 1985: 17f u. Oxendine 1995: 6, 8).[144] Spielglück (z.B. im Glücksspiel) kommt in dieser Auffassung nicht vor, wird dem Gewogensein der Mächte, deren unsichtbaren Händen zugeschrieben. Die Macht der Individuen wird vermittelt über mächtigere Mächte, die sich dem Zugriff der Akteure auch entziehen können. Die Handelnden müssen daher versuchen, wie zu ihren Mitmenschen auch zu den Geistmächten eine gute und reziproke Beziehung aufzubauen. So können ritualisierte Glücksspiele (z.B. in Form von Ordalen) in vielen primitiven Gesellschaften in der Tat treffend als „Modelle der Ohnmacht" (Sutton-Smith 1978: 144) bezeichnet werden. Jedoch ist das nicht nur Ausdruck von fehlender Handlungsmächtigkeit angesichts einer übermächtigen Naturordnung, wie Roberts und Sutton-Smith nahelegen (1966: 143), sondern muss wohl als gewollter Verzicht auf autoritäre Entscheidungsfindung und damit als spezifischer Konfliktlösungsmodus von Gesellschaften verstanden werden, die auf richtende Herrschaftsstrukturen zu verzichten wissen.

---

144 Bestimmte sexuelle Träume galten den Mohave-Indianern als untrügliches Zeichen für sicheren Spielgewinn (Devereux 1950: 61).

Rüdiger Haude

Das richterzeitliche Israel

Eine anarchistische Hochkultur

Ist nun, wie man skeptisch aus den bisherigen Kapiteln folgern könnte, die Option auf Herrschaftsfreiheit ein Privileg „primitiver“ Gesellschaften; eine unwiederbringliche Reminiszenz aus der Prä-Historie? Gegenbelege sind rar; und der wichtigste stammt aus einer Quelle, wo er, durch einen gewaltigen Gegendiskurs unterdrückt, von Vielen am wenigsten vermutet würde, obwohl es sich bei dieser Quelle um das meistgedruckte Buch der Welt handelt.

Von der Bibel und der in ihr enthaltenen antistaatlichen Propaganda ist die Rede. „Wohlan, ich gab dir einen König in meinem Zorn“, spricht Gott durch den Propheten Hosea (Hos 13, 11), „und will ihn dir in meinem Grimm wegnehmen.“ Diese wenig staatstragende Sentenz, vor ca. 2700 Jahren formuliert, ist uns *schriftlich* überliefert worden – wir befinden uns also nun auf dem Gebiet *historischer* Gesellschaften. Dieser Sachverhalt zwingt zum Überdenken evolutionistischer Gewissheiten. Auch das Forschungsprojekt „Unverfügbarkeit und Reflexivität“, aus dessen Kontext die in diesem Buch veröffentlichten Aufsätze hervorgehen, ging ursprünglich von der Hypothese aus, hochkulturelle Institutionengefüge – als „Institutionen personaler Herrschaft“ – könnten idealtypisch von „verwandtschaftlichen und segmentären institutionellen Gefügen“ getrennt werden. Dass die Brauchbarkeit dieser heuristischen Konstruktion (die im sozialwissenschaftlichen Diskursfeld durchaus Hegemonie genießt) begrenzt ist, wird nicht direkt durch Hosea widerlegt, der ja gegen real existierende Monarchen polemisierte, sondern durch seinen historischen Bezugspunkt einer vorgängigen, antistaatlichen Gesellschaft „Israel“. Diese „Richterzeit“, so wird nachfolgend im Anschluss an gegenwärtige theologische

Debatten argumentiert, stellt eine herrschaftsfreie Gesellschaft unter Bedingungen der Nicht-“Primitivität“ dar, was besondere Herausforderungen an die symbolische Darstellung des herrschaftsfreien Politik-Modus stellt. Dies soll im Folgenden gezeigt werden.

1. Entwicklung des antistaatlichen Paradigmas

Dass die altisraelitische Gesellschaft vor der Entstehung der Monarchie Sauls als eine „vorstaatliche“ zu verstehen sei, ist in der AT-Forschung lange in einem rein defizitären Sinne verstanden worden: als Übergangsform zwischen Nomadentum und sesshafter Staatsgründung. So ist in der maßgeblichen Arbeit Albrecht Alts zur Staatswerdung Israels (1964a: 5) vom „Zurückbleiben der Israeliten hinter ihren Nachbarn“ die Rede: „Von einer Staatenbildung, zu der wie bei den Ägäern sogleich die Landnahme in Palästina geführt hätte, zeigt sich bei ihnen keine Spur; sie leben einfach in der Stammesverfassung weiter, die ihnen von der Wüste her gewohnt war.“

Die Frage, was dieser vorstaatlichen Gesellschaft, die doch immerhin ca. zwei Jahrhunderte bestand[145], Kohärenz verlieh, wurde lange mit dem Modell einer Amphiktyonie beantwortet, also eines um ein Zentralheiligtum gruppierten und demgemäß durch Kultzentralisierung verbundenen Stämmebundes. Diese besonders nachdrücklich von Martin Noth vertretene und beispielsweise auch von Albrecht Alt (1964a: 8) übernommene Theorie verdankte sich der Anregung durch Max Webers Idealtyp der israelitischen Eidgenossenschaft (vgl. Schottroff 1974: 54).[146] Eine israelitische Amphiktyonie wäre ihrerseits lohnender Gegenstand einer institutionellen Analyse. Jedoch wird die-

145 Die Datierungen schwanken von Autor zu Autor, gelegentlich auch in ein und derselben Arbeit. So gesteht Albertz (1992) der israelitischen ‚Société contre l'État' einmal „mehr als ein Jahrhundert“ (112), kurz darauf „über zwei Jahrhunderte“ (122) zu. Entscheidend ist, dass die hier untersuchte Gesellschaftsform über mehrere Generationen Bestand hatte und ihr damit jedenfalls unter dem Aspekt der Dauer die Züge des Institutionellen nicht abgesprochen werden können.

146 Weber (1988b: 98) spricht in seinen Erörterungen der „Organe“ des Jahwebundes bereits beiläufig von „periodische[n] amphiktyonische[n] Ritualakte[n]“, betont aber im gleichen Zusammenhang, formell sei der Bund nur in Zeiten eines Bundeskriegs aktuell geworden.

ses auf einen zentralisierten hierokratischen Verband hinauslaufende Modell heute mangels empirischer Evidenz kaum noch vertreten.[147] Das Problem der sozialen Integration bzw. der Ethnogenese stellt sich damit freilich noch dringlicher.

Nun sind aus der ethnologischen Diskussion analoger Probleme Theorien bekannt, die die Konstruktion größerer sozialer Einheiten auf genealogisch strukturierte Segmente – „Lineages“ – zurückführen. Durch Christian Sigrist (1994) wurde herausgearbeitet, dass diesem Strukturprinzip im politischen Raum regelmäßig die Abwesenheit von Instanzen dauernder Herrschaft entspricht. Dies bietet der Forschung zum vorstaatlichen Israel die Chance zur Analogiebildung. Ein wichtiges Hindernis gegen den Vollzug einer solchen Methode bildet jedoch die allgemein durchgesetzte Verknüpfung der Idee der Staatsfeindschaft mit dem Konzept von „Primitivität“, das auch, wenn der Begriff nicht pejorativ verwendet wird, schwerlich etwa mit Schriftlichkeit oder mit einem relativ rationalisierten Glaubenssystem verknüpfbar erscheint, so dass eine israelitische *Société contre l'État*, trotz einiger interessanter Vorarbeiten in diese Richtung (vgl. z. B. Wellhausen o. J.), und trotz einer immerhin vorhandenen Tradition gegenseitiger Rezeption von Bibelexegese und Ethnologie[148], schlicht anachronistisch wirkt. So betont Michael Mann (1984: 195): „Die einzigen staatslosen Gesellschaften waren primitiv.“ Die Frankfurter Theoretiker einer Zivilgesellschaft interpretieren die von Pierre Clastres beschriebenen *geschichtslosen* Gesellschaften als solche *egalitärer Ohnmacht*. „Ändert sich die natürliche Umwelt oder kommen die Stammesgesellschaften mit anderen Gesellschaften in Berührung, so muß jene unverfügbare Ordnung unweigerlich zerbrechen.“ Weil dort der symbolische Ort der Macht durch nicht ins Diesseits vermittelte Ahnen und Götter besetzt sei, seien die Gesellschaftsmitglieder „gleich ohnmächtig“ (Rödel u. a. 1989:

---

147 Zur neueren sozialgeschichtlich orientierten AT-Forschung vgl. Schottroff (1974), Metzger (1977). S.N. Eisenstadts achsenzeit-orientierter Ansatz (1987: 185) geht sogar davon aus, dass es im vorstaatlichen Israel „keinen einzigen kontinuierlichen organisatorischen oder auch nur symbolischen Sammelpunkt für [...] gemeinsame Orientierungen gab“. Vgl. ferner wegen einer Kontroverse bezüglich der Relationierung von „Amphiktyonie“ und „Regulierter Anarchie“ Schäfer-Lichtenberger 1983: 427; Neu 1989: 25; Crüsemann 1978: 205.

148 Vgl. die Überblicks-Darstellungen bei Lang (1984; 1985) und Neu (1989).

86)[149] - im Gegensatz zur modernen, säkularisierten Zivilgesellschaft, in der der Ort der Macht *symbolisch leer* bleibe. Kritische Institutionenanalyse hätte demgegenüber jedoch zu untersuchen, ob nicht der symbolisch leere Ort der Macht *faktisch* desto ungestörter zu besetzen ist, während der *symbolisch besetzte* Ort der Macht unter bestimmten Bedingungen seine faktische Besetzung zu hindern vermag.

Das vorstaatliche Israel, dessen hochkulturellen Charakter man zu unterstellen sich nicht scheuen muss (wir kommen am Ende des Kapitels auf diese Frage zurück), wurde seit der Mitte des 20. Jahrhunderts gelegentlich durch Analogiebildung mit afrikanischen Lineage-Systemen interpretiert; so 1948 von Franz Steiner und 1954 von Isaac Schapera (Lang 1985: 7). Systematisch wurde es von Abraham Malamat (1973) als „Stammesgesellschaft" im Sinne der Ethnologie identifiziert; die biblischen Genealogien - einzigartig im orientalischen Altertum - erwiesen sich als strukturgleich mit denen afrikanischer Lineage-Systeme. Es war Frank Crüsemann (1978), der als erster auf Christian Sigrists Modell der *Regulierten Anarchie* einer segmentären Gesellschaft zurückgriff, um die Geschichte des vorstaatlichen Israel und den späteren *Widerstand gegen das Königtum* (so sein Buchtitel) zu erklären. Mit Bezug auf Crüsemann hat in der alttestamentlichen Forschung dann Norbert Lohfink (1987: 42) davon gesprochen, das richterzeitliche Israel sei „nicht vorstaatlich, sondern *antistaatlich*" gewesen. Der Ägyptologe Jan Assmann (1992b: 72 und 76), der sich u.a. auf die Vorgenannten stützt, analogisiert überdies die vormonarchische israelitische Gesellschaft mit dem ethnologischen Konzept von Pierre Clastres und fasst das richterzeitliche Israel als „Société contre l'État". – Dass der Begriff und die Konzeption der „Regulierten Anarchie" auf Max Weber zurückgehen, zeigt Christa Schäfer (1981: 91; und Schäfer-Lichtenberger 1983: 323), die aus soziologischer Perspektive ebenfalls die Sigristsche Theorie auf Altisrael anwendet. Weber hatte in der früheren Fassung seiner Herrschaftssoziologie (1980: 670) eher beiläufig von durch traditionale Alltagsorientierung „regulierte Anarchie" bei „primitiven" Gesellschaften gesprochen, den Begriff im *Antiken Juden-*

---

149 Rödel u.a. beziehen sich hier zwar explizit auf Clastres, problematisieren aber nicht, dass jener gerade die Flexibilität der „Gesellschaften gegen den Staat" betonte (Clastres 1976: 191f).

tum aber zugunsten des Idealtypus der „Eidgenossenschaft“ vermieden (Weber 1988b: 1; auch 1980: 257). Schäfer-Lichtenberger (1983: 323) betrachtet nun den „Typus ‚Regulierte Anarchie‘“ als „‚Alltagstypus‘ der ‚Eidgenossenschaft‘“. Auch Wolfgang Schluchter (1988: 93) greift – offenbar von Schäfer belehrt – den Terminus „Regulierte Anarchie“ neuerdings für die altisraelitische Gesellschaft auf. Im theologischen Diskurs bauen Rainer Neu (1992) und Rainer Albertz (1992; vgl. hier vor allem 104–107 mit weiteren Nachweisen) den Ansatz Crüsemanns aus. Bereits 1985 stellt Bernhard Lang (1985: 15)[150] einen „vagen Konsens“ der Forschung zum vorstaatlichen Israel dahingehend fest, „dass die ältere Sichtweise eines wohl organisierten Stämmebunds im Lichte des eher angemessenen Modells einer ‚Gesellschaft ohne Herrscher‘ aufgegeben oder verändert werden muss“; und Christian Sigrist selbst kann 1989 (Sigrist/Neu 1989: 7) von einem „Paradigmenwechsel in der Interpretation des Alten Testaments“ sprechen[151].

Wenn es plausibel gemacht werden kann, dass alttestamentliche Überlieferungen und die Befunde der Archäologie und der orientalistischen Nachbardisziplinen eine Übertragung des Idealtyps „Regulierte Anarchie“ auf die Gesellschaft des richterzeitlichen Israel nahelegen, dann stellt dies für historisch interessierte Sozialwissenschaft insgesamt und für die Analyse institutioneller Mechanismen insbesondere einen seltenen Glücksfall dar. Denn erstens liegt im Falle Israels ein besonders reichhaltiges Quellenmaterial sowie durch die theologische AT-Forschung – die, als ‚historisch-kritische Exegese‘, teilweise eben auch historisch-soziologisch interessiert ist und einzelne institutionelle Mechanismen wie den der Enthistorisierung am biblischen Material klar analysiert hat (vgl. etwa

150 Vgl. auch die wohlwollende Kritik Crüsemanns durch Lang (1984: 164ff). Dort zeigt Lang übrigens beispielhaft einen defizienten, nämlich auf Herrschaftsinstanzen enggeführten Institutionenbegriff. Vom egalitären „Ethos“ der Mitglieder einer segmentären Gesellschaft referiert er: „Eine Institution, die ihre Existenz über den Notfall hinaus verlängern will, wird abgelehnt“ (166). Eine solche Ablehnung *herrschaftlicher* Institutionalisierungen auf Dauer zu stellen, bedarf es doch wohl seinerseits institutioneller Vorkehrungen, wie weiter zu zeigen sein wird.

151 Selbstverständlich fehlt es nicht an Gegenpositionen. Hier sei beispielshalber auf Walter Groß (1987) verwiesen.

Alt 1964a: 38 und 42)[152] – eine noch reichhaltigere Tradition der theoretischen Durchdringung dieses Materials vor. Zweitens lassen sich Theorien der institutionellen Staatsverhinderung, die bislang fast ausschließlich an ethnographischem Material gewonnen wurden, durch den hier notwendigen methodisch ganz divergenten – d. h. textexegetisch-archäologischen – Ansatz mit zusätzlichem Gewicht versehen. Dabei sind drittens aufgrund der von den Objekten der Ethnographie doch in wichtigen Punkten abweichenden Strukturmerkmale der israelitischen Gesellschaft (nämlich aufgrund ihrer Nicht-„Primitivität“) einzelne Annahmen der Ethnologen zu überprüfen und gegebenenfalls zu präzisieren. Zugleich gilt es, die institutionentheoretischen Defizite der Autoren der israelitischen „Regulierten Anarchie“ aufzuzeigen und womöglich zu beheben, um das Verständnis dieses Gesellschaftstyps weiter voranzutreiben. Solche Defizite zeigen sich besonders deutlich, wenn der avancierteste Autor der Gruppe, Rainer Albertz (1992: 117, vgl. passim), schreibt, es seien „keine Institutionen“ gewesen, sondern das „gemeinsame Freiheitsideal“, was den lockeren Stämmebund Israel geeint habe. Indem Albertz gerade die Aspekte der symbolischen Ordnungsdarstellung vorzüglich herausarbeitet, erweist er sich gegen seine eigene Begrifflichkeit als guter Institutionenanalytiker; der soziologische Gehalt seiner Analyse droht aber durch den auf Zwangsinstanzen eingeengten Institutionenbegriff geschmälert zu werden.

Die weitreichenden Analogien zwischen vorstaatlichem Israel und den afrikanischen segmentären Gesellschaften sind von Crüsemann, Schäfer-Lichtenberger und Albertz für diverse gesellschaftliche Sphären demonstriert worden – etwa hinsichtlich der genealogischen Systembildung mit variabler Tiefe der Integration, des Prinzips der Patrilinearität, der Akephalie, der von Teilzwang und Gegenseitigkeit geprägten Ökonomie, des Schlichtungscharakters des Rechts, der temporären Autorität von Führern im Kriege bei rein freiwilliger Teilnahme. Hier muss auf die Darstellung der sozialstrukturellen, politisch-militärischen und ökonomischen Aspekte der israelitischen

152 Insofern ist die Gefahr, bei der institutionellen Analyse unter Rückgriff vor allem auf *heilige Schriften* selbst institutionellen Mechanismen aufzusitzen und Geschichtsfiktionen zu verdoppeln, gewissermaßen ihrerseits institutionell (d.h.. durch die Institution der kritischen Exegese) gemildert.

„Regulierten Anarchie" verzichtet werden; diese bleibt einer umfassenderen institutionellen Analyse vorbehalten. In diesem Kapitel geht es in einem ersten Schritt um das zentrale – und in Israel besonders originell, nämlich abweichend vom ethnographischen Befund gelöste – Problem der *symbolischen Darstellung* des spezifischen gesellschaftlichen Umgangs mit Macht.

2. Ideologien der israelitischen Staatsfeinde

Christian Sigrist (1994: 185–203) hat vor allem das „Gleichheitsbewusstsein" in segmentären Gesellschaften als „Determinante der Akephalie" betont. Auch Pierre Clastres (1976: 29) berichtete von den indianischen Staatsfeinden, sie hätten sich durch „ihr Gefühl für Demokratie und ihren Hang zur Gleichheit" ausgezeichnet. Mit dieser Beobachtung, die ethnographisch gut abgesichert ist, muss man sich noch nicht einmal in Widerspruch zu der (allerdings übertrieben pessimistischen) Anthropologie Sigmund Freuds (1982: 556) begeben, den seine Beschäftigung mit dem alten Israel zur Bekräftigung seines ‚Wissens' führte, wonach „bei der Masse der Menschen ein starkes Bedürfnis nach einer Autorität" bestehe, „die man bewundern kann, der man sich beugt, von der man beherrscht, eventuell sogar mißhandelt wird". Immerhin besteht der Freudsche Gründungsmythos von Gesellschaft schlechthin ja in der Ermordung des allmächtigen Urvaters, also in einer Empörung gegen die Herrschaft (vgl. Michel 1969: 165). Herrschafts- und Unterwerfungswünsche können in der menschlichen Psyche mit dem starken Wunsch nach Egalität wetteifern (ob man dies nun als anthropologisches oder, wofür ich plädieren würde, als kulturelles Phänomen konzipiert); das Bemerkenswerte an den *Staatsfeinden* ist dann eben der institutionalisierte Sieg der Letzteren.[153] Wäre der Egalitarismus eine *unangefochtene* psychische Konstante, so wären alle institutionellen Mechanismen der Egalitätssicherung unnötig. Dann hätte auch den

153 Vgl. Clastres (1981: 92): „Die primitiven Gesellschaften sind soziale Maschinen, die den Willen haben, ungeteilt zu bleiben; sie sind Orte der Unterdrückung der schlechten Bedürfnisse." Eine derartige Anthropologie beginnt sich in der universalgeschichtlich orientierten Sozialwissenschaft durchzusetzen; vgl. Breuer 1990: 41; Mann 1990: 101.

richterzeitlichen Israeliten nicht jenes berühmte Gebot *eingeschärft* werden müssen, das nichtsdestoweniger Ausdruck eines Gleichheitsstrebens ist: „Du sollst deinen Nächsten lieben wie dich selbst; denn ich bin der HErr“ (Lev 19, 18). Weil also kein Mensch *Herr* ist, sondern allein der göttliche Gesetzgeber, wird das emotionale Verhältnis zum Mitmenschen als eines unter Gleichen gefordert. Das Institutionengefüge *ergreift* also *Partei* in innerpsychischen Auseinandersetzungen.

Crüsemann (1978: 209) beruft sich mit Blick auf Altisrael auf verschiedene Überlegungen Sigrists – so auf die ausgeprägte „Abneigung gegen Befehle“, die negativen „Reaktionen gegen Prominente“ und schließlich, was für die altisraelitische Geschichtsschreibung besonders relevant sein dürfte, auf antiherrschaftliche Bewegungen gegen religiöse Institutionen und Hierarchien der eigenen Kultur (vgl. unten). Herrschaft wird in akephalen Gesellschaften, wie Crüsemann zustimmend zitiert, als Bruch der Gleichheitsnorm gedeutet und der Hexerei verdächtigt.

Die Egalitätsnorm gilt im Sinne „ethnischer Selbstzentrierung“. Dies ist „der Ethnogenese Israels immanent und typisch für die Selbstreferenz segmentärer Gesellschaften“ (Sigrist/Neu 1989: 9). Sofern hier auf die erst später hervortretenden Abschließungstendenzen des Judentums[154] angespielt wird, zeigt sich, dass wichtige Kontinuitäten vom vorstaatlichen ins monarchische Israel reichen: Wesentliche Merkmale der „segmentären Gesellschaft“ (dann z. B. auch die Egalitätsnorm) wurden ins staatliche und nachstaatliche Israel „gerettet“; bzw. wesentliche Aspekte der israelitischen Schriftreligion galten bereits für das vorstaatliche „segmentäre“ Israel. Aber auf dem Felde der Ideologie wird von Sigrist und Neu eine strikte Trennung zwischen „segmentä-

154 Im Sinne von Max Webers umstrittenem Begriff der „Pariavolkslage“; vgl. Weber (1988b: 3ff). – Es ist jedoch bereits im vorstaatlichen Israel eine über das Typische segmentärer Gesellschaften (und über die institutionell „notwendige“ Eigenabgrenzung) hinausgehende Plausibilität für ethnische Selbstzentrierung anzunehmen, nämlich aufgrund der massiven staatlich-imperialen Nachbarschaft. Das Eindringen des „Außen“ ist daher immer eine *unmittelbare* Bedrohung der Herrschaftsfreiheit. Daher auch die in den strikten Nahrungstabus (Lev 11) symbolisierte ständige Bemühung der israelitischen Gesetzbücher um Aufrechterhaltung der Klassifikationssysteme: „Heiligkeit erfordert [...], daß verschiedene Klassen von Dingen nicht vermischt werden dürfen“ (Douglas 1988: 73; vgl. auch Lang 1985: 10).

rem" und „kephalem" Stadium vollzogen. Sie beschreiben nämlich den *Vätergottkult* als segmentärer Gesellschaftsstruktur angemessen: eine „Transfiguration" des genealogischen Systems staatsloser Gesellschaften (Sigrist/Neu 1989: 172). Ähnlich hat Malamat (1973: 127) argumentiert, die genealogischen Listen des AT hätten u.a. der „Ahnenverehrung" (ancestor worship) gedient. Dass mit der Staatsbildung in Israel diese Integrationsform durch die Jahwereligion als Integrationsfaktor ersetzt worden sei, war bereits ein Gedankengang Antonin Causses (vgl. Schottroff 1974: 53); es wird sich jedoch zeigen, dass der Charakter Jahwes damit gründlich, nämlich um seine Wurzel, verkürzt wurde.

Man muss nicht - wie dies Benjamin Uffenheimer (1987: 211) tut - annehmen, dass der Monotheismus „von einem überwältigenden historischen Ereignis geformt wurde, an dem die gesamte Nation teilhatte"[155], um es für wahrscheinlich zu halten, dass von Anfang an ein Jahwe-Kult praktiziert wurde, in dem der Gründungsmythos vom Exodus aus dem ägyptischen Sklavenhause eine bedeutende Rolle spielte. Gründungsmythen fungieren u.a. als die entscheidenden Kristallisationspunkte der Ethnogenese (Assmann 1992a: 43), jenes Prozesses also, der gerade in die Richterzeit fällt. Im Exodus-Mythos konnten geflohene Untertanen kanaanäischer Könige und Nomaden im Übergang zur Sesshaftigkeit ebenso ihr sozial-politisches Ideal (und ihre Erfahrungen) erkennen wie tatsächlich der ägyptischen Fronarbeit Entronnene (Theissen 1988: 177).

Die Götter, die neben dem „antiherrschaftlichen Symbol" Jahwe (Albertz 1992: 117) im richterzeitlichen und im vorexilischen Israel verehrt wurden, waren die in Palästina ansässigen, und daneben bestand dann auch noch ein genealogischer oder „Vätergott"-Kult. So meint Manfred Weippert (1990: 153), das religiöse Leben im alten Israel habe sich auf drei Ebenen abgespielt, nämlich der Familie, des Wohnorts bzw. der Region sowie des „Staats". Auf der letzteren Ebene wurde Jahwe als israelitischer „Nationalgott" verehrt (145), auf der regionalen Ebene wahrscheinlich die je regionalen Manifestationen des kanaanäischen Pantheon-Chefs El (154ff), auf der familialen Ebene

---

155 Diese Kritik richtet sich lediglich gegen Uffenheimers Hinnahme des israelitischen Gründungsmythos als historische Realität. Im Übrigen argumentiert er ganz im Sinne dieses Kapitels, die „theopolitische Auswirkung" (210) des Bundesgedankens sei die Abwehr „jeder Art menschlicher Herrschaft und Unterdrückung" (212) gewesen.

der jeweilige „Familiengott" (153), worunter wohl „Vätergötter" zu verstehen sind.[156] Diese Sicht des vorstaatlichen Israel als polytheistisch hindert nicht, mit Norbert Lohfink (1987: 44) zu vermuten: „Die Herausführung aus Ägypten wurde zu so etwas wie einem Basismythos des Stämmebundes. In ihm konnten auch die Gruppen, die nicht aus Ägypten kamen, alle eigenen Erfahrungen mit der Gesellschaft und den Staaten Kanaans unterbringen. Diese Stämmegesellschaft war in bezug auf die damals vorgegebene staatliche Wirklichkeit dezidiert antistaatlich." Die im Pentateuch gestifteten religiösen Feste - vor allem Laubhütten (Lev 23, 43), Passah (Dtn 16, 1–6) und „Fest der Wochen" (Dtn 16, 9–12) - dienen der rituellen Vergegenwärtigung dieser Absetzung von der Staatlichkeit, wie auch der Beginn des Dekalogs (Ex 20, 2): „Ich bin der HErr, dein Gott, der ich dich aus Ägyptenland, aus dem Diensthause geführt habe." Äußerst prägnant ist auch die Symbolisierung der politisch-religiösen Struktur durch das wichtigste Heiligtum: die Bundeslade als den *leeren* Thronsessel Jahwes (Weber 1988b: 169 f; Cornfeld/Botterweck 1991: 1330 f.). Die Entführung dieses Kultobjekts durch die Philister soll dann zur Erschütterung dieser Struktur beitragen, die letztlich zur Staatsbildung führt (Uffenheimer 1987: 218). Es lässt sich freilich einwenden, dass viele der genannten symbolischen Besetzungen sich erst für die nachexilische Zeit nachweisen lassen; diese haben aber zumindest an vorstaatliche Kerne der rituellen Vergegenwärtigung des Exodus anknüpfen können (Albertz 1992: 138).

Jan Assmann (1992b: 79) interpretiert diese mit dem Bilde des Jahwe-Bundes[157] und der Absetzung vom ägyptischen Sklavenhause

---

156 Eine ähnliche Schematik verschiedener Formen der Religiosität findet sich jetzt bei Rainer Albertz (1992: 40-43). Der Monotheismus ist, Weippert folgend, Ergebnis eines mehrere Jahrhunderte dauernden Prozesses, der erst in der nachexilischen Epoche zum Abschluss kam. Diese Sicht ist plausibel; vgl. als weitere Belege z.B. Weber (1988b: 149) und - auch zur Theoriegeschichte - Nikiprowetzky (1975).

157 Assmann (1992b: 76) betont, die Bedeutung des Bundes-Gedankens liege darin, dass nicht allein Gott als Herrscher an die Stelle des Königs trete: „Andererseits - und dieser Schritt ist wesentlich revolutionärer und folgenreicher - wird die Position des Königs - in der anderen Richtung der Repräsentation - durch das ‚Volk' ersetzt, das genauso ‚erwählt' wird, wie der ägyptische Reichsgott den König erwählt, und genauso vor Gott handelt, seine Weisungen empfängt, seine Gebote hält und als Subjekt der Geschichte agiert wie in Ägypten der Pharao."

als dem Symbol der Staatlichkeit operierende Ideologie als „die entscheidende Theologisierung des Politischen“. Er möchte daran festhalten, „dass das Projekt des israelitischen Monotheismus im Kern und vom Ursprung her politisch ist und mit der Umbuchung politischer Bindungen auf Gott eine Befreiung von der als Unterdrückung empfundenen staatlichen, d.h. ägyptischen Staatsgewalt bedeutete“ (79f.). Diese bereits richterzeitlich „in einer Art Initialzündung“ angelegte Umbuchung der Herrschaft vom Staat auf Gott sei dann in der deuteronomistischen Schule nur zu einer systematischeren Formulierung gelangt. Mit einem Wort Martin Bubers (1956: 75) kann davon gesprochen werden, der vorstaatliche Jahwe-Glauben verhalte sich zum jüdischen Monotheismus „wie das zusammengefaltete zum entrollten Blatt“. Auf das Monotheismus-Problem wird unter Punkt 4. noch einmal zurückzukommen sein.

Gerade in der *unmittelbaren Theokratie* des frühisraelitischen Jahwe-Kults als der Wurzel des späteren Monotheismus ist also eine ideologische Absicherung der Staatsfeindschaft zu sehen, auch wenn dies den Einsichten der Ethnologen über segmentäre Gesellschaften nicht entsprechen mag. Es ist, so können wir vermuten, die Antwort auf die Herausforderung, eine antistaatliche Gesellschaft nicht allein auf dem Territorium der vormaligen kanaanäischen Staatlichkeit, sondern in einer *imperialen* Umwelt am Schnittpunkt der altorientalischen Großmächte Assyrien und Ägypten zu institutionalisieren. Wobei, wie Rainer Albertz (1992: 46) betont, „das erhebliche antiherrschaftliche Potential, das der Jahwereligion innewohnt“, vor allem aus der Besonderheit erwuchs, dass wesentliche Teile dieser Religion „in der Ausnahmesituation eines revolutionären Befreiungsprozesses“ ausgebildet wurden.[158]

---

158 Albertz (1992: 47 und 78) weist in diesem Zusammenhang auf die Besonderheit hin, dass der Gründungsakt der Religion in Israel als *historischer*, und nicht als mythischer konzipiert wurde. Auch darin zeige sich eine Distanz zu den Institutionen der Staatlichkeit, die sich etwa in Mesopotamien unmittelbar aus der göttlichen Schöpfung ableiteten. Assmann (1992b) erkennt in der Fundierung der „zentralen Wesensformel“ (48) der Gesellschaft in einer *historischen* Erzählung (die er freilich zurecht ebenfalls „Mythos“ nennt) eine wichtige Parallele zwischen der israelitischen und der griechischen (homerischen) „Mythomotorik“ gegenüber der ägyptischen oder mesopotamischen, die kosmogonisch angelegt seien (42).

Diese einzigartige institutionelle Erfindung substituiert nicht, sondern *tritt neben* die symbolische Darstellung des genealogischen Prinzips durch die Vätergottheiten, die erst im Staat mit Jahwe verschmelzen.[159] Deren gleichzeitige Wirksamkeit lässt sich anhand von Einzelaspekten demonstrieren. Schäfer-Lichtenberger (1983: 338–342) verweist hier vor allem auf die konflikthafte Herstellung ritueller Autonomie als Folge institutioneller Segmentation (Jos 22, 10-34). Auf unterschiedliche Art wird durch beide ideologischen Symbolisierungsformen der Staatsfeindschaft das jeweils identitätsbildende Kollektiv *variabel* gehalten: Geschah dies im Falle genealogischer Systembildung durch die pragmatisch gehandhabte Wahrnehmung genealogischer Tiefe (vgl. Kap. 3), so im Falle des mit Jahwe im Bunde stehenden „Israel" durch die Unterscheidung von Latenz und Aktualität. Die Richter, schreibt Buber (1956: 143), haben nicht ein Israel der zwölf Stämme gerichtet, „sondern jeweils die paar Stämme, die sich um sie scharten". Aber ihre Berufung sei von der Überzeugung getragen worden, „wo der Charismatiker im Namen des Berufenden führe und wie weit seine Gefolgschaft reiche, da sei und soweit reiche jeweils die lebendige Wirklichkeit ‚Israels', denn da sei und so weit reiche jeweils ‚das Volk JHWHs' – aktuell also sei Israel im Feldlager der ‚sich willig hergebenden' Kämpfer."

Hinsichtlich der Vergegenwärtigungstechniken ist schließlich ein Gedanke von Pierre Clastres nachzutragen. Clastres (1976: 169 ff) argumentiert, die von den „Wilden" praktizierten Initiationsriten dienten der Darstellung der für diese Gesellschaften so wichtigen Egalität; so erweise sich der individuelle Körper als der „Sammelpunkt des Stammesethos" (171). „Im Initiationsritual *drückt die Gesellschaft ihr Zeichen auf den Körper* der jungen Leute" (174). „Das Gesetz, welches sie im Schmerz kennenlernen, ist das Gesetz der primitiven Gesellschaft, das jedem sagt: *Du bist nicht weniger wert als ein anderer, du bist nicht mehr wert als ein anderer*" (176 f.). In diesem Sinne lässt sich das jüdische Beschneidungsritual, jedenfalls in seiner altisraelitischen Form, interpretieren. Die Zirkumzision war im Nahen Osten im 2. Jahrtausend zwar

---

159 Diese Kritik richtet sich lediglich gegen Uffenheimers Hinnahme des israelitischen Gründungsmythos als historische Realität. Im Übrigen argumentiert er ganz im Sinne dieses Kapitels, die „theopolitische Auswirkung" (210) des Bundesgedankens sei die Abwehr „jeder Art menschlicher Herrschaft und Unterdrückung" (212) gewesen.

in den verschiedensten, auch staatlich bzw. imperial verfassten Gesellschaften verbreitet; es kommt aber auf den je kulturspezifischen Bedeutungsgehalt an. Beschneidungen wurden damals vermutlich primär an Pubertierenden vorgenommen (Gen 17, 25).[160] Die Säuglingsbeschneidung (Gen 17, 12) ist wahrscheinlich erst priesterschriftlichen Ursprungs. Entscheidend ist, dass dem Beschneidungsgebot die Funktion der Vergegenwärtigung des Bundesschlusses zwischen Gott und Abraham (als ‚Prototyp' des Sinai-Bundes) zugeschrieben wird: „Das ist aber mein Bund, den ihr halten sollt zwischen mir und euch und deinem Samen nach dir: Alles, was männlich ist unter euch, soll beschnitten werden" (Gen 17, 10).[161] Wenn die Egalität unter den Menschen (genauer: unter den Männern) wesentlicher Bestandteil des Bundesschlusses war, so auch seiner rituellen Vergegenwärtigung.

3. Exkurs: Geschlechterverhältnis

Die vorstehenden Bemerkungen berühren das Problem, dass die Egalität, von der hinsichtlich herrschaftsfreier Gesellschaften gesprochen wird, an der Grenze der Geschlechter halt macht. Auch hierin besteht eine Analogie zwischen dem richterzeitlichen Israel und den afrikanischen „Regulierten Anarchien". Auf einer „häuslichen Ebene" ist von Egalität nicht zu reden - weder der Geschlechter, noch der Generationen. Diese Gesellschaften sind *herrschaftsfrei* nur unter Ausklammerung dieser Ebene.

Indes lässt sich immerhin feststellen, dass zwar der patrilinearen Deszendenzregel tendenziell eine Unterprivilegierung der Frauen ent-

---

160 So argumentiert bereits Weber (1988b: 100). Über die Bedeutung der Beschneidung besteht, Weber folgend, große Unklarheit; er spekuliert jedoch in Richtung Initiationsritual (101): „Das weitaus Wahrscheinlichste ist alles in allem, daß sie ursprünglich mit der Kriegeraskese und Jünglingsweihe der Jungmannschaft irgendwie zusammenhängt."

161 Vgl. zur Frage der Beschneidung Cornfeld/Botterweck 1991: 296; Albertz 1992: 422. Freud (1982: 567) kommt - trotz seiner problematischen Prämissen über den Charakter der „Urhorden" - dem hier angenommenen Sinn nahe, kann aber nicht erkennen, dass die „Unterwerfung" unter Gott die Unterwerfung unter Menschen hier gerade verhindert: „Die Beschneidung ist der symbolische Ersatz der Kastration, die der Urvater einst aus der Fülle seiner Machtvollkommenheit über die Söhne verhängt hatte, und wer dieses Symbol annahm, zeigte damit, daß er bereit war, sich dem Willen des Vaters zu unterwerfen, auch wenn es ihm das schmerzlichste Opfer auferlegte."

spricht; jedoch zeigt Sigrist (1994: 163f) am ethnographischen Material, dass in verschiedenen patrilinearen segmentären Gesellschaften „Frauen [...] ein verhältnismäßig großes Maß an Selbstbestimmung" hatten.[162] Crüsemann, Schäfer-Lichtenberger und Albertz (und nicht nur sie unter den Altisrael-Forschern) zeigen sich hinsichtlich dieser Frage enthaltsam. Auch die These einer *relativ* günstigen Position der Frauen in der vorstaatlichen Zeit ließe sich aber womöglich am Material des AT bestätigen. Die notwendige systematische Auswertung der vielfältigen AT-Stellen, in denen Frauen eine aktive Rolle spielen, kann an dieser Stelle nicht geleistet werden, zumal die Exegeten in der Regel versuchen, die „gesellschaftliche Stellung der Frauen in der biblischen Zeit" ohne diachronische Differenzierung zu beschreiben, wodurch sie ein „düsteres Bild" erhalten (Cornfeld/Botterweck 1991: 496).[163] Demgegenüber bemerkt jetzt in einer vorzüglichen Überblicksdarstellung Silvia Schroer (1995: 109), generell sei die Vielfalt an für die Richterzeit überlieferten Frauengestalten „erstaunlich". Dies weist auf eine autonome und teilweise einflussreiche Position *bestimmter* sozialer Gruppen von Frauen hin. Paradigmatisch ist die Rolle der „Richterin" Debora (Ri 4 und 5). Zu ihr kamen nicht nur „die Kinder Israel [...] hinauf vor Gericht" (Ri 4, 5), sondern sie leitete auch eine erfolgreiche militärische Operation gegen den kanaanäischen König Sisera. „Es ge-

---

162 Zur These eines relativ egalitären Geschlechterverhältnisses in egalitären Gesellschaften vgl. auch Woodburn (1982: 434) über die egalitären „immediate-return systems" (Gesellschaften mit sofortigem Ertrag/Wildbeuter-Gesellschaften): „In der Tat sind die formalen Beziehungen zwischen Männern und Frauen in diesen Gesellschaften ziemlich variabel, obwohl Frauen weitaus mehr Unabhängigkeit besitzen als üblicherweise in *delayed-return-systems* [Gesellschaften mit verzögertem Ertrag/ Agrar- oder Viehzüchter-Gesellschaften]."

163 Im selben Wörterbuch (Cornfeld/Botterweck 1991: 1017) kann man hingegen etwa unter dem Stichwort „Musik" lesen, in „der frühen Zeit" seien sakrale Tänze und Gesänge hauptsächlich von Frauen dargeboten worden, später hingegen seien sie vom Tempeldienst ausgeschlossen worden. Walter Beltz (1990: 22) sieht in der elohistischen Quelle des Alten Testaments eine matriarchalische Tradition der sesshaften Ackerbauern Kanaans aufgehoben. Die auch im Rahmen der feministischen Theologie (Weiler 1989) vorgetragene schematische und idyllisierende Annahme eines Matriarchats als *der* vorstaatlichen Form ackerbauender Gesellschaften (wogegen das von einsickernden Nomaden implementierte Patriarchat „Privateigentum, Klassentrennung, Ausbeutung und entstehende Staatsgewalt" [7] bedeute) ist jedoch wenig plausibel.

brach, an Regiment gebrach's in Israel, bis dass ich, Debora, aufkam, bis ich aufkam, eine Mutter in Israel" (Ri 5, 7), heißt es im Deboralied, einem der „frühesten biblischen Epen" (Cornfeld/Botterweck 1991: 1211). Der König Sisera aber wurde von einer anderen Frau, der Keniterin Jael, getötet (Ri 4, 17–22). Schon diese Traditionsbestände lassen Zweifel an der rechtlosen Position der Frauen in der Richterzeit angebracht erscheinen; Zweifel, die von einzelnen Detailuntersuchungen bekräftigt werden. So schreibt Silvia Schroer (1992: 111) über den Rollenwandel der Frauen im Übergang zum Staat: „Die relative Unabhängigkeit und vor allem der Respekt, den sie in gesellschaftlichen wie religiösen Angelegenheiten bei ihren Familien und Stämmen und in ihren Dorfgemeinschaften offenbar hatten, ging im Zuge der Zentralisierung zumindest teilweise verloren."

4. Entstehung des Staats und fortwährender Kampf gegen ihn

Wie muss man sich jene „Zentralisierung" vorstellen, wenn doch die Theoretiker der israelitischen „Regulierten Anarchie" deren „dynamische Stabilität" plausibel gemacht haben? Pierre Clastres (1976: 79 und 203) vermutet, dass die Entstehung von Herrschaft mit demographischem Druck zusammen hängt. Bei den südamerikanischen Guarani entdeckte er als Reaktion auf die so drohende Herrschaftsbildung eine bemerkenswerte *prophetische Bewegung* (153–168, 205–209). Propheten (die karai) brachten die Indianer dazu, ihnen unter Aufgabe der verwandtschaftlichen Bindungen auf großen Wanderungen zu folgen, bei denen die „Erde ohne das Böse" gesucht wurde (153 f). Dabei wurde „das Böse" mit „dem Einen", Einheitlichen gleichgesetzt, nach Clastres eine Chiffre für den Staat (207). Durch die prophetische Bewegung wurden Kräfte freigesetzt, „die – sei's auch um den Preis des kollektiven Selbstmords – imstande sind, die Dynamik des Häuptlingstums in Schach zu halten", und doch „mit einem Schlag das ‚Programm' der Häuptlinge zu verwirklichen" vermochten (208). Clastres sieht also den Staat aus charismatischer Herrschaft entstehen, die sich aus dem antistaatlichen Affekt selber speist.[164]

164 Zum Charakter religiöser Prophetie als „clan-destroying force" vgl. auch Collins 1986: 286; kulturübergreifend auch Lanternari o.J.

Ganz ähnlich argumentiert auch *Sigrist* (1994), der drei Typen bzw. Faktoren der Herrschafts-Zentralisierung auflistet: a) äußeren (militärischen) Druck, wobei auch hier von Charismatikern begründete und angeführte antiherrschaftlich-xenophobe Bewegungen den Kern der Herrschaftsbildung enthalten (204–217); b) Verfestigung von Klientelbeziehungen (221–229); c) Berufung fremder Führer (229–232). In Israel sind, „ganz offensichtlich", wie Crüsemann (1978: 211) meint, mehrere dieser Typen verbunden gewesen, was der davidischen Machtbildung ihre Stärke und Unwiderstehlichkeit verliehen habe. Das Königtum sei aus dem „Kampf gegen eine drohende ethnische Überlagerung, gegen Fremdherrschaft" (212) entstanden. Saul und dann David seien somit „an die Spitze der antiherrschaftlichen Kräfte Israels" (212) getreten, die sich gegen diese (philistäische) Bedrohung wandten. „Saul war in erster Linie Heerkönig, d. h. auf Dauer anerkannter Heerführer ganz Israels" (212), und damit „nicht viel mehr als primus inter pares" (213; vgl. auch Alt 1964a: 24). David hingegen hatte noch unter Sauls Regime „eine auf Klientelbeziehungen aufgebaute eigenständige Machtbildung vollzogen" (Crüsemann 1978: 213). Seine Truppe stellte „in sich eine systematische Durchbrechung der alten verwandtschaftlichen Ordnung dar" (213), die nach Sauls Tod als einzige zur Verfügung stehende Macht „der philistäischen Übermacht Paroli bieten" konnte (214). „Sie war allerdings samt ihrem Führer inzwischen zum Gegner übergegangen. Und so kommt hier, jedenfalls ansatzweise, auch das dritte von Sigrist herausgestellte Modell von Machtkonzentration zum Zuge, die Berufung fremder Führer" (214). Der letzte Gedanke mag anfechtbar sein; zuzustimmen ist aber gleichwohl dem an Clastres erinnernden Fazit, wonach die gegen die (philistäische) Herrschaft gerichtete Bewegung „paradoxerweise den Grund für die später aus den gleichen Gründen und mit der gleichen Energie bekämpfte Macht des Königtums" legte (215). So hatte es abstrakt auch Sigrist (1994: 200) formuliert: „Paradoxerweise bieten [...] gerade solche antiherrschaftlichen Bewegungen Führern, denen sie oft ihre Entstehung verdanken, besonders große Chancen, Herrschaftspositionen zu errichten."

Schäfer-Lichtenberger (1983: 147) präsentiert einen bescheideneren, wenn auch im Prinzip gleichsinnigen Erklärungsansatz der Staatsentstehung in Israel: Der permanente Kriegszustand habe die

Institutionalisierung der Position des Heerbannführers (nämlich ihre *ununterbrochene* Ausübung) notwendig werden lassen.[165] Da die vorstaatlichen militärischen Funktionäre allesamt temporäre charismatische Herrschaft exerzierten, ist die Staatsentstehung in Israel also unter die Kategorie der Veralltäglichung des Charisma zu subsumieren, die – unter gewöhnlichen Bedingungen institutionell ausgeschlossen – in historischen Ausnahmesituationen möglich wird (so schon Max Weber 1980: 670). Es ist in diesem Zusammenhang bemerkenswert, dass Clastres und Sigrist (1994: 209–212) im ethnographischen Material „Propheten" ausmachen, also eben jene Form religiöser Virtuosität, die für die Geschichte Israels so entscheidend war. Sigrist (1994: 211 f) nennt zum Beleg der Ähnlichkeit israelitischer und afrikanischer (nilotischer) Propheten: „Propheten als Repräsentanten himmlischer, nicht chthonischer Kräfte, die Berufung durch Fasten, Visionen, das Besteigen von Erhebungen und vor allem die Verbindung der religiösen Offenbarung mit politischer Führung des unterworfenen oder von Unterwerfung bedrohten Volkes." Crüsemann (1978: 210) merkt hier kritisch an, Sigrist meine offenbar die in einer längst zentralisierten Gesellschaft auftretenden „großen" Propheten. Die Funktion der vorstaatlichen „Richter" war aber im Grunde die von Kriegspropheten[166]; und es ist frappant, etwa in der Exzentrik des Auftretens die Parallelen zwischen den afrikanischen Deng-Propheten (Sigrist 1994: 209), den indianischen Jeguakava (geweihten Männern) (Clastres 1976: 159 f) und den is-

165 Aus der „Frontstellung gegen die Philister" erklärt bereits Alt (1964a: 12; vgl. auch 24) die israelitische Staatsentstehung; es ist ihm wichtig, dass sie „nicht […] aus inneren Antrieben hervorgegangen ist", sondern eben „jenes mächtigen Anstoßes von außen bedurft hat" (11). Vgl. gegen diese These einer Überlagerungs-Bedrohung: Neu (1989: 20). Albertz (1992: 163 ff) erwähnt Versuche, die Staatsentstehungstheorien von Cohen, Service u.a. auf den israelitischen Fall anzuwenden und etwa technologische oder demographische Faktoren stark zu machen. Letztlich können aber auch diese Ansätze auf die militärische Bedrohung als Hintergrundannahme nicht verzichten.

166 Vgl. Schäfer-Lichtenberger 1983: 342; ferner Buber (1956: 142), der den Unterschied zwischen Richter und Prophet nicht einebnen will, aber die Prophetie als ‚Initialstadium' des Richtertums betrachtet: „Die Tradition der vordavidischen Zeit kennt […] keinen anderen Empfang des Charismas als den prophetischen."

raelitischen Nasiräern (Num 6, 5) oder den „Richtern" Simson (Ri 13, 5) und Samuel (1Sam 1, 11) zu entdecken: Sie alle symbolisierten ihre Außeralltäglichkeit durch eine besondere Haartracht; für die genannten israelitischen Charismatiker werden zugleich Askese-Vorschriften genannt wie die Enthaltsamkeit vom Wein (mindestens die Deng-Propheten sind ebenfalls Asketen). Mit der Verweigerung von Haarschnitt und Weinkonsum wird die Absetzung von der *Kultur* symbolisiert: Diese Charismatiker verkörpern, wie Martine Chatelain (1982: 504) meint, die „Rückkehr zu einer natürlichen Ordnung, in die der Mensch nicht eingreift"; zugleich lässt sich diese Symbolik jedoch als Übertretung der Grenze zwischen Natur und Kultur, als „Vermischung der Kategorien" (Mary Douglas) lesen. Die Propheten drücken somit auch symbolisch die Paradoxie ihrer Rolle aus: des Widerstands gegen jene staatliche „Errungenschaft", der sie letztendlich gleichwohl zum Durchbruch verhelfen.

Mit der Institutionalisierung der Herrschaft sind die anarchistischen Mechanismen der vorstaatlichen Gesellschaft nicht außer Kraft gesetzt. Gerade in *frühen* Phasen ihrer Institutionalisierung ist die Herrschaft beschränkt, was Sigrist (1994: 252–255) auf antiherrschaftlichen Widerstand zurückführt und dies als „Modifikationseffekt" des universalen Gleichheitsbewusstseins bezeichnet. Uffenheimer bestätigt dies für Israel: „Im Gegensatz zu dem absoluten und göttlichen Charakter der alten nahöstlichen Monarchie blieb die Person des israelitischen Königs jedoch innerhalb der menschlichen Sphäre. Seine Verantwortlichkeit gegenüber Gott fand ihren Ausdruck im Motiv der Adoption und Sohnschaft und wurde durch die Wachsamkeit des Propheten als Abgesandtem Gottes garantiert" (Uffenheimer 1987: 218; vgl. auch Bright 1966: 219f).

Die Herrschaftsinstanz reagiert auf die ungebrochenen antiherrschaftlichen Affekte zwangsläufig mit der Entwicklung von Strategien zur Legitimation der Herrschaft. Sigrist (1994: 260f) erklärt geradezu die Entstehung von Legitimitätsvorstellungen aus der notwendigen „Rechtfertigung gegen die antiherrschaftlichen Einstellungen". Demgegenüber ist freilich darauf hinzuweisen, dass jegliches Institutionengefüge mit Legitimationsstrategien operiert: Legitimationsbedürftig und -fähig sind auch solche Institutionalisierungen, in denen der Umgang mit Macht ihre hierarchische Verfestigung verhindert.[167] Legitimation entsteht also nicht mit dem Staat, sondern wird dort auf einen neuen Modus umgestellt.

Die Legitimation der neuen Herrschaft findet dabei typischerweise zunächst „im Rahmen und mit den Mitteln der alten Gesellschaft" statt – wie Crüsemann (1978: 218) meint, vor allem über (fiktive) Verwandtschaftsverhältnisse, mit denen etwa David seine Wahl zum König über Israel legitimiere. Crüsemanns Konkretisierung ist hier freilich nicht sehr glücklich ausgefallen. Denn erstens setzt sich David ja gegen den Sohn Sauls, Isbaal, durch, und verkörpert so eher die *Ablehnung* des dynastischen Gedankens (vgl. Alt 1964a: 30 ff). Zweitens symbolisiert die Huldigung der Israeliten an David in Crüsemanns Belegstelle (2Sam 5, 1): „Siehe, wir sind deines Gebeins und deines Fleisches", eher die *Niederlage* der genealogischen Solidarität, die durch eine *unvermittelte* Anbindung der Untertanen an den Herrscher ersetzt wird. – Die vorstaatliche Tradition, an die das Königtum legitimatorisch anknüpft, ist nicht die der genealogischen Struktur der segmentären Gesellschaft, sondern die der charismatischen Herrschaft der Richter, die nun auf Dauer gestellt wird. Dies geschieht in einem sukzessiven Prozess. Schon der „letzte Richter" Samuel hatte seine „Amtsgeschäfte" teilweise seinen Söhnen übertragen (1Sam 8,1); Saul war nicht viel mehr als ein nicht mehr zurücktretender Richter, ein Heerkönig; David errichtet dann die dynastische Monarchie. Recht bald verlässt die Legitimation der königlichen Herrschaft dann den vorstaatlichen Symbolisierungsrahmen und ähnelt sich dem Modell der vorgefundenen Monarchien, wohl besonders Ägyptens, an. Dies bedeutet u.a. für den Gott Jahwe einen bedeutenden Verlust an Transzendenz (Albertz 1992: 174–185).[168]

---

167 Dies scheint Sigrist neuerdings auch zu sehen, wenn er (Sigrist/Neu 1989: 8) schreibt: „Die Verschränkung von Religion und Politik besteht nicht nur, wo sie besonders aufdringlich und penetrant auftritt, also in der Zuordnung von zentralisierter Monarchie und einer monarchisch ausgestalteten Gottesidee; sie wirkt auch, wenngleich weniger offensichtlich, diskreter, in der anarchischen Phase. [...] Die Akephalie, das Fehlen von Zentralinstanzen, ist das Ergebnis von Willensbildungsprozessen, die nur im Zusammenhang mit kosmologischen Ideen und magischen Praktiken verstanden werden können."

168 Die Prozesse der herrschaftlichen Überformung des antiherrschaftlichen Institutionengefüges stellen institutionenanalytisch ein besonders interessantes

Die Herrschaftsinstanz versucht nun, die religiös-historischen Überlieferungen unter Kontrolle zu bekommen. Jetzt erst kommt es – sinnfällig im Bau des Jerusalemer Tempels – tatsächlich zu ernsthaften, nie unbestrittenen Bemühungen um Kultzentralisierung, die somit im Wesentlichen eine *Folge* der politischen Zentralisierung darstellt.[169] Zugleich werden von den der Herrschaft Unterworfenen alte Traditionen wie die des Exodus gegen die neue Institution aktiviert. „Stets werden von der neuen Frontstellung aus", schreibt Crüsemann (1978: 218), „alte Überlieferungen neu entdeckt, neu formiert und formuliert, um an ihnen die Negativität des Neuen aufzuzeigen." Ein veritabler Kampf um die Exegese der Traditionen entbrennt. Die vielschichtig redigierten Texte des AT legen davon ein beredtes Zeugnis ab. Eindeutige Legitimationstexte des Königtums wie die Josephsnovelle (Gen 37-50), die ihrerseits die Herrschaft traditional-familienbezogen begründet und Denunziationen der Richterzeit als „von Gewalt und Anarchie beherrscht" (Crüsemann 1978: 219; Ri 17–21) sind in der Textsammlung ebensowohl enthalten wie „Zeugnisse einer Widerstands- und Untergrundtheologie" (Lohfink 1987: 59) (Ri 8 und 9, 1Sam 8–12). Auch lassen sich Vermittlungspositionen erkennen, die die Interpretation nahelegen, dass der Kampf um den religiös-politischen Leitideenkomplex immer wieder zur Justierung von Kompromisslinien führte (Albertz 1992: 190).

Dass etwa die Entwicklung des Monotheismus sich keineswegs schlicht als Legitimationsstrategie des Königtums deuten lässt – obwohl er dann freilich von Despoten legitimatorisch in Dienst genommen werden kann und obwohl die Entmachtung der Vätergötter und der regionalen Gottheiten natürlich der Monopolisierung des Heilszugangs dient –, zeigt Rainer Albertz (1992: 100). Er argumentiert, dass die komplexere, hierarchisch-differenzierte Sozialstruktur der Monarchie eher durch ein (auch bei den benachbarten Königtümern

Terrain dar. In diesem Buch können sie nur gestreift werden; es wäre jedoch lohnend, ihnen eine eigene Studie zu widmen.

169 Rehberg (1988: 169f) schildert die „zwei Institutionalisierungs- und Zentralisierungstendenzen" der israelitischen Geschichte, die er in Webers *Judentum*-Studie analysiert findet (nämlich die politische und die religiöse), noch als relativ unvermittelt nebeneinander herlaufend.

durchgängiges) hierarchisiertes Pantheon symbolisierbar sei; in der Tat seien die synkretistischen Tendenzen der israelitischen und judäischen Monarchen deutlich. Die monotheistische Oppositionsbewegung der Propheten richtete sich mithin gegen einen der Monarchie immanenten Trend. Im gleichen Sinne interpretiert Albertz das spätmonarchisch einsetzende Bilderverbot, das die Transzendenz Jahwes habe verbürgen sollen, die eben vor allem als „Transzendenz und Distanz zur eingerichteten Welt mit ihren scheinbar festen Seins- und Herrschaftsstrukturen" (102) zu verstehen sei. Hier soll also die Unverfügbarkeit des Gottes gerade die Verfügbarkeit des institutionellen Arrangements bewirken.

Besonders klar lässt sich der Kampf um Leitideen, vor allem der Kampf um die *Deutung* eines gemeinsamen Leitideenkomplexes im alten Israel an der in diesem Komplex zentralen Rede vom *Königtum Gottes* darstellen. Martin Buber (1956) hatte sich in seinem gleichnamigen Buch 1932 auf die vorstaatliche Epoche beschränkt, dabei bereits die Ansicht vertretend, dass im richterzeitlichen Israel menschliches Königtum durch den Hinweis auf die Herrschaft Jahwes zurückgewiesen worden sei, wenn er auch vorsichtig von einer so gerichteten „Verfassungstendenz" (XX), einem „theokratischen Verfassungswillen" (39) sprach. Neuerdings liegt zum Problem des Königtums Gottes eine Untersuchung von Norbert Lohfink vor, die direkt an die Überlegungen Crüsemanns anknüpft. Lohfink (1987: 42) unterscheidet die Begriffsverwendung in drei Geschichtsepochen: der *antistaatlichen*, der *staatlichen* (vorexilischen) und der *substaatlichen* (nachexilischen). Jede dieser drei Gesellschaftsformen habe sich durch Hinweis auf den Gott Jahwe und dessen gesellschaftlichen Willen legitimiert (42f). (Es ist zu ergänzen, dass die je überholte Position in der nachfolgenden Phase durchaus als Konfliktpartei präsent gewesen ist.) Im vorstaatlichen Israel sei Jahwe nicht als König bezeichnet worden (45). Dies sei deshalb *„bewußt und gewollt"* (49) gewesen, weil „üblicherweise die Preisung von Göttern als Könige eine Legitimationsfunktion für die irdischen Könige hatte, [...] [weil] also Jahwe als König automatisch ein Israel als Königtum, konkret: als Staat, gefordert hätte" (50). „Jahwe war einziger Herr in Israel. Sonst gab es nur Egalität und freies Charisma - wenn die Männer versagten, dann bei Frauen. Jahwe stand an der Spitze. Aber er war kein König. Hätte man ihn ‚König' genannt, dann wäre die Gefahr zu groß gewesen, dass auch ein Stamm, eine Sippe oder ein Einzelner die Egalität verließ und menschliche Herrschaft einführte.“ (54) Martin Buber (1956: 26) hatte dieses terminologische Argument als offensives gefasst: Es sei ja gerade das Anliegen etwa des antimonarchischen Teils des Richter-Buches (Ri 1–12) gewesen, den u.a. auf nachbarstaatliche Monarchen gemünzten Königsbegriff zu „entwerten“; „dem göttlichen Herrschertum mußte [...] die Assoziation mit dem verächtlich gemachten Terminus ferngehalten werden.“

Der Titel „König“ für Jahwe wurde im Zuge der Institutionalisierung des *menschlichen* Königtums in Israel/Juda eingeführt (Lohfink 1987: 55). Er war Teil der herrschaftlichen Legitimationsstrategien. Aber auch die antiherrschaftliche Opposition nahm den Begriff nun sogleich[170] auf; ihre Position findet sich beispielhaft im Gideonspruch (Ri 8, 23). Gideon, einer der „Richter“, dem die Erbmonarchie angetragen wird, antwortet: „Ich will nicht Herr sein über euch, und mein Sohn soll auch nicht Herr über euch sein, sondern der HErr soll Herr über euch sein.“ Derselbe Gedanke wird in 1Sam 8, 6f im ähnlichen Kontext mit ausdrücklicher Königsterminologie wiederholt: „Das gefiel Samuel übel, dass sie sagten: Gib uns einen König, der uns richte. Und Samuel betete vor dem HErrn. Der HErr aber sprach zu Samuel: Gehorche der Stimme des Volks in allem, was sie zu dir gesagt haben; denn sie haben nicht dich, sondern mich verworfen, dass ich nicht soll König über sie sein.“[171] Auch Benjamin Uffenheimer (1987) entnimmt der Theologie des AT, insbesondere der israelitischen „Bundes“-Konzeption, dass „der Gedanke an menschliches Königtum als Vergehen und als Sünde gegen Gott, den wahren König Israels, verworfen“ wurde (Uffenheimer 1987: 212). Das Königtum Gottes stütze sich „auf die Ablehnung jeder menschlichen Herrschaft über andere“ (229). Auf eine mögliche Antwort der Herrschenden weist in diesem Kontext Christa

170 Buber (1956: 110) folgend, bereits in der Zeit der „samuelischen Krisis“, als der internen *Bedrohung* der „Regulierten Anarchie“. Er will u.a. die Bileam-Lieder (Num 22 u. 23), in denen vom Königsjubel im Angesicht der Bundeslade gesprochen wird, als Ausdruck einer „noch ungebrochenen religiösen und politischen Volkszuversicht“ begreifen; hier äußere sich „das Pathos des leidenschaftlichen Verhältnisses zu einer Wirklichkeit, zu einer noch gegenwärtigen, aber schon schwer bedrohten, zu einer religiös-politischen, institutionellen Wirklichkeit.“

171 Ähnlich 1Sam 12, 12; vgl. Lohfink 1987: 58.

Schäfer-Lichtenberger (1983: 429, Fn) hin: Durch die *kultische* Erhöhung Jahwes, so gibt sie zu bedenken, könne der Rede vom *politisch wirksamen* Königtum Jahwes „die ideologische Spitze“ genommen worden sein. Ähnlich hat Martin Buber (1956: 47) es für eine analoge Entwicklung im südarabischen Saba beschrieben: „[D]as theokratische Prinzip beginnt seine umfassende Macht einzubüßen und ins Nur-Religiöse beschränkt zu werden, um schließlich bloß noch die unantastbare Deckung der Autokratie zu liefern, wie in Ägypten und Babylon.“ Und für „beachtenswert“ erklärt Buber auch mit Recht, „daß Salomo in dem Spruch, mit dem er seine Tempelrede beschließt (I Könige 8, 61), nicht ausruft, der Mensch oder das Volk solle ganz sein mit JHWH, sondern, das *Herz* solle widerstreitlos, ‚befriedet‘ mit JHWH sein“ (87).

Lohfink (1987: 60–65) findet weiter in den prophetischen Büchern Hinweise darauf, wie „seltsam sich die staatslegitimierende Königstitulatur Jahwes [...] gegen König und Staat selbst wenden konnte“. Deuterojesaja schließlich, in der nachexilischen (substaatlichen) Epoche schreibend, war es darum zu tun, „daß Jahwe trotz des Untergangs Israels der mächtigere Gott ist. Dies tat er letztlich, indem er nachwies, daß es die anderen Götter gar nicht gibt“ (69). „Das königlose, aber allein noch einen Gott besitzende Israel kann durch seinen Glanz den mit Königen, aber nicht mit eigener göttlicher Legitimation versehenen Völkern den ihnen fehlenden Glanz vermitteln. [...] Israel ‚ruft‘, und sie ‚eilen herbei‘: die Völkerwallfahrt setzt ein, weil nur noch Jahwe als göttlicher König zur Legitimation der Staaten zur Verfügung steht“ (70). Der uns überlieferte Kanon des AT spiegelt die einer solchen Sicht entsprechende „Jerusalemer Tempelgemeinde als substaatliche Theokratie“ (71) wider: „Der Pentateuch entwirft [...] insgesamt eine Gesellschaftsordnung, die unter Übergehung des Staats und genuin staatlicher Legislation eher bei den Anfängen Israels ansetzt“ (72).[172] Die unmittelbare Herrschaft Jahwes wird im Kult nun

172 Ganz ähnlich meint auch Manfred Weippert (1990: 150), „dass es sich bei den meisten alttestamentlichen Schriften um Äußerungen der [vorexilischen] Opposition handelt“, während die „Texte der den Status quo der vorexilischen Zeit vertretenden Autoren nach den Katastrophen von 722/20 und 586, die der Opposition Recht gaben, für nicht mehr überlieferungswürdig erachtet und der Vergessenheit anheimgegeben wurden.“

durch die „königliche Stilisierung des Hohenpriesters, vor allem in seiner Amtstracht" (73, Fn), symbolisiert.

Jan Assmann (1992b: 75), der sich auf diesen Gedankengang Lohfinks bezieht, meint, die drei Legitimationsweisen im antistaatlichen, staatlichen und substaatlichen Israel den von ihm entwickelten drei „Grundformen politischer Theologie" zuordnen zu können: „In der staatlichen Phase hat die Formel [Jahwe sei König] den Sinn der Repräsentation. Das Königtum Jahwes kommt im irdischen Königtum zur Erscheinung. In der anti- und substaatlichen Phase hat die Formel den Sinn der identitären Theokratie. Das Königtum Jahwes duldet keinen irdischen König neben sich. Hier bereitet sich aber auch die dualistische Deutung vor, die dann in der christlichen Zwei-Reiche-Lehre zum Ausdruck kommt. Das Königtum Gottes bildet das überweltliche Gegenstück zum weltlichen Königtum Roms."

Wie lebendig vormonarchische Institutionen und institutionelle Mechanismen auch unter der Monarchie blieben, was an einer Reihe von Revolten gegen das Königtum (Absalom, Seba) zu erkennen ist, zeigt Hayim Tadmor (1968: 48; vgl. auch Albertz 1992: 185 ff): „Wir meinen, dass trotz des zentralisierten Charakters des vereinigten Königreichs zur Zeit Davids und Salomos und trotz der stark verwurzelten königlichen Tradition in den eigenständigen Staaten Juda und Israel die Souveränität des Volkes – wie sie in seinen Institutionen zum Ausdruck kam – nicht endete, sondern sich – wenn auch in anderen Formen – weiter äußerte, bis zum Fall beider Staaten und sogar noch danach." Tadmor zeigt, dass sich in den Revolten die höhere Autorität der „Männer Israels" gegenüber den „elders of Israel" ausdrückte (50). Die Volksinstitutionen verschafften sich als *militärische* Geltung, was bei allgemeiner und gleicher Volksbewaffnung auf eine plebiszitäre Demokratie der Männer hinausläuft; Militärstruktur und Familien- bzw. Stammesmuster waren nur „verschiedene Formen einer einzigen sozialen Einheit" (52). Dass derartige Erörterungen vor allem das Nordreich Israel kennzeichnen, während die davidische Dynastie im Südreich Juda gut institutionalisiert blieb, hat Albrecht Alt (1964b) dargelegt: In Israel habe nach dem Ende der Personalunion die Monarchie die bereits von Saul innegehabte Gestalt eines „charismatischen Königtums" angenommen, das noch nach weit mehr als einem Jahrhundert „nicht zu einem vollen Ausbau seiner Institutionen gelangt" sei (122), also keine Residenz und keine dynastische Bindung entwickelt habe. Als kurz vor der Beendigung der staatlichen Unabhängigkeit durch die Assyrer im Jahre 722 Ansätze zur Dynastiebildung sich vollzogen hatten, knüpfte der Prophet Hosea die Errettung Israels an den Niedergang der Monarchie, welche er als Ausdruck des Zorns Gottes denunzierte (Hos 3, 4f; 13, 10f; vgl. Alt 1964b: 126; Albertz 1992: 46). Überhaupt ist die ganze prophetische Bewegung seit Elia im 9. Jh. als königs- und herrschaftsfeindliche zu verstehen, ihr Kampf gegen den kanaanäischen Gott Baal als gegen eine „Herrschaftschiffre" (Veerkamp 1983: 322ff).

Max Weber (1988b: 37f) weist darauf hin, dass sich die antiherrschaftlichen Affekte selbst noch in der nachexilischen Zeit zeigten – nun gegen die „ökonomisch und politisch mächtigen Geschlechter innerhalb der Städte" gerichtet: „Furchtbar hallen namentlich die Klagen und das Rachegeschrei der Psalmisten gegen diese Reichen oder, wie sie bezeichnend genannt werden, ‚Fetten' [...]. Und wie nach der Tradition einst schon um Abimelech und dann um David, so scharen sich jetzt um Judas Makkabäus die Unterdrückten, und zwar vor allem: die Schuldsklaven, als seine Gefolgschaft und schlachten mit ihm die Gottlosen, das sind, wie in den Psalmen stets: die ‚Fetten', in allen Städten Judas ab (1.Makk. 3, 9)." Die Einsichten Webers und Tadmors zeigen, wie unzureichend bei der Kulturgeschichtsschreibung des Alten Israel eine Elitenfixierung, etwa Eisenstadtscher (1987) Provenienz ist. Im alten Israel agieren bis zum Ende als Trägergruppen wesentlicher kulturprägender Ideen breiteste Schichten des Volkes.

Dass sich die Machtfülle der davidisch-salomonischen Dynastie nicht auf Dauer stellen ließ, lässt sich ebenso wie die zunächst wohl gewollte Selbstbeschränkung der Monarchie im Nordreich (Albertz 1992: 220) (und wie dann gewissermaßen auch der Untergang staatlicher Selbständigkeit) als Rückbildung von Herrschaftsinstanzen untersuchen (Crüsemann 1978: 220). Sigrist (1994: 256–259) hat dies als „Reduktionseffekt" des universalen Gleichheitsbewusstseins beschrieben. Crüsemann (1978: 220) meint, „daß die Überwindung der stärksten inneren Gegensätze in Israel zusammenhängt mit einer verminderten Machtstellung der Könige"; dem habe das Verschwinden der „direkt königsfeindlichen Äußerungen und Aktionen" zugunsten einer Kritik an Einzelhandlungen der Monarchen entsprochen. Dass es durch die

Rückbildung von Herrschaftsinstanzen zu einer Re-Institutionalisierung vorstaatlicher Institutionen kommen kann, ist bereits Max Weber (1988b: 24) aufgefallen: „Allein sobald die Machtstellung des Königtums (z.B. infolge einer Revolution, wie unter Jehu) sank, vollends aber nach dem gänzlichen Wegfall des Königtums in nachexilischer Zeit, treten alsbald die Aeltesten in den Städten wieder in der alten Machtstellung auf." Vollends in der soziologischen Ausnahmesituation der Exilszeit, in der die Gesellschaft Israels und Judas auf die Unterschichten reduziert wurde, lässt sich bei gleichzeitigem Zerfall der babylonischen Zentralgewalt die Reorganisation einer an „Autonomie und Egalität" orientierten Gesellschaftsstruktur plausibel machen. Ton Veerkamp (1993: 56f) lokalisiert hier die Formulierung des Deuteronomiums mit seiner ausgeprägten Sozialgesetzgebung und seiner Monarchieskepsis.[173]

Im Falle der altisraelitischen „Eidgenossenschaft" und ihres Übergangs zur Monarchie liegt, soviel lässt sich zusammenfassen, ein außergewöhnlicher Sonderfall im Verhältnis von Heil und Herrschaft vor: Nicht allein erreicht Religion hier eine gewisse Autonomie, von der aus sie partielle Kritik an den im Prinzip gleichwohl durch sie legitimierten Herrschaftsinstanzen üben kann; sondern sie tritt ganz wesentlich als prinzipielle Bestreiterin des Staates auf. Die Notwendigkeit einer Legitimation der Herrschaft, die der Achsenzeit-Diskurs (vgl. Eisenstadt 1987) an eine Phase der im Prinzip unstrittigen Herrschaft anschließen will, erwächst im Falle Altisraels aus dem antiherrschaftlichen Affekt einer zuvor antistaatlichen Gesellschaft, die sich lediglich zum Schutz vor einer Überlagerung durch die Philister der Monarchie unterworfen hatte, diese aber bekämpfte, als sie (in Gestalt Davids und Salomos) jene Form der Fronknechtschaft annahm, deren Überwindung ja den Kern des Gründungsmythos der israelitischen Gesellschaft ausmachte. In Altisrael tritt bemerkenswerterweise das Volk als Subjekt (im Sinne von ‚Handelndem', nicht ‚Untertan') auf. Ohne die Existenz von Eliten in Zweifel zu ziehen, zeigt sich doch die Unzulässigkeit einer Fixierung auf sie: Die – wie immer auch heterogene – Bevölkerung muss als entscheidende Trägergruppe der Institution „Regulierte Anarchie" aufgefasst werden.

---

173 Veerkamp bezeichnet es jedoch ohne nähere Begründung als „abwegig" (57), dies an vorstaatliche Traditionen anzuknüpfen.

5. War die Regulierte Anarchie Israels eine „primitive" Gesellschaft?

Wenn die Theorie der „Regulierten Anarchie" ohne Abstriche auf das vorstaatliche Israel übertragbar ist, muss gefragt werden, ob es sich bei diesem um eine „primitive Gesellschaft" im Sinne der Ethnologie gehandelt hat. Diese Frage wird jedoch von den hier referierten Autoren nicht gestellt. Implizit haben Crüsemann und Schäfer-Lichtenberger indes eine Verknüpfung des Idealtyps „Regulierte Anarchie" mit dem Befund einer eindeutig nicht-„primitiven" Gesellschaft (Schriftlichkeit, Urbanisierung, relativ rationalisiertes Glaubenssystem) geleistet. Entscheidend am richterzeitlichen *Religionssystem* ist ja der Gedanke der *unmittelbaren Theokratie*, der als ideologische Darstellung der Staatsfeindschaft in einer staatlich-imperialen Umwelt als einzigartige Leistung zu betrachten ist. Wenn Martin Buber (1956: passim, z.B. 35) hier von *„primitiver Theokratie"* spricht, ist dies eine *contradictio in adiecto.* Schließlich führt Buber selbst (1956: 119) die „Entzauberung des Glaubens" im vorstaatlichen Israel auf die *spezifische* Charisma-Form der „unmittelbaren Theokratie" zurück, die nämlich „das lebensmäßige Bekenntnis des charismatischen Menschen zum Spender des Charismas" fordert, was ein magisches Verhältnis zu ihm tendenziell ausschließt.

Zur Urbanisierungsfrage, in der, wie ihre sorgfältige Analyse gerade dieses Phänomens[174] zeigt, ebenfalls keine Analogie zu „primitivem" Terrain (etwa afrikanischer Provenienz) vorliegen dürfte, resümiert Schäfer-Lichtenberger (1983: 327): „Land- oder Stadtsässigkeit ist für die Stellung des Einzelnen in der Gesellschaft des richterzeitlichen Israel gleichgültig." Und andernorts (Schäfer 1981: 102) schreibt sie noch dezidierter, „dass die israelitische Stadt [...] sich bruchlos in das Bild einer im Zustande regulierter Anarchie befindlichen Eidgenossenschaft einfügt". Wohl deuten die Ergebnisse der Archäologie in Palästina auf eine „Deurbanisation" zur Zeit der israelitischen Landnahme, wie Albertz (1992: 108) zusammenfasst. Doch handelt es sich hier um einen Prozess *relativer* Abnahme des Urbanisierungsgrades, und Al-

---

174 Vgl. vor allem ihre Typologie von Siedlungsarten (Schäfer-Lichtenberger 1983: 418 ff.).

bertz scheut sich nicht, einige Seiten darauf (115) selbstverständlich von „israelitischen Städten“ zu sprechen, die auch bei ihm den Befund einer herrschaftsfreien Gesellschaft nicht beeinträchtigen.

Sollte sich nun noch herausstellen, dass das vorstaatliche Israel zugleich eine relativ literale Gesellschaft war, dann haben wir es mit einer *antistaatlichen Hochkultur* bzw. „Zivilisation“ zu tun.[175] Sigrist meint jedoch (Sigrist/Neu 1989: 8), die Tatsache, dass das vorstaatliche Israel Träger einer Hochreligion mit verschriftlichtem Religionsbestand „wurde“, stelle kein unüberwindliches Hindernis für eine Subsumtion unter den Typus der segmentären Gesellschaft dar, weil dieser Gesellschaftstyp ja ohnehin als dynamischer zu verstehen sei. Damit bleibt das hochkulturelle Israel als das *Ergebnis* vom staatsfeindlichen logisch und zeitlich getrennt. Es scheint lohnenswert, diesem Problem anhand der Frage nach der Literalität des vorstaatlichen Israel einen Augenblick weiter zu folgen.

Die Frage, inwieweit das vorstaatliche Israel eine literale Gesellschaft gewesen sei, ist umstritten. Die Bibel selbst gibt keinen Hinweis auf die Ursprünge der Schrift (Cornfeld/Botterweck 1991: 66). Das Buch der Richter berichtet immerhin von dem „Richter“ Gideon: „[Dieser] fing [...] einen Knaben aus den Leuten zu Sukkoth, und fragte ihn; der schrieb ihm auf die Obersten zu Sukkoth und ihre Ältesten, siebenundsiebzig Mann“ (Ri 8, 14). Die Erzählung geht ganz beiläufig von der Schriftkundigkeit des Jugendlichen aus.

Die Konstitution der israelitischen Gesellschaft fand in einem Areal statt, das gewissermaßen von Schriftlichkeit durchtränkt war, insofern es an der Schnittstelle der ägyptischen und der mesopotamischen Schrifttradition lag. Hier entstand das phönikische Alphabet, Urform

---

175 Nach der klassischen Definition von Renfrew sind Zivilisationen bestimmt durch das Vorhandensein von Schrift, Städten und zeremoniellen Zentren (vgl. Mann 1990: 71f. und 127f.). Die ersten beiden Bedingungen liegen im vorstaatlichen Israel vor (wie teilweise noch zu erörtern sein wird). Dem dritten Punkt entspräche die (wahrscheinlich fiktive) israelitische Amphiktyonie. Wenn auch das schriftlose Peru zu den Zivilisationen gerechnet wird, kann allein das Fehlen eines zeremoniellen Zentrums (zugunsten eines besonders „fortschrittlichen“ Glaubenssystems!) nicht zur Negierung des Zivilisations-Charakters des vorstaatlichen Israels führen; es sei denn, man wollte die Frage nach der Möglichkeit einer antistaatlichen Hochkultur definitorisch vorentscheiden.

der semitischen und überhaupt fast aller phonetischen Alphabete. Es ist nach den archäologischen Funden in Palästina und dem Libanon um die Mitte des 2. Jahrtausends bekannt gewesen (Jensen 1969: 274f; Cornfeld/Botterweck 1991: 58). Im Lexikon von Cornfeld/Botterweck (1991: 66) werden einige „protosinaitische" Schriftfragmente aus dem 2. Jahrtausend auf „Sklaven" zurückgeführt, was - wie der Knabe von Sukkoth - auf eine relativ hohe Literalitätsrate schließen ließe. Nach diesem Lexikon war in Israel „das Volk von früher Zeit an imstande zu schreiben" (66). Auch der Alttestamentler Martin Noth (1954: 45) vermutet, um 1100 müsse das Schreiben der Alphabetschrift „schon ganz geläufig gewesen sein", zumal das ‚demokratische' Schriftmedium Papyrus in Palästina verbreitet gewesen sei. Sein Kollege John Bright (1966) hält es ebenfalls für erwiesen, dass die Schrift in allen Perioden der Geschichte der Hebräer „allgemein in Gebrauch" (56), ja, „dass die Zeit der Volkwerdung Israels ein Zeitalter blühender und weitverbreiteter Literatur" gewesen sei (106).

In den sozialwissenschaftlichen Annäherungen an das Problem herrscht Uneinigkeit. Schäfer-Lichtenberger schreibt (1983: 347), die „Sammlung gewohnheitsrechtlicher Entscheidungen und ihre allgemeine Zugänglichkeit", wie sie mit dem Bundesbuch Ex 20,12 - 23,19 vorliege, gehöre „zu den Voraussetzungen schiedsgerichtlicher Verfahren", die für segmentäre Gesellschaften typisch seien. Es scheint, als werde hier Schriftlichkeit zur Voraussetzung eines Merkmals gemacht, das *vor allem* in nicht-schriftlichen Gesellschaften nachweisbar ist. Dass ein Lineage-System *nur* in schriftlosen Gesellschaften überleben könne, hat umgekehrt Laura Bohannan behauptet; Abraham Malamat (1973: 126) hält diese These jedoch gerade durch das israelitische Quellenmaterial für widerlegt. Sigrist (1994: 212) erklärt die fehlende Schriftlichkeit (neben dem Polytheismus) zu einem Hauptunterscheidungskriterium der Nuer-Propheten von den israelitischen, denen sie im Übrigen stark ähnelten. Die Implikationen dieser Unterscheidung werden aber kaum ausgeführt. In einer jüngeren Publikation scheint Sigrist zu der Annahme zu neigen, das vorstaatliche Israel sei schriftlos gewesen (Sigrist/Neu 1989: 7): „Akephalie und Schriftlosigkeit gehören typischerweise zusammen." Hier befindet er sich im Einklang mit Clastres (1976: 169), der bekundet: „[I]mmer und überall sagt die stets neu erfundene Schrift von vornherein die Macht des Gesetzes" - die für ihn notwendig repressiv ist.

Jack Goody und Ian Watt (1986: 81) haben zwar geltend gemacht, dass im Falle des semitischen Alphabets „die soziale Diffusion der Schrift gering war“; eine traditionale Funktion der Schrift (im Unterschied zur „demokratischen“ Funktion in Griechenland) gelte „ganz gewiß für Indien und Palästina“. Allerdings hat Goody (1986: 52f) später seine ähnliche Einschätzung selbst für die sehr viel kompliziertere chinesische Ideogramm-Schrift zurückgenommen; für Indien hatte Kathleen Gough (1986) argumentiert, dass die dortige Literalitätsrate (bei aus den semitischen abgeleiteten „halbphonetischen“ Schriften) ähnlich hoch gewesen sei wie im klassischen Griechenland. Gough (1986: 144) schränkt ihr Diktum, „Gesellschaften mit einem beträchtlichen Maß an Literalität“ schienen „nicht notwendigerweise bestimmte Formen politischer Strukturen hervorzubringen“, zwar dahingehend ein, ein gewisses „Interesse an der Bewahrung von Aufzeichnungen“ und eine „Tendenz, große und komplexe politische Einheiten zu entwickeln“, würde ihnen eignen. Dass dies nicht bedeuten kann, sie neigten notwendig zur Zentralisierung, zeigt dann aber wiederum das Beispiel Griechenlands.

Es besteht also kein Grund zu der Annahme, dass ausgerechnet im Falle Israels, das sich als antistaatliche, fundamentaldemokratische Neubildung in Palästina soeben konstituierte, das aus nur 22 Zeichen bestehende semitische Schriftsystem etwa ausschließlich als in die Bundeslade „eingesperrtes“ Fragment verwendet worden wäre, wie etwa Solomon Gandz (1935: 256 und 258) meint. Dass die *Kanonisierung* der religiösen Gründungstexte erst relativ spät, nämlich im Wesentlichen nachexilisch vollzogen wurde (und dass damit auch das institutionentheoretische Problem der „exegetischen Führung“ im Zusammenhang dieses Kapitels nicht auftritt), hat die historisch-kritische AT-Forschung glaubhaft dargelegt. Inwieweit das, was schließlich kanonisiert wurde, auch auf vorstaatliche *Schrift*traditionen zurückgriff, ist schwer zu entscheiden. Dass der Kanon durchgängig *unterstellt*, die israelitische Geschichte seit Mose sei von Schriftlichkeit geprägt (von den Gesetzestafeln Jahwes am Sinai bis zum „wiederaufgefundenen“ „Gesetzbuch“, dem Deuteronomium, das im 7. Jahrhundert Anlass zur „Reform“ des Josia gibt; 2Kö 22, 8-13), sollte dabei nicht für gänzlich irrelevant erachtet werden; ebensowenig wie die „amphiktyonistische“ Einsicht, das *Bundesgesetz* sei überhaupt die wichtigste Institution des israelitischen Stämmebundes gewesen (Bright 1966: 149).

Gerade die geringe Zahl archäologischer Funde hebräischer Schriftzeugnisse aus der vorstaatlichen Epoche lässt sich übrigens als Indiz für eine „demokratische“ Schriftverwendung deuten: Schriftzeugnisse liegen als *monumentale* bzw. *herrschaftliche* nicht vor, die durch das Schreibmedium (Stein) oder die Aufbewahrungstechniken (z.B. in Palastarchiven) weit größere Chancen gehabt hätten, die Jahrtausende zu überdauern. Schon Martin Noth (1954: 45) wies darauf hin, das Schriftmedium Papyrus habe zwar in dem regenlosen Klima Ägyptens, nicht aber in Palästina Konservierungschancen gehabt.[176]

Nach diesen Erörterungen darf es als nicht zu gewagt gelten, das richterzeitliche Israel als eine *anarchistische Hochkultur* zu bezeichnen. Herrschaftsfreie Institutionen – oder besser: Institutionengefüge – sind möglich, und zwar auch außerhalb des Gegenstandsbereichs der Ethnologie. Damit bedarf auch die idealtypische Unterscheidung eines verwandtschaftlichen, segmentären Institutionentyps einerseits, eines durch personale Herrschaft gekennzeichneten hochkulturellen Institutionentyps andererseits (Rehberg u.a. 1993: 3f; Rehberg 1994: 74f), dringend der Verfeinerung. Überhaupt scheint jede *Evolutionstheorie* durch die vorgetragenen Befunde blamiert; so, wenn etwa Klaus Eders (1979: 142) Bemühungen um eine Theorie kultureller Evolution geradezu unter Bezugnahme auf die *Staatsfeinde* Clastres' die Entstehung des Staates auf die „Entstehung echter Götter“ und die „Entstehung von Gesetzen“ zurückführen; demnach hätte nirgends günstigeres Terrain für die Staatsgenese gewesen sein dürfen als im richterzeitlichen Israel.

Der gesellschaftliche Organisationsmodus „Regulierte Anarchie“ resp. „Société contre l'État“ lässt, wie sich auch im Detail – etwa in der Unterscheidung zwischen einem rein „segmentären“ Religionstyp einerseits, der israelitischen unmittelbaren Theokratie andererseits –

176 Mit diesem Argumentationsgang soll nicht abgestritten werden, dass die Schrift als ein entscheidendes Mittel der Zentralisierung von Verwaltungen, der Bürokratisierung der Regierungstätigkeit wirken kann und historisch häufig gewirkt hat. Damit sie auf diese Weise wirkt, bedarf es jedoch der Instanzen, die sie auf diese Weise nutzen können. Keineswegs werden solche Instanzen durch die Schriftlichkeit selbst notwendig produziert. – Vgl. zum Zusammenhang von „Alphabet und Demokratie“ meinen gleichnamigen Aufsatz, der 1999 in der Zeitschrift *SAECULUM* erschien.

zeigte, eine Vielzahl institutioneller Einzelregelungen in verschiedenen Sphären zu. Das betrifft nicht nur die Produktionsweise, sondern auch das kulturelle „Niveau“ der Gesellschaft.

Literaturverzeichnis „Zur zweiten Auflage“

1) Von Dritten

Amborn, Hermann, 2016: Das Recht als Hort der Anarchie. Berlin.

Breuer, Stefan, 2011: „Herrschaft“ in der Soziologie Max Webers. Wiesbaden.

Graeber, David, 2008: Frei von Herrschaft. Fragmente einer anarchistischen Anthropologie. Wuppertal.

Keim, Rolf, 1999: Wohnungsmarkt und soziale Ungleichheit. Basel.

Kellermann, Philippe, 2007: Über den aufrechten Gang im Vorgestern. Drei Geschichten über den Kampf um eine bessere Welt, in: grundrisse, zeitschrift für linke theorie & debatte.

Kößler, Reinhart, 1998: Entwicklung. Münster.

Oertzen, Peter von, 2003: Die Utopie der staats- und klassenlosen Gesellschaft, in: Loccumer Initiative kritischer Wissenschaftlerinnen und Wissenschaftler (Hg.): Mut zur konkreten Utopie. Alternativen zur herrschenden Ökonomie. Hannover, S. 13-23.

Rehberg, Karl-Siegbert: Die stabilisierende ‚Fiktionalität‘ von Präsenz und Dauer. Institutionelle Analyse und historische Forschung, in: Reinhard Blänkner und Bernhard Jussen (Hg.): Institution und Ereignis, Göttingen 1998, S.381-407.

Tschacher, Werner, 2010: Königtum als soziale Praxis. Aachen als Feld der kulturellen Realisierung von Herrschaft. Eine Verfassungsgeschichte (ca. 800-1918). Stuttgart.

2) Von den Verfassern (chronologisch)

Haude, Rüdiger, 1999: Macht und Herrschaft bei Pierre Clastres. In: Peripherie Nr. 73/74, S. 184-199.

Haude, Rüdiger, 1999: Alphabet und Demokratie. In: Saeculum, Jahrbuch für Universalgeschichte. 50. Jahrgang 1999, 1. Halbband, S. 1-28.

Wagner, Thomas, 2000: Max Webers Sicht herrschaftsfreier Gesellschaften, in: Günter Best und Reinhard Kößler (Hg.): Subjekte und Systeme. Soziologische und anthropologische Annäherungen. Festschrift für Christian Sigrist zum 65. Geburtstag. Frankfurt a.M., S. 52-60.

Haude, Rüdiger, 2000: Die Faust im Wappen. Der Turmbau zu Babel als Herrschaftschiffre. In: Günter Best und Reinhart Kößler (Hg.): Subjekte und Systeme. Soziologische und anthropologische Annäherungen. Festschrift für Christian Sigrist zum 65. Geburtstag. Frankfurt a.M., S. 61-71.

Haude, Rüdiger, 2003: Jona - von der Überflüssigkeit des Steuermanns. In: Texte & Kontexte 97, 26. Jg., S. 44-47.

Wagner, Thomas, 2004: Irokesen und Demokratie. Ein Beitrag zu Soziologie interkultureller Kommunikation. Münster.

Wagner, Thomas, 2004: Von der feministischen Ethnologie zur Genderarchäologie: Herrschaft und Herrschaftslosigkeit, in: Christian Sigrist (Hg.): Macht und Herrschaft. Veröffentlichungen zur Kultur und Geschichte des Alten Orients und des Alten Testaments, Münster, S. 85-113.

Haude, Rüdiger, 2004: Institutionalisierung von Macht und Herrschaft in antiken Gesellschaften, in: Christian Sigrist (Hg.): Macht und Herrschaft. Veröffentlichungen zur Kultur und Geschichte des Alten Orients und des Alten Testaments, Münster, S. 15-30.

Haude, Rüdiger, 2004: Geschlechterverhältnisse im biblischen Israel beim Übergang zum Staat, in: Christian Sigrist (Hg.): Macht und Herrschaft. Veröffentlichungen zur Kultur und Geschichte des Alten Orients und des Alten Testaments, Münster, S. 59-83.

Haude, Rüdiger, 2004: Fraktale und euklidische Aspekte herrschaftsfreien Zusammenlebens, in: Lutz Kirschner und Christoph Spehr (Hg.): Out of this world! reloaded. Neue Beiträge zu Science-Fiction, Politik & Utopie, Berlin, S. 156-164.

Haude, Rüdiger / Wagner, Thomas, 2004: Stichwort „Herrschaftsfreie Gesellschaft“. In: Historisch-Kritisches Wörterbuch des Marxismus. Band 6/1, Hegemonie bis Imperialismus, Berlin, Sp.135–161.

Wagner, Thomas, 2005: Der Irokesenbund als egalitäre Konsensdemokratie. Teil 1: Die Irokesen im 18. Jahrhundert, in: Graswurzelrevolution 297, S. 16–17.

Wagner Thomas, 2005: Der Irokesenbund als egalitäre Konsensdemokratie. Teil 2: Die Reservationszeit, in: Graswurzelrevolution 298, S. 10–11.

Wagner, Thomas, 2005: Ghetto-Gangs, Gramsci und die Irokesen. Die indianische Inspiration der politischen Theorie des John Brown Childs, in: Komitee für Grundrechte und Demokratie, Jahrbuch 2004/2005: Nationalstaat ohne Alternative? Köln, S. 189–202.

Wagner, Thomas, 2005: Irokesen und Demokratie. Kooperation im Konsens. Teil 1: Wie das Beispiel herrschaftsloser Gesellschaften die demokratische Bewegung der Amerikanischen Revolution inspirierte, in: junge Welt (29./30./31.10.2005), S. 10–11.

Wagner, Thomas, 2005: Irokesen und Demokratie. Hierarchiefreie Gegenmacht. Teil 2: Indianische Alternativen in Geschichte und Gegenwart sozialer Bewegungen und politischer Theorie: Suffragetten, Kommunismus und der indigene Widerstand im 21. Jahrhundert, in: junge Welt (1.11.2005), S. 10–11.

Wagner, Thomas, 2007: „Die Bundeskette polieren“ – Hybride Traditionen im politischen Denken Nordamerikas, in: Wespennest. Zeitschrift für brauchbare Texte und Bilder, Nr. 148, Wien, S. 104–108.

Wagner, Thomas, 2007: Realität der Vergangenheit, Möglichkeit der Zukunft. Georg Knepler (1906-2003) und die herrschaftslose Gesellschaft, in: Z. Zeitschrift Marxistische Erneuerung, Nr. 69, März 2007, Frankfurt a.M., S. 112–121.

Haude, Rüdiger, 2008: (mit Peter Jehle) Stichwort „Karneval“. In: Historisch-Kritisches Wörterbuch des Marxismus. Band 7/1, Kaderpartei bis Klonen, Berlin, Sp. 397-406.

Haude, Rüdiger, 2008: Frei-Beuter. Charakter und Herkunft piratischer Demokratie im frühen 18. Jahrhundert, in: Zeitschrift für Geschichtswissenschaft, 7-8/2008, S.593–616.

Wagner, Thomas, 2010: Konsens II, in: Historisch-Kritisches Wörterbuch des Marxismus, Band 7/II, Knechtschaft bis Krise des Marxismus, Hamburg, S. 1580–1589.

Wagner, Thomas, 2011: Einübung von Gleichheit. Zum Verhältnis von ästhetischer Praxis und demokratischer Partizipation in herrschaftslosen Gesellschaften, in: Thomas

Phleps und Wieland Reich (Hg.): Musik-Kontexte. Festschrift für Hanns-Werner Heister. Band 2, Münster, S. 997–1016.

Haude, Rüdiger, 2011: Coole Holzbeine. Piraten als Erfinder der modernen Sozialversicherung. In: Junge Welt, 24.8.2011, Beilage Behindertenpolitik, S.8.

Wagner, Thomas, 2012: Die Trennung überwinden. Von Demokratie, Hierarchie und Ökonomie, in: Ilija Trojanow (Hg.): Anarchistische Welten, Hamburg, S. 23–35.

Wagner, Thomas, 2012: Unterdrückung und Freiheit im Alten Testament. Das Reich Gottes. Teil 1: Eine theologische Schriftauslegung, in: junge Welt (22.12.2012), S. 10–11.

Wagner, Thomas, 2012: Unterdrückung und Freiheit im Alten Testament. Der Dornbusch als König. Teil 2: Die Perspektive der Ethnosoziologie, in: junge Welt (27.12.2012), S. 10–11.

Wagner, Thomas, 2012: Unterdrückung und Freiheit im Alten Testament. Mosaische Unterscheidung. Teil 3: Die Sicht des Ägyptologen, in: junge Welt (28.12.2012), S. 10–11.

Wagner, Thomas, 2012: Unterdrückung und Freiheit im Alten Testament. Politische Theologie. Teil 4: Die Perspektive der Rechten (29.12.2012), S. 10–11.

Wagner, Thomas, 2013: „Mit einer Stimme sprechen". Überlegungen zur politischen Aktualität des Konsensprinzips. Entwickelt am Beispiel der Irokesen (Haudenosaunee), in: Egon Flaig (Hg.): Genesis und Dynamiken der Mehrheitsentscheidung. Schriften des Historischen Kollegs, München, S. 1–19.

Haude, Rüdiger, 2013: „Ein gewisses Maß an ‚Anarchie'". Herrschaft und ihre Bestreitung an einer Staatsgrenze, in: Rüdiger Haude/Krijn Thijs (Hg.): Grenzfälle. Transfer und Konflikt zwischen Deutschland, Belgien und den Niederlanden im 20. Jahrhundert. Heidelberg, S.149–166.

Haude, Rüdiger, 2014: Derber Bauerntanz. Pierre Clastres' anthropologische Widerlegung ‚des' Marxismus, in: Philippe Kellermann (Hg.): Begegnungen feindlicher Brüder. Zum Verhältnis von Anarchismus und Marxismus in der Geschichte der sozialistischen Bewegung. Band 3, Münster, S.165–184.

Haude, Rüdiger, 2015: Anarchie im Alten Testament. Christian Sigrists soziologischer Beitrag zur Religionswissenschaft, in: junge Welt (21.3.2015), Beilage „faulheit & arbeit", S.6–7.

Wagner, Thomas, 2016: Machtrealismus und Befreiungsperspektive. Der Marxismus braucht eine Theorie herrschaftsfreier Institutionen, in: Andreas Heyer (Hg.): Wolfgang Harich in den Kämpfen seiner Zeit. Hamburg, S. 257–271.

Literaturverzeichnis „Herrschaftsfreie Institutionen“

Bibelstellen werden zitiert aus der Übersetzung Martin Luthers nach dem 1912 vom Deutschen Evangelischen Kirchenausschuss genehmigten Text (Stuttgart: Privilegierte Württembergische Bibelanstalt o.J.).

Albertz, Rainer, 1992: Religionsgeschichte Israels in alttestamentlicher Zeit. Göttingen: Vandenhoeck & Ruprecht (ATD Ergänzungsreihe Bd. 8; 2 Teilbde.).

Alt, Albrecht, 1964a: Die Staatenbildung der Israeliten in Palästina. In: ders.: Kleine Schriften zur Geschichte des Volkes Israel. Bd. 2. München: Beck. S. 1-65.

Alt, Albrecht, 1964b: Das Königtum in den Reichen Israel und Juda. In: ders.: Kleine Schriften zur Geschichte des Volkes Israel. Bd. 2. München: Beck. S. 116-134.

Archer, Ian, 1971: Nabdam Compounds, Northern Ghana. In: Paul Oliver (Hg.): Shelter in Africa. London: Barrie & Jenkins. S. 46-57

Arendt, Hannah, 1970: Macht und Gewalt. München: Piper.

Arendt, Hannah, 1994: Über die Revolution. München/Zürich.

Aristoteles, 1970: Aristoteles' Politica. Hrsg. Alois Dreizehnter. München: Fink. - Deutsch (1993) zitiert nach: Politik. Schriften zur Staatstheorie. Stuttgart: Reclam.

Assmann, Jan, 1991: Gebrauch und Gedächtnis. Die zwei Kulturen des pharaonischen Ägypten. In: Aleida Assmann und Dietrich Harth (Hg.): Kultur als Lebenswelt und Monument. Frankfurt a.M.: Fischer. S.135-152.

Assmann, Jan, 1992a: Frühe Formen politischer Mythomotorik. Fundierende, kontrapräsentische und revolutionäre Mythen. In: Dietrich Harth und Jan Assmann (Hg.): Revolution und Mythos. Frankfurt a.M.: Fischer. S. 39-61.

Assmann, Jan, 1992b: Politische Theologie zwischen Ägypten und Israel. München (Carl-Friedrich-von-Siemens-Stiftung, Themen, Nr.52).

Aufinger, Albert, 1941: Siedlungsform und Häuserbau an der Rai-Küste Neuguineas. In: Anthropos Bd. XXXV-VI., Heft 1-3, 1940-41, S. 109-130.

Balandier, Georges, 1976: Politische Anthropologie. München: dtv.

Barclay, Harold, 1990: People without Government. An Anthropology of Anarchy. London: Kahn & Averill.

Barnsley, Michael, 1988: Fractals Everywhere. San Diego.

Barreiro, José (Hg.), 1992: Indian Roots of American Democracy. Ithaca (New York), Cornell University, AKWE:KON Press.

Baudrillard, Jean, 1992: Transparenz des Bösen. Ein Essay über extreme Phänomene. Berlin.

Behrmann, W., 1918: Die Wohnstätten der Eingeborenen im Innern von Neu-Guinea. Festband Albrecht Penck. Stuttgart.

Beltz, Walter, 1990: Gott und die Götter. Biblische Mythologie. Berlin/Weimar: Aufbau.

Benevolo, Leonardo, 1990: Die Geschichte der Stadt. Frankfurt a.M./New York.

Berger, Peter L., 1988: Zur Dialektik von Religion und Gesellschaft. Elemente einer soziologischen Theorie. Frankfurt a.M.: Fischer.

Berger, Peter L. und Thomas Luckmann, 1996: Die gesellschaftliche Konstruktion von Wirklichkeit. Eine Theorie der Wissenssoziologie. Frankfurt a.M.: Fischer.

Bern, John, 1987: Is the premise of egalitarianism inequality? Mankind 17. S. 212-223.

Biermann, Barie, 1971: Indlu: The domed dwelling of the Zulu. In: Paul Oliver (Hg.): Shelter in Africa. London: Barrie & Jenkins. S. 96-105.

Blacking, John, 1987: Games and Sport in Pre-Colonial African Societies. In: William J.Baker und James A.Mangan (Hg.): Sport in Africa. Essays in Social History. New York/London: Africana Publishing Company.

Boehm, Christopher, 1993: Egalitarian Behavior and Reverse Dominance Hierarchy [Comments. Reply]. In: Current Anthropology, Jg. 34, Nr.3. S. 227-254.

Bohannan, Laura, 1952: A Genealogical Charter. In: Africa, Vol. 22. S. 301-315.

Bohannan, Paul, 1954: The Migration and Expansion of the Tiv, in: Africa, Vol. 24. S. 2-16.

Borneman, Ernest, 1984: Das Patriarchat. Ursprung und Zukunft unseres Gesellschaftssystems. Frankfurt a.M.: Fischer [zuerst 1979].

Boyer, Bryce L., 1982: Kindheit und Mythos. Eine ethno-psychoanalytische Studie der Apachen. Stuttgart: Klett-Cotta.

Brasser, Ted J., 1995: Tipibemalungen der Blackfoot. Wyk auf Foehr: Verlag für Amerikanistik.

Breuer, Stefan, 1990: Der archaische Staat. Zur Soziologie charismatischer Herrschaft. Berlin: Reimer.

Bright, John, 1966: Geschichte Israels. Von den Anfängen bis zur Schwelle des Neuen Bundes. Düsseldorf: Patmos.

Brown, Paula, 1963: From Anarchy to Satrapy. In: American Anthropologist 65. Washington. S. 1-15.

Buber, Martin, 1956: Königtum Gottes. Dritte, neu vermehrte Auflage. Heidelberg: Lambert Schneider [zuerst 1932].

Buber, Martin, 1986: Pfade in Utopia. Über Gemeinschaft und deren Verwirklichung. Darmstadt [hebr. zuerst 1947].

Bühler, Alfred, 1960: Der Platz als bestimmender Faktor von Siedlungsformen in Ostindonesien und Melanesien. In: Regio Basiliensis I-II. Basel. S. 202-212.

Caillois, Roger, 1964: Die Spiele und die Menschen. Maske und Rausch. München/Wien: Langen/Müller.

Caillois, Roger, 1988: Der Mensch und das Heilige. München/Wien: Hanser.

Carneiro, Robert L., 1981: The Chiefdom: Precursor of the State. In: Grant D. Jones und Robert R. Kautz (Hg.): The Transition to Statehood in the New World. Cambridge u.a.: Cambridge University Press. S. 37-79.

Chatelain, Martine, 1982: Berichte über Drogenkonsum im Alten und Neuen Testament. In: Rausch und Realität. Drogen im Kulturvergleich. Reinbek: Rowohlt. Bd. 2. S. 499-506.

Chesi, Gert, 1995: Architektur und Mythos. Lehmbauten in Afrika. Innsbruck: Haymon-Verlag.

Christel, Marianne, 1995: „Das weibliche Tier" – Soziobiologische Konzepte weiblicher Verhaltensweisen. In: Hede Helfrich (Hg.): Frauen zwischen Eigen- und Fremdkultur. Weiblichkeitsbilder im Spannungsfeld von Tradition und Moderne. Münster: Daedalus. S. 36-63.

Claessen, Henri J.M. und **Peter Skalník** (Hg.), 1978: The Early State. The Hague u.a.: Mouton Publ..

Clastres, Pierre, 1976: Staatsfeinde. Studien zur politischen Anthropologie. Frankfurt a.M.: Suhrkamp.

Clastres, Pierre, 1981: Freiheit - Fatalität - Namenlos. In: Unter dem Pflaster liegt der Strand 8. Berlin: Kramer. S. 85-99.

Clastres, Pierre, 1994: Zur Frage der Macht in den primitiven Gesellschaften. In: Joseph Vogl (Hg.): Gemeinschaften. Positionen zu einer Philosophie des Politischen. Frankfurt a.M.: Suhrkamp. S. 94-100.

Cohen, Ronald, 1978: State Origins: A Reappraisal. In: Claessen, Henri J.M. und Peter Skalník (Hg.): The Early State. The Hague u.a.: Mouton Publ.. S. 31-75.

Collins, Randall, 1986: Weberian Sociological Theory. Cambridge: Cambridge University Press.

Conrads, Ulrich und **Hans G. Sperlich**, 1983: Phantastische Architektur. Stuttgart: Gert Hatje.

Cooper, John M., 1949: Games and Gambling. In: Bureau of American Ethnology Bulletin, Washington D.C. Vol.5 (143). S. 503-524.

Cornfeld, G. und **G.J. Botterweck** (Hg.), 1991: Die Bibel und ihre Welt. Eine Enzyklopädie zur Heiligen Schrift in zwei Bänden. Herrsching: Pawlak.

Crüsemann, Frank, 1978: Der Widerstand gegen das Königtum. Die antiköniglichen Texte des Alten Testamentes und der Kampf um den frühen israelitischen Staat. Neukirchen-Vluyn: Neukirchener Verlag (Wissenschaftliche Monographien zum Alten und Neuen Testament, Bd. 49).

Dahrendorf, Ralf, 1961: Gesellschaft und Freiheit. München. ((...))

Dahrendorf, Ralf, 1964: Amba und Amerikaner: Bemerkungen zur These der Universalität von Herrschaft. In: Arch.Europ.Sociol., Vol.V, No.1. S. 83-98.

Dahrendorf, Ralf, 1967: Pfade aus Utopia. Arbeiten zur Theorie und Methode der Soziologie. München: Piper.

Dahrendorf, Ralf, 1972: Homo Sociologicus. Ein Versuch zur Geschichte, Bedeutung und Kritik der Kategorie der sozialen Rolle. Opladen: Westdeutscher Verlag.

Dahrendorf, Ralf, 1992: Der moderne soziale Konflikt. Essay zur Politik der Freiheit, Stuttgart: Deutsche Verlags-Anstalt.

Denker, Rolf u. **Steffen-Peter Ballstaedt**, 1976: Aggression im Spiel. Stuttgart/Berlin/Köln/Mainz: Kohlhammer.

Denyer, Susan, 1978: African Traditional Architecture. An Historical and Geographical Perspective. London: Heinemann.

Desmond, Gerald R., 1952: Gambling among the Yakima. Washington, Catholic University of America. Anthropological Series No. 14.

Devereux, George, 1950: Psychodynamics of Mohave Gambling. In: American Imago. 7. Baltimore. S. 55-65

Douglas, Mary, 1988: Reinheit und Gefährdung. Eine Studie zu Vorstellungen von Verunreinigung und Tabu. Frankfurt a.M.: Suhrkamp.

Durkheim, Emile, 1965: Die Regeln der soziologischen Methode. Hg. und eingeleitet von René König. Neuwied/Berlin : Luchterhand (frz. zuerst 1895).

Durkheim, Emile, 1992: Über soziale Arbeitsteilung. Studie über die Organisation höherer Gesellschaften. Frankfurt a.M.: Suhrkamp

Durkheim, Emile und **Marcel Mauss**, 1987: Über einige primitive Formen von Klassifikation. Ein Beitrag zur Erforschung der kollektiven Vorstellungen. In: Emile Durkheim, Schriften zur Soziologie der Erkenntnis. Frankfurt a.M. 1987. S. 169-256.

Eder, Klaus, 1979: Über Elman R. Service. Die Ursprünge des Staates und der Zivilisation. Der Prozeß der kulturellen Evolution. In: Soziologische Revue. Jg. 2. S. 135-143.

Eder, Klaus, 1980: Die Entstehung staatlich organisierter Gesellschaften. Ein Beitrag zu einer Theorie sozialer Evolution. Frankfurt a.M.: Suhrkamp.

Eder, Klaus, 1988: Die Vergesellschaftung der Natur. Studien zur sozialen Evolution der praktischen Vernunft. Frankfurt a.M.: Suhrkamp.

Eder, Klaus, 1991: Geschichte als Lernprozeß? Zur Pathogenese politischer Modernität in Deutschland. Frankfurt a.M.: Suhrkamp.

Eibl-Eibesfeldt, Irenäus, 1972: Die !Ko-Buschmann-Gesellschaft. Gruppenbindung und Aggressionskontrolle bei einem Jäger- und Sammlervolk. München: Piper.

Eichberg, Henning, 1983: Messen, Steigern, Produzieren. In: Modellversuch Journalisten-Weiterbildung d. Freien Universität Berlin (Hg.): Der Satz „Der Ball ist rund" hat eine gewisse philosophische Tiefe. Sport, Kultur, Zivilisation. Berlin: Transit. S. 37-52.

Eichberg, Henning, 1986: Zur historisch-kulturellen Relativität des Leistens in Sport und Spiel. In: Ders.: Die Veränderung des Sports ist gesellschaftlich. Die historische Verhaltensforschung in der Diskussion. Münster: Lit. S. 9-33.

Engels, Friedrich, 1990: Der Ursprung der Familie, des Privateigentums und des Staats. In: Marx, Karl und Friedrich Engels: Ausgewählte Werke, Bd. VI. Berlin: Dietz. S. 15-197 [zuerst 1884].

Engl, Lieselotte und **Theodor Engl**, 1991: Lust an der Geschichte: Die Eroberung Perus. München/Zürich: Piper.

Eisenstadt, S.N., 1987: Einleitung: Der Durchbruch zur Achsenzeit im alten Israel. In: ders. (Hg.), Kulturen der Achsenzeit. Ihre Ursprünge und ihre Vielfalt. Teil 1: Griechenland, Israel, Mesopotamien. Frankfurt a.M.: Suhrkamp. S. 185-191.

Eschenburg, Theodor, 1976: Über Autorität. Frankfurt a.M.: Suhrkamp.

Ewers, John C., 1958: The Blackfeet. Raiders on the Northwestern Plains. Norman and London: University of Oklahoma Press.

Fett, Anna (Hg.), 1996: Glück-Spiel-Sucht. Konzepte und Behandlungsmethoden. Freiburg im Breisgau: Lambertus.

Fiedermutz-Laun, Annemarie, 1983: Lehmbau in Afrika südlich der Sahara. Mit besonderer Berücksichtigung des Nigerbogens. In: Wichmann, Hans: Architektur der Vergänglichkeit. Lehmbauten der Dritten Welt. Basel/Boston/Stuttgart: Birkhäuser Verlag. S. 145-159.

Fiedermutz-Laun, Annemarie, 1992: Afrika. Traditionelle Architektur. In: Nikolaus Persner, Hugh Honour und John Fleming (Hg.): Lexikon der Weltarchitektur. Dritte, aktualisierte und erweiterte Auflage. München : Prestel (zuerst 1971).

Fink-Eitel, Hinrich, 1994: Die Philosophie und die Wilden. Über die Bedeutung des Fremden für die europäische Geistesgeschichte. Hamburg: Junius.

Firth, Raymond, 1976: Ein Speerspiel in Tikopia. Zur Soziologie des primitiven Sports. In: Günther Lüschen und Kurt Weis (Hg.): Die Soziologie des Sports. Darmstadt/Neuwied: Luchterhand. S. 103-114.

Fischer, Hans, 1961: Spiele der Wotut (Ost-Neuguinea). In: Beiträge zur Völkerforschung. Hans Damm zum 65. Geburtstag (herausgegeben v. Museum für Völkerkunde Leipzig). Berlin: Akademie-Verlag. S. 141-152.

Flannery, Regina und **Cooper, John M.**, 1946: Social Mechanisms in Gros Ventre Gambling. In: Southwestern Journal of Anthropology. Albuquerque. N.M. 2. S. 391-419.

Flitner, Andreas, 1994: Nachwort. In: Johan Huizinga, Homo Ludens. Reinbek bei Hamburg: Rowohlt. S. 232-238.

Fortes, Meyer, 1949: The web of kinship among the Tallensi. London.

Fortes, Meyer, 1973: Die Struktur der unilinearen Deszendenzgruppen, in: Klaus Eder (Hg.), Seminar: Die Entstehung von Klassengesellschaften. Frankfurt a.M. S. 272-287.

Fortes, Meyer und **Edward Evans-Pritchard**, 1940: Introduction. In: Dies. (Hg.): African Political Systems. London u.a. S. 1-23.

Foucault, Michel, 1988: (Interview) „Machtbeziehungen". In: Schwarzer Faden. Vierteljahresschrift für Lust und Freiheit. Nr.29, 4/88. S. 32-34.

Fox, J.R., 1976: Pueblo Baseball: Alte Zauberei in neuem Gewand. In: Günther Lüschen und Kurt Weis (Hg.): Die Soziologie des Sports. Darmstadt/Neuwied: Luchterhand. S. 190-200.

Fraser, Douglas, 1968: Village Planning in the Primitive World. New York: Braziller.

Freud, Sigmund, 1982: Der Mann Moses und die monotheistische Religion: Drei Abhandlungen. In: ders.: Studienausgabe, Bd. IX. Frankfurt a.M.: Fischer. S. 459-581.

Fried, Morton H., 1967: The Evolution of Political Society. An Essay in Political Anthropology. New York: Random House.

Füchtenschneider, Ilona, 1996: Gewinner und Verlierer. In: Anna Fett (Hg.): Glück-Spiel-Sucht. Konzepte und Behandlungsmethoden. Freiburg im Breisgau: Lambertus. S. 77-89.

Gandz, Solomon, 1935: Oral Tradition in the Bible. In: Jewish Studies in Memory of George A. Kohut. Ed. by Salo W. Baron and Alexander Marx. New York: The Alexander Kohut Memorial Foundation.

Garve, Roland und **Wolf Jesco von Puttkamer** (Hg.), 1995: Indianer am Amazonas. Südamerikas Ureinwohner zwischen Isolation, Integration und Untergang. Adliswil: Tanner.

Gehlen, Arnold, 1986a: Der Mensch. Seine Natur und seine Stellung in der Welt. Wiesbaden: Aula.

Gehlen, Arnold, 1986b: Urmensch und Spätkultur. Philosophische Ergebnisse und Aussagen. Wiesbaden: Aula.

Gehlen, Arnold, 1986c: Moral und Hypermoral. Eine pluralistische Ethik, Wiesbaden (zuerst 1969).

Giddens, Anthony, 1984: Interpretative Soziologie. Frankfurt a.M./New York.

Girard, René, 1994: Das Heilige und die Gewalt. Frankfurt a.M.: Fischer.

Glück, J.F., 1956: Afrikanische Architektur. In: Tribus VI, Stuttgart. S. 65-82.

Goffman, Erving, 1973: Interaktion: Spaß am Spiel. Rollendistanz. München: Piper.

Goodale, Jane C., 1987: Gambling is Hard Work: Card Playing in Tiwi Society. In: Oceania, Vol. 58 (1987/88). S. 6-21.

Goody, Jack, 1986: Funktionen der Schrift in traditionalen Gesellschaften. In: Jack Goody, Ian Watt und Kathleen Gough, Entstehung und Folgen der Schriftkultur. Frankfurt a.M.: Suhrkamp. S. 25-61.

Goody, Jack, 1990: Die Logik der Schrift und die Organisation von Gesellschaft. Frankfurt a.M.

Goody, Jack und **Ian Watt**, 1986: Konsequenzen der Literalität. In: Jack Goody, Ian Watt und Kathleen Gough, Entstehung und Folgen der Schriftkultur. Frankfurt a.M.: Suhrkamp. S. 63-122.

Gough, Kathleen, 1986: Implikationen der Literalität im traditionalen China und Indien. In: Jack Goody, Ian Watt und Kathleen Gough: Entstehung und Folgen der Schriftkultur, Frankfurt a.M. S. 123-145.

Göttner-Abendroth, Heide, 1991: Das Matriarchat II,I. Stammesgesellschaften in Ostasien, Indonesien, Ozeanien. Stuttgart/Berlin/Köln: Kohlhammer.

Gregersen, Hal und **Lee Sailer**, 1993: Chaos Theory and Its Implications for Social Science Research. In: Human Relations. 46. S. 777-802.

Grohs, Elizabeth, 1994: Geschichte und Gesellschaft der Makonde. In: Kunst aus Afrika. Meisterhafte Ebenholzskulpturenkunst aus Tansania (Ausstellungskatalog: Kulturhistorisches Museum Merseburg).

Groß, Walter, 1987: Israels Hoffnung auf die Erneuerung des Staates. In: Josef Schreiner (Hg.), Unterwegs zur Kirche. Alttestamentliche Konzeptionen. Freiburg u.a.: Herder. S. 87-122.

Guidoni, Enrico, 1976: Architektur der primitiven Kulturen. Mailand/Stuttgart: Electra/Belser.

Gusinde, M., 1931: Die Feuerland-Indianer. Bd. 1: Die Selk'nam. Vom Leben und Denken eines Jägervolkes auf der großen Feuerlandinsel. Mödling bei Wien: Anthropos.

Gympel, Jan, 1996: Geschichte der Architektur. Von der Antike bis Heute. Köln: Krönemann.

Habermas, Jürgen, 1976a: Zum Theorienvergleich in der Soziologie: am Beispiel der Evolutionstheorie. In: ders.: Zur Rekonstruktion des Historischen Materialismus. Frankfurt a.M.: Suhrkamp. S. 129-143.

Habermas, Jürgen, 1976b: Zur Rekonstruktion des Historischen Materialismus. In: ders.: Zur Rekonstruktion des Historischen Materialismus. Frankfurt a.M.: Suhrkamp. S. 144-199.

Habermas, Jürgen, 1988: Theorie des kommunikativen Handelns. 2 Bde. Frankfurt a.M.: Suhrkamp (zuerst 1981).

Habermas, Jürgen, 1992: Faktizität und Geltung. Beiträge zur Diskurstheorie des Rechts und des demokratischen Rechtsstaats. Frankfurt a.M.: Suhrkamp.

Hagemann, Carl, 1919: Spiele der Völker. Eindrücke und Studien auf einer Weltfahrt nach Afrika und Ostasien. Berlin: Schuster & Loeffler.

Hallpike, Christopher Robert, 1990: Die Grundlagen primitiven Denkens. München/Stuttgart: dtv/Klett-Cotta [engl. zuerst 1979].

Hartfiel, Günter und **Karl-Heinz Hillmann**, 1982: Wörterbuch der Soziologie. Stuttgart: Kröner.

Haselberger, Herta, 1964: Bautraditionen der westafrikanischen Negerkulturen. Eine völkerkundliche Kunststudie. Wien: Herder.

Haude, Rüdiger, 1994: Dynamiken des Beharrens. Die Geschichte der Selbstverwaltung der RWTH Aachen seit 1945. Ein Beitrag zur Theorie der Reformprozesse. Aachen: Alano.

Haude, Rüdiger und **Thomas Wagner**, 1996: Institutionelle Staatsverhinderung. Abschlußbericht des Forschungsprojekts „Unverfügbarkeit und Reflexivität" an die DFG. Aachen/Dresden.

Hegel, Georg Wilhelm Friedrich, 1976: Grundlinien der Philosophie des Rechts oder Naturrecht und Staatswissenschaft im Grundrisse. Stuttgart: Reclam.

Heider, Karl G., o.J.: From Javanese to Dani: The Translation of a Game. In: Phillips Stevens (Hg.): Studies in Anthropology of Play: Papers in Memory of B. Allan Tindall. West Point, N.Y.: Leisure Press. S. 72-81.

Hein, Simeon, 1995: From Weber to Mandelbrot: Temporal Rationalization and the Fractal Flattening Effect. In: Technological Forecasting and Social Change. 48. S. 189-210.

Hobbes, Thomas, o.J.: Leviathan. Or the Matter, Forme and Power of a Commonwealth Ecclesiasticall and Civil. Ed. by Michael Oakeshott. New York: Collier [zuerst 1651].

Höffe, Ottfried, 1987: Politische Gerechtigkeit. Grundlegung einer kritischen Philosophie von Recht und Staat. Frankfurt a.M.: Suhrkamp.

Horkheimer, Max und **Theodor W. Adorno**, 1981: Dialektik der Aufklärung. Philosophische Fragmente. Frankfurt a.M.: Fischer [zuerst 1947].

Hornung, Rick, 1991: One nation under the gun. New York: Pantheon Books.

Huizinga, Johan, 1994: Homo Ludens. Vom Ursprung der Kultur im Spiel. Reinbek bei Hamburg: Rowohlt 1994.

Hume, David, 1964: Essay XII. - Of the Original Contract. In: ders.: The Philosophical Works. Ed. by T.H. Green and T.H. Grose. Vol. 3. Aalen: Scientia. S. 443-460.

Hungry Wolf, Beverly, 1997: Die weisen Frauen der Indianer. Bern/München/ Wien: Scherz.

Hye-Kerkdal, K., 1956: Wettkampfspiel und Dualorganisation bei den Timbira Brasiliens. In: Die Wiener Schule der Völkerkunde. FS, Wien. S. 504-533.

Izikowitz, K.G., 1943: The Community House of the Lamet. In: Ethnos Vol. VIII. S. 19-60.

James, Alice Calligan, 1949: Village Arrangement and Social Organization Among Some Amazon Tribes. New York, N.Y.

Jaspers, Karl, 1947: Von der Wahrheit. München : Piper (Philosophische Logik, Bd. 1).

Jensen, Ad.E., 1960: Mythos und Kult bei Naturvölkern. Wiesbaden: Franz Steiner.

Jensen, Hans, 1969: Die Schrift in Vergangenheit und Gegenwart. Reprint der 3. Auflage. Berlin: VEB Deutscher Verlag der Wissenschaften.

Joas, Hans, 1992a: Die Kreativität des Handelns. Frankfurt a.M.: Suhrkamp.

Joas, Hans, 1992b: Rollen- und Interaktionstheorien in der Sozialisationsforschung. In: ders.: Pragmatismus und Gesellschaftstheorie. Frankfurt a.M.: Suhrkamp. S.250-280.

Jünger, Friedrich Georg, 1953: Die Spiele. Ein Schlüssel zu ihrer Bedeutung. Frankfurt a.M.: Vittorio Klostermann.

Kadatz, Hans Joachim, 1994: Seemanns Lexikon der Architektur. Leipzig: Seemann.

Kallscheuer, Otto, 1993: Ein amerikanischer Gesellschaftskritiker. Michael Walzers kommunitärer Liberalismus, in: Michael Walzer: Kritik und Gemeinsinn. Drei Wege der Gesellschaftskritik. Frankfurt a.M. S. 127-167.

Kamphausen, Hans, 1972: Traditionelle Leibesübungen bei autochtonen Völkern. In: Horst Üeberhorst (Hg.): Geschichte der Leibesübungen. Bd. 1, Berlin/München/Frankfurt a.M.: Bartels & Wernitz S. 64-109.

Karsten, Rafael, 1930: Ceremonial Games of the South American Indians. In: Commentationes Humanarum Litterarum. 13 (2). S. 3-38.

Kerbs, Diethart, 1970: Das Ritual und das Spiel – über eine politische Dimension der ästhetischen Erziehung. In: Ästhetik und Kommunikation. Beiträge zur politischen Erziehung. Jahrgang 1. Heft 1.

Klotz, Heinrich, 1991: Von der Urhütte zum Wolkenkratzer. Geschichte der gebauten Umwelt. München: Prestel.

Koch, Wilfried, 1994: Baustilkunde: Das Standardwerk zur europäischen Baukunst von der Antike bis zur Gegenwart. München: Orbis.

Kohl, Karl-Heinz, 1986: Entzauberter Blick. Das Bild vom Guten Wilden. Frankfurt a.M.: Suhrkamp.

Kostof, Spiro, 1992/93/93: Geschichte der Architektur. 3 Bde. Stuttgart: Deutsche Verlags-Anstalt.

Kramer, Fritz, 1987: Ritual. In: Bernhard Streck (Hg.): Wörterbuch der Ethnologie. Köln: DuMont. S. 181-183.

Kunst-Brockhaus, 1983. Wiesbaden: Brockhaus.

Lang, Bernhard, 1984: Spione im Gelobten Land: Ethnologen als Leser des Alten Testaments. In: KZfSS Sonderheft 26: Ethnologie als Sozialwissenschaft. S. 158-177.

Lang, Bernhard, 1985: Introduction: Anthropology as a New Model for Biblical Studies. In: ders. (Hg.): Anthropological Approaches to the Old Testament. Philadelphia/London: Fortress Press/SPCK (Issues in Religion and Theology 8). S. 1-20.

Lanternari, Vittorio, o.J.: Religiöse Freiheits- und Heilsbewegungen unterdrückter Völker. Darmstadt/Neuwied.

Laycock, Donald C., 1972: Gambling. In: Ryan, Peter (Hg.): Encyclopedia of Papua and New Guinea 1. Guinea. S. 475-478.

Laycock, Donald C., o.J.a: Three Native Card Games of New Guinea and their european ancestors. In: Oceania 37. Sydney. S. 49-53.

Laycock, Donald C., o.J.b: Lucky: Additional reflections on a native card game in New Guinea. In: Oceania 38. Sydney. S. 44-55.

Leacock, Eleanor, 1986: Women, Power and Authority. In: Leela Dube, Eleanor Leacock und Shirley Ardener (Hg.): Visibility and Power. Essays on Women in Society and Development. Delhi: Oxford University Press. S. 107-135.

Lenk, Kurt, 1984: Gewalt, Macht und Gesetz. Auf dem Weg zur Relativierung von Herrschaft. In: Herbert Wendt und Norbert Loacker (Hg.): Kindlers Enzyklopädie. Der Mensch. Band VIII. Zürich: Kindler. S. 86-107.

Lenz, Ilse, 1990: Geschlechtssymmetrische Gesellschaften. Neue Ansätze nach der Matriarchatsdebatte. In: Ilse Lenz u. Ute Luig (Hg.): Frauenmacht ohne Herrschaft. Berlin: Orlanda Frauenverlag. S. 17-74.

Lévi-Strauss, Claude, 1962: Das wilde Denken. Frankfurt a.M.: Suhrkamp

Lévi-Strauss, Claude, 1972: „Primitive“ und „Zivilisierte“. Nach Gesprächen aufgezeichnet von Georges Charbonnier. Zürich.

Lévi-Strauss, Claude, 1989: Traurige Tropen. Frankfurt a.M.: Suhrkamp.

Lévi-Strauss, Claude, 1992: Die elementaren Strukturen der Verwandtschaft. Frankfurt a.M.: Suhrkamp.

Levin, Michael D., 1971: House Form and Social Structure in Bakosi. In: Paul Oliver (Hg.): Shelter in Africa. London: Barrie & Jenkins. S. 143-152.

Leyenaar, Ted J.J. u. **Gerard W. van Bussel**, 1994: Das Ballspiel der Maya. In: Eva u. Arne Eggebrecht, Nikolai Grube (Hg.): Die Welt der Maya. Mainz: Philipp von Zabern. S. 177-196.

Lohfink, Norbert, 1987: Der Begriff des Gottesreichs vom Alten Testament her gesehen. In: Josef Schreiner (Hg.), Unterwegs zur Kirche. Alttestamentliche Konzeptionen. Freiburg u.a.: Herder. S. 33-86.

Luckmann, Thomas, 1992: Theorie des sozialen Handelns. Berlin/New York: de Gruyter.

Luhmann, Niklas, 1972: Rechtssoziologie. Reinbek bei Hamburg: Rowohlt.

Luhmann, Niklas, 1975: Macht. Stuttgart: Enke.

Luhmann, Niklas, 1987: Soziale Systeme. Grundriß einer allgemeinen Theorie. Frankfurt a.M.: Suhrkamp.

Luhmann, Niklas, 1997: Die Gesellschaft der Gesellschaft, 2 Bde. Frankfurt a.M.

Luig, Ute, 1995: Sind egalitäre Gesellschaften auch geschlechtsegalitär? Untersuchungen zur Geschlechterbeziehung in afrikanischen Wildbeutergesellschaften. In: Ilse Lenz u. Ute Luig (Hg.): Frauenmacht ohne Herrschaft. Geschlechterverhältnisse in nichtpatriarchalischen Gesellschaften. Frankfurt a.M.: Fischer. S. 88-169.

Macfarlan, Allan u. **Paulette Macfarlan**, 1985: Handbook of American Indian Games. New York: Dover Publications.

Maclean, Neil, 1984: Is Gambling „Bisnis“?: The Economic and Political Functions of Gambling in the Jimi Valley. In: Social Analysis 16. Adelaide. S. 44-59.

Major, Máté, 1984: Geschichte der Architektur. Bd. 1. Berlin (Ost), Henschelverlag.

Malamat, Abraham, 1973: Tribal Societies: Biblical Genealogies and African Lineage Systems, in: Arch. Europ. Sociol. 14. S. 126-136.

Malamat, Abraham, 1981: Charismatische Führung im Buch der Richter. In: Wolfgang Schluchter (Hg.): Max Webers Studie über das antike Judentum. Interpretation und Kritik. Frankfurt a.M.: Suhrkamp. S. 110-133.

Mandelbrot, Benoît B., 1991: Die fraktale Geometrie der Natur, Basel/Boston/ Berlin.

Mann, Michael, 1984: The Autonomous Power of the State: Its Origins, Mechanisms and Results, In: Archives Européennes de Sociologie XXV. S. 185-213.

Mann, Michael, 1990: Geschichte der Macht 1. Von den Anfängen bis zur Griechischen Antike. Frankfurt a.M./New York: Campus [engl. zuerst 1986].

McLuhan, Marshall, 1995: Die magischen Kanäle. Understanding Media. Basel/Dresden: Verlag der Kunst.

Mead, George Herbert, 1995: Geist, Identität und Gesellschaft. Frankfurt a.M.: Suhrkamp.

Mecklenburg, Jens (Hg.), 1996: Handbuch Deutscher Rechtsextremismus. Berlin: Elefanten Press.

Metzger, Martin, 1977: Probleme der Frühgeschichte Israels. In: Verkündigung und Forschung. Beihefte zu „Evangelische Theologie". 1/77. S. 30-43.

Meyer, Gerhard, 1996: Pathologisches Glücksspiel: Stand der Forschung. In: Fett, Anna (Hg.): Glück-Spiel-Sucht. Konzepte und Behandlungsmethoden. Freiburg im Breisgau: Lambertus. S. 12-22.

Michel, Karl Markus, 1969: Herrschaftsfreie Institutionen? Sieben Thesen über die Unmöglichkeit des Möglichen. In: Kursbuch 19. S. 163-195.

Middleton, John und **David Tait** (Hg.), 1967: Tribes Without Rulers. Studies in African Segmentary Systems. London: Routledge & Kegan (zuerst 1958).

Millar, Susanna, 1973: Psychologie des Spiels. Ravensburg: Otto Maier.

Mitchel, William E., 1978: On keeping equal: polity and reciprocity among the New Guinea Wape. Anthropological Quarterly 51. S. 5-15.

Mitchel, William E., 1988: The defeat of hierarchy: Gambling as Exchange in a Sepik society. In: Am. Ethno. 4. S. 638-657.

Morgan, Lewis, H., 1968: League of the Ho-De'-No-Sau-Nee or Iroquois (Vol.1). New York: Burt Franklin.

Morgan, Lewis H., 1965: Houses and House-Life of the American Aborigines. Chicago/London: The University of Chicago Press.

Müller, Werner und **Gunther Vogel**, 1987: Dtv-Atlas zur Baukunst. Bd. 1: Allgemeiner Teil. Baugeschichte von Mesopotamien bis Byzanz. Bd. 2: Baugeschichte von der Romantik bis zur Gegenwart. München: dtv.

Nabokov, Peter und **Robert Easton**, 1989: Native American Architecture. New York/ Oxford.

Neu, Rainer, 1989: Die Bedeutung der Ethnologie für die alttestamentliche Forschung. In: Sigrist, Christian und Rainer Neu (Hg.), Ethnologische Texte zum Alten Testament. Band 1. Vor- und Frühgeschichte Israels. Neukirchen-Vluyn: Neukirchener Verlag. S. 11-26.

Neu, Rainer, 1992: Von der Anarchie zum Staat. Entwicklungsgeschichte Israels vom Nomadentum zur Monarchie im Spiegel der Ethnosoziologie. Neukirchen-Vluyn.

Nikiprowetzky, V., 1975: Ethical Monotheism. In: Daedalus, Vol.104, 2: Wisdom, Revelation, and Doubt. Perspectives on the First Millennium B.C. S. 69-89.

Nippel, Wilfried, 1990: Griechen, Barbaren und „Wilde“. Alte Geschichte und Sozialanthropologie. Frankfurt a.M.: Fischer

Noth, Martin, 1954: Geschichte Israels. Zweite, verbesserte Auflage. Göttingen: Vandenhoeck & Ruprecht.

Olbrich, Harald u.a. (Hg.), 1987: Lexikon der Kunst: Architektur, bildende Kunst, angewandte Kunst, Industrieformgestaltung, Kunsttheorie. Leipzig: Seemann.

Orlick, Terry, o.J.: Zusammen Gewinnen und Lernen. Alternativen zum Konkurrenzwahn. Ettlingen: Ettlinger Verlag.

Oxendine, Joseph B., 1995: American Indian Sports Heritage. Lincoln and London: University of Nebraska Press.

Parsons, Talcott, 1963: On the Concept of Political Power. In: Proceedings of the American Philosophical Society. Vol.107. No.3. S. 232-262.

Paul, Sigrid, 1971: Afrikanische Kreiseltypen und Kreiselspiele. Veröffentlichungen aus dem Übersee-Museum in Bremen. Reihe B. 2. Heft 4. S. 237-272.

Pern, Stephen, 1982: Maskentänzer von Westafrika. Die Dogon. Amsterdam: Time-Life Books.

Persner, Nikolaus, Hugh Honour und **John Fleming** (Hg.), 1992: Lexikon der Weltarchitektur. Dritte, aktualisierte und erweiterte Auflage. München: Prestel (zuerst 1971).

Plessner, Helmuth, 1974: Die Emanzipation der Macht. In: ders.: Diesseits der Utopie. Ausgewählte Beiträge zur Kultursoziologie. Frankfurt a.M.: Suhrkamp S. 190-209.

Pospísil, Leopold, 1982: Anthropologie des Rechts. Recht und Gesellschaft in archaischen und modernen Kulturen. München: Beck.

Powers, William K., 1982: Oglala Religion. Lincoln/London: University of Nebraska Press.

Prussin, Labelle, 1969: Architecture in Northern Ghana. A Study of Forms and Functions. Berkeley u. Los Angeles: University of California Press.

Rapoport, Amos, 1969: House Form and Culture. Englewood Cliffs (N.J.): Prentice-Hall.

Rehberg, Karl-Siegbert, 1973: Ansätze zu einer perspektivischen Soziologie der Institutionen. Phil. Diss. Aachen.

Rehberg, Karl-Siegbert, 1988: Das Bild des Judentums in der frühen deutschen Soziologie. „Fremdheit" und „Rationalität" als Typusmerkmale bei Werner Sombart, Max Weber und Georg Simmel. In: Hans Otto Horch (Hg.), Judentum, Antisemitismus und europäische Kultur. Tübingen: Francke. S. 151-186.

Rehberg, Karl-Siegbert, 1990: Eine Grundlagentheorie der Institutionen: Arnold Gehlen. Mit systematischen Schlußfolgerungen für eine Institutionentheorie. In: Gerhard Göhler (Hg.): Die Rationalität politischer Institutionen. Interdisziplinäre Perspektiven. Baden-Baden: Nomos. S. 115-144.

Rehberg, Karl-Siegbert, 1994: Institutionen als symbolische Ordnungen. Leitfragen und Grundkategorien zur Theorie und Analyse institutioneller Mechanismen. In: Gerhard Göhler (Hg.): Die Eigenart der Institutionen. Zum Profil politischer Institutionentheorie. Baden-Baden: Nomos. S. 47-84.

Rehberg, Karl-Siegbert, 1995: Die Öffentlichkeit der Institutionen. Grundbegriffliche Überlegungen im Rahmen der Theorie und Analyse institutioneller Mechanismen. In: Gerhard Göhler (Hg.): Macht der Öffentlichkeit – Öffentlichkeit der Macht. Baden Baden: Nomos. S. 181-211.

Rehberg, Karl-Siegbert, Rüdiger Haude, Ulrich Hofmann, Alfred Schobert und **Thomas Wagner**, 1993: Zwischenbericht des DFG-Projektes „Unverfügbarkeit und Reflexivität". Manuskript, Aachen.

Renfrew, Colin, 1979: Transformations, in: Ders. und Kenneth L. Cooke (Hg.): Transformations. Mathematical Approaches to Cultural Change. New York/San Francisco/London 1979. S. 3-44.

Riches, David, 1974: Cash, Credit and Gambling in a modern Eskimo economy, Man (NS) 10. London. S. 21-33.

Roberts, Chris, 1992: Powwow Country. Helena (MT): American & World Geographic Publishing.

Roberts, John M. und **Brian Sutton-Smith**, 1962: Child training and game involvement. In: Ethnology 1. S. 156-185.

Roberts, John M. und **Brian Sutton-Smith**, 1966: Cross-Cultural Correlates of Games of Chance. In: Behavior Science Notes 3. S. 131-144.

Roberts, John M., Brian Sutton-Smith und **Adam Kendon**, 1975: Strategie in Spielen und Sagen. In: Texte zur Soziologie des Sports. Sammlung fremdsprachiger Beiträge. Schorndorf bei Stuttgart: Hofmann. S. 131-146.

Roberts, Simon, 1981: Ordnung und Konflikt. Eine Einführung in die Rechtsethnologie. Stuttgart: Klett.

Rödel, Ulrich, Günter Frankenberg und **Helmut Dubiel**, 1989: Die demokratische Frage. Ein Essay. Frankfurt a.M.: Suhrkamp.

Rousseau, Jean-Jacques, 1983: Vom Gesellschaftsvertrag oder Grundsätze des Staatsrechts. Stuttgart: Reclam.

Rousseau, Jean-Jacques, 1984: Diskurs über den Ursprung der Ungleichheit unter den Menschen. Discours sur l'inegalité. Kritische Ausgabe des integralen Textes (ed. Heinrich Meier). Paderborn u.a.: Schöningh (UTB).

Sahlins, Marshall D., 1961: The Segmentary Lineage: An Organization of Predatory Expansion. In: American Anthropologist, 63. S. 322-345.

Sahlins, Marshall D., 1972: Stone Age Economics. London.

Sahlins, Marshall D., 1981: Kultur und praktische Vernunft. Frankfurt a.M.: Suhrkamp.

Sbrzesny, Heide, 1976: Die Spiele der !Ko-Buschleute. Unter besonderer Berücksichtigung ihrer sozialisierenden und gruppenbindenden Funktionen. München/Zürich: Piper.

Schäfer, Christa, 1981: Stadtstaat und Eidgenossenschaft. Max Webers Analyse der vorexilischen Gesellschaft. In: Wolfgang Schluchter (Hg.): Max Webers Studie über das antike Judentum. Interpretation und Kritik. Frankfurt a.M.: Suhrkamp. S. 78-109.

Schäfer-Lichtenberger, Christa, 1983: Stadt und Eidgenossenschaft im Alten Testament. Eine Auseinandersetzung mit Max Webers Studie „Das antike Judentum". Berlin/New York: de Gruyter (Beiheft zur Zeitschrift für die alttestamentliche Wissenschaft. 156).

Schäfer-Lichtenberger, Christa, 1995: Josua & Salomo. Eine Studie zu Autorität & Legitimität des Nachfolgers im Alten Testament. Leiden u.a.: Brill.

Schlesier, Erhard, 1953: Die Erscheinungsformen des Männerhauses und das Klubwesen in Mikronesien. The Hague: Mouton & Co.

Schluchter, Wolfgang, 1988: Einleitung. Religion, politische Herrschaft, Wirtschaft und bürgerliche Lebensführung: Die okzidentale Sonderentwicklung. In: ders. (Hg.), Max Webers Sicht des okzidentalen Christentums. Interpretation und Kritik. Frankfurt a.M.: Suhrkamp. S. 11-128.

Schmied-Kowarzik, W., 1971: Die Entstehung von Herrschaft und Staat. In: Anthropos 66. Freiburg. S. 559-568.

Schmitt, Carl, 1991: Der Begriff des Politischen. Berlin: Duncker & Humblot.

Schmitz, Carl A., 1955: Balam. Der Tanz- und Kultplatz in Melanesien als Versammlungsort und mimischer Schauplatz. Emsdetten: Lechte.

Schoeck, Helmut, 1969: Kleines Soziologisches Wörterbuch. Freiburg: Herder.

Schottroff, Willy, 1974: Soziologie und Altes Testament. In: Verkündigung und Forschung. Beihefte zu „Evangelische Theologie". 2/74. S. 46-66.

Schroer, Silvia, 1992: Die Samuelbücher (Neuer Stuttgarter Kommentar AT 7). Stuttgart: Verlag Katholisches Bibelwerk.

Schroer, Silvia, 1995: Auf dem Weg zu einer feministischen Rekonstruktion der Geschichte Israels. In: Luise Schottroff, Silvia Schroer und Marie-Theres Wacker, Feministische Exegese. Forschungserträge zur Bibel aus der Perspektive von Frauen. Darmstadt: Wissenschaftliche Buchgesellschaft. S. 81-172.

Schumacher, Irene, 1972: Gesellschaftsstruktur und Rolle der Frau. Das Beispiel der Irokesen. Berlin: Duncker & Humblot.

Service, Elman, 1977: Ursprünge des Staates und der Zivilisation. Der Prozeß der kulturellen Evolution. Frankfurt a.M.: Suhrkamp.

Sigrist, Christian, 1964: Die Amba und die These der Universalität von Herrschaft. Eine Erwiderung auf einen Aufsatz von Ralf Dahrendorf. In: Archives Européenne de Sociologie V. S. 272-276.

Sigrist, Christian, 1983: Gesellschaften ohne Staat und die Entdeckungen der social anthropology. In: ders. und Fritz Kramer (Hg.): Gesellschaften ohne Staat. Bd. 1. Frankfurt a.M. S. 28-44.

Sigrist, Christian, 1984: Regulierte Anarchie. Eine Anthropologie herrschaftsfreien Zusammenlebens. In: Herbert Wendt u. Norbert Loacker (Hg.): Kindlers Enzyklopädie „Der Mensch“. 10 Bde. München. Bd. 8, S. 108-125.

Sigrist, Christian, 1994: Regulierte Anarchie. Untersuchungen zum Fehlen und zur Entstehung politischer Herrschaft in segmentären Gesellschaften Afrikas. Hamburg: Europäische Verlagsanstalt [zuerst 1967].

Sigrist, Christian, 1997: Kritische Implikationen des Konzepts „Ethnizität als Selbstorganisation“. Manuskript, Münster 1997.

Sigrist, Christian und **Rainer Neu** (Hg.), 1989: Ethnologische Texte zum Alten Testament. Band 1, Vor- und Frühgeschichte Israels. Neukirchen-Vluyn: Neukirchener Verlag.

Silberbauer, George B., 1972: The G/wi Bushmen. In: M.G. Bicchieri (Hg.): Hunters and Gatherers today. A Socioeconomic Study of Eleven Such Cultures in the Twentieth Century. Holt: Rinehart und Winston.

Southall, Aidan W., 1970: Alur Society. A Study in Processes and Types of Domination. Nairobi u.a.: Oxford University Press.

Stagl, Justin, 1970: Demokratie in Geschlossenen Gesellschaften (Acta Ethnologica Et Linguistica Nr. 17). Wien.

Stagl, Justin, 1974: Die Morphologie segmentärer Gesellschaften. Dargestellt am Beispiel des Hochlandes von Neuguinea. Meisenheim am Glan: Anton Hahn.

Stagl, Justin, 1988: Politikethnologie. In: Hans Fischer (Hg.): Ethnologie. Einführung und Überblick. Berlin: Reimer.

Stierlin, Henri, 1994: Enzyklopädie der Weltarchitektur. Köln: Taschen.

Sutton-Smith, Brian, 1976: The Study of Games. An Anthropological Approach. In: Roland Renson, Pierre Paul De Nayer u. Michel Ostyn (Hg.): The History the Evolution and Diffusion of Sports and Games in different Cultures. HISPA.

Sutton-Smith, Brian, 1978: Die Dialektik des Spiels. Schorndorf: Hofmann.

Tadmor, Hayim, 1968: „The People“ and the Kingship in Ancient Israel: The Role of Political Institutions in the Biblical Period. In: Journal of World History (Cahiers d'histoire mondiale). 11. S. 46-68.

Taylor, Michael, 1982: Community, Anarchy and Liberty. Cambridge University Press.

Theissen, Gerd, 1988: Tradition und Entscheidung. Der Beitrag des biblischen Glaubens zum kulturellen Gedächtnis. In: Jan Assmann und Tonio Hölscher (Hg.): Kultur und Gedächtnis. Frankfurt a.M.: Suhrkamp. S. 170-196.

Thomas von Aquin, 1994: Über die Herrschaft der Fürsten. Stuttgart: Reclam.

Turnbull, Colin M., 1982: The ritualization of potential conflict among the Mbuti. In: Eleanor Leacock und Richard Lee (Hrsg.): Politics and history in band societies. Cambridge University Press 1982.

Uffenheimer, Benjamin, 1987: Mythos und Realität im alten Israel. In: Eisenstadt, S.N. (Hg.): Kulturen der Achsenzeit. Ihre Ursprünge und ihre Vielfalt. Teil 1: Griechenland, Israel, Mesopotamien. Frankfurt a.M.: Suhrkamp. S. 192-232.

Vajda, László, 1992: Symbolik der Architektur. In: Nikolaus Persner, Hugh Honour und John Fleming (Hg.): Lexikon der Weltarchitektur. Dritte, aktualisierte und erweiterte Auflage. München: Prestel (zuerst 1971).

Veerkamp, Ton, 1983: Die Vernichtung des Baal. Auslegung der Königsbücher (1.17 - 2.11). Stuttgart: Alektor.
Veerkamp, Ton, 1993: Autonomie und Egalität. Ökonomie, Politik und Ideologie in der Schrift. Berlin: Alektor.

Voges, Jürgen, 1997: Bingo-Spiele tun der Umwelt gut. In: die tageszeitung (taz), 18.6.97. S. 6.

Vogt, Adolf Max, 1974: Russische und französische Revolutions-Architektur 1917/1789. Zur Einwirkung des Marxismus und des Newtonismus auf die Bauweise. Köln: DuMont Schauberg.

Wagner, Roy, 1991: The Fractal Person, in: Maurice Godelier und Marilyn Strathern (Hg.), Big Men and Great Men. Personifications of Power in Melanesia. Cambridge u.a. S. 159-173.

Wagner, Thomas, 1997a: Von der Suche nach der Anarchie in der Geschichte und herrschaftsfreien Ordnungen primitiver Gesellschaften. In: Schwarzer Faden (Nr. 60), 1/97. S. 48-51.

Wagner, Thomas, 1997b: Einfallstor des Staates oder libertärer Kult? Eine Interpretation des Schamanen als herrschaftsfreien Charismatiker. Manuskript. Dresden 1997

Wallace, Anthony F.C., 1972: The Death and Rebirth of the Seneca. New York: Random House.

Wallerstein, Immanuel, u.a., 1996: Die Sozialwissenschaften öffnen. Ein Bericht der Gulbenkian-Kommission zur Neustrukturierung der Sozialwissenschaften. Frankfurt a.M./New York.

Waterman, Thomas T., 1924: North American Indian Dwellings. In. Geographical Review, Vol. 14.

Waterman, Thomas T., 1931: The Architecture of the American Indians. In: Alfred L. Kroeber u. T.T. Waterman: Sourcebook in Anthropology. New York. S. 512-524.

Weatherford, Jack, 1995: Das Erbe der Indianer. Wie die Neue Welt Europa verändert hat. München: Diederichs.

Weber, Max, 1980: Wirtschaft und Gesellschaft. Grundriß der verstehenden Soziologie (WuG). Tübingen: Mohr.

Weber, Max, 1988a: Gesammelte Aufsätze zur Religionssoziologie I. Die Wirtschaftsethik der Weltreligionen: Konfuzianismus und Taoismus (GARS I). Tübingen: J.C.B. Mohr.

Weber, Max, 1988b: Gesammelte Aufsätze zur Religionssoziologie III. Tübingen: Mohr. [Das Antike Judentum] (GARS III).

Wehowsky, Stephan, 1995: Das Ende der Vernunft. In: Faszination Chaos und Fraktale (Chip Special aktiv). Würzburg und Stuttgart. S. 18-25.

Weiler, Gerda, 1989: Das Matriarchat im Alten Israel. Stuttgart: Kohlhammer.

Weippert, Manfred, 1990: Synkretismus und Monotheismus. Religionsinterne Konfliktbewältigung im alten Israel. In: Jan Assmann und Dietrich Harth (Hg.), Kultur und Konflikt. Frankfurt a.M.: Suhrkamp. S. 143-179.

Weiss, Florence, 1993: Von der Schwierigkeit über Kinder zu forschen. Die Iatmul in Papua-Neuguinea. In: Marie-José van de Loo und Margarete Reinhart (Hg.): Kinder. Ethnologische Forschungen in fünf Kontinenten. München: Trickster.

Wellhausen, Julius, o.J.: Ein Gemeinwesen ohne Obrigkeit. Rede zur Feier des Geburtstages Seiner Majestät des Kaisers und Königs am 27.1.1900. Göttingen.

Welsch, Wolfgang, 1988: Unsere postmoderne Moderne, Weinheim: Akademie.

Wesel, Uwe, 1985: Frühformen des Rechts in vorstaatlichen Gesellschaften. Frankfurt a.M.: Suhrkamp.

Wilkomirski, Benjamin, 1995: Bruchstücke. Aus einer Kindheit 1939-1948. Frankfurt a.M.: Jüdischer Verlag.

Wittfogel, Karl August, 1962: Die orientalische Despotie. Eine vergleichende Untersuchung totaler Macht. Köln/Berlin : Kiepenheuer & Witsch (amerikanisch zuerst 1957).

Woodburn, James, 1968: An Introduction to Hadza Ecology. In: R.B.Lee, I.DeVore (Hg.): Man the Hunter. New York. S. 49-55.

Woodburn, James, 1982: Egalitarian Societies. In: Man. New Series 17. S. 431-451.

Wright, Ronald, 1992: Geraubtes Land. Amerika aus indianischer Sicht seit 1492. Braunschweig: Westermann.

Young, T.R., 1992: Chaos Theory and Human Agency: Humanist Sociology in a Postmodern Era, In: Humanity and Society. 16. S. 441-460.

Zimmer, Laura, 1986: Card playing among the Gende. A System for keeping money and social relationships alive. In: Oceania 56. Sydney. S. 245-263.

Zimmer, Laura, 1987: Introduction. In: Gambling with Cards in Melanesia and Australia. In: Oceania 58. 1. S. 1-5.

Personenverzeichnis

Verzeichnis der Ethnien und geographischen Begriffe

Ortschaften und Städte sowie Kultstätten sind nicht aufgenommen.

KLEINE GESCHICHTE DES ANARCHISMUS

Findus

Kleine Geschichte des Anarchismus
Ein schwarz-roter Leitfaden
Comic

3., überarbeitete und erweiterte Auflage

57 S. | 7,80 Euro | ISBN 978-3-939045-14-4

Der Comic zur Geschichte, Theorie und Praxis des Anarchismus präsentiert unterhaltsam, amüsant und informativ anarchistische theoretische Strömungen. Soziale Bewegungen, in denen AnarchistInnen eine bedeutende Rolle gespielt haben, werden vorgestellt: die Pariser Kommune 1871, die Machno-Bewegung in der Ukraine, die Kollektivierungen während des Spanischen Bürgerkriegs 1936 bis 1939, die Mexikanische Revolution 1910. Die Beispiele reichen bis in die jüngste Vergangenheit. Die libertäre Kultur kommt nicht zu kurz, Leben und Werk von MusikerInnen und SchriftstellerInnen sowie anarchistische »Klassiker« werden beschrieben. Literaturempfehlungen runden den schwarz-roten Leitfaden ab. Die dritte Auflage wurde überarbeitet und aktualisiert. Das ideale Geschenk für »EinsteigerInnen« und »Fortgeschrittene«.